Das Kapital.

IN FARBE

FÜR EINSTEIGERINNEN UND EINSTEIGER
SOWIE FORTGESCHRITTENE

VON JARI BANAS

JARICOMIC
VSA: VERLAG HAMBURG

WWW.VSA-VERLAG.DE | JARICOMIC@GMX.DE

1867

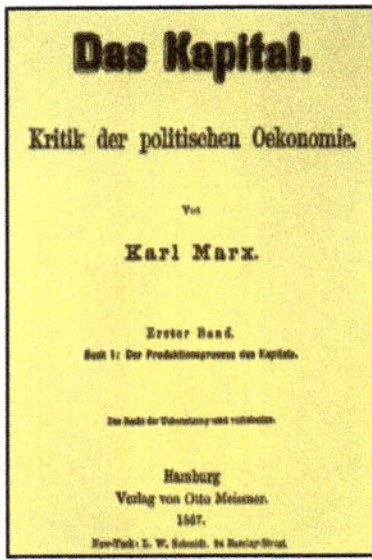

1974

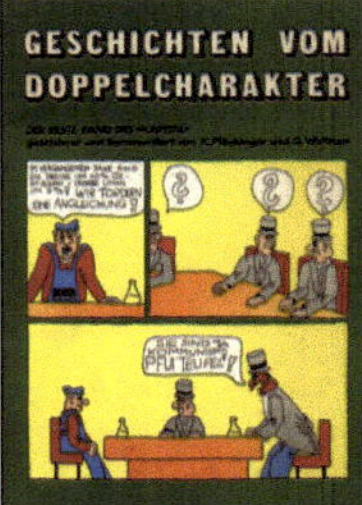

1980/2012

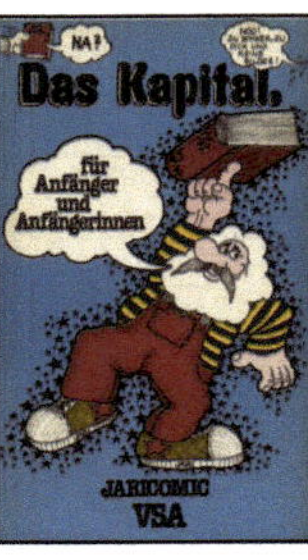

2016

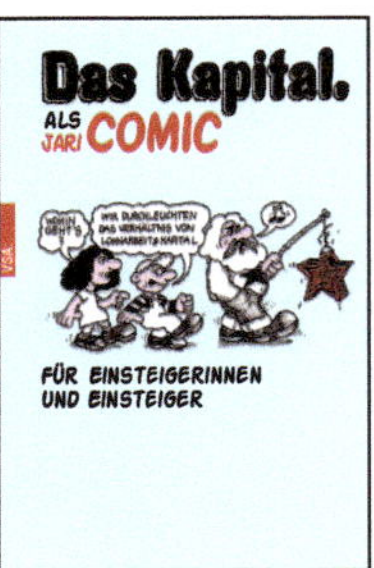

IM JAHR 1867 ERSCHIEN IM HAMBURGER VERLAG VON OTTO MEISSNER DIE ERSTE AUFLAGE DES ERSTEN BANDES VON »DAS KAPITAL«. SEITDEM HAT ES ZAHLREICHE AUFLAGEN UND AUSGABEN ERLEBT. EIN ERSTER COMIC ERSCHIEN 1974 UNTER DEM TITEL »GESCHICHTEN VOM DOPPELCHARAKTER. DER ERSTE BAND DES ›KAPITAL‹, GEZEICHNET & KOMMENTIERT VON K. PLÖCKINGER & G. WOLFRAM« IM VSA: VERLAG. DIESER DIENTE JARI 1980 ALS VORLAGE FÜR SEINE VERSION, DIE 2012 ANLÄSSLICH DES 40. VSA: JUBILÄUMS UND 2016 ANLÄSSLICH DES 150-JÄHRIGEN ERSCHEINENS VON MARX' OPUS MAGNUM NEU AUFGELEGT WURDE. NUN LÄSST ER ES ZU CHARLYS 200. GEBURTSTAG AM 5. MAI 2018 IN VOLLER FARBENPRACHT ERSTRAHLEN.
»DAS KAPITAL« IN FARBE: DAS GAB ES NOCH NIE!

MOTIVE DARAUS GIBT ES DESHALB JETZT AUCH ALS AUSSTELLUNG: WWW.VSA-VERLAG.DE/FUNNY_SCIENCE/JARI-AUSSTELLUNG

JARI BANAS WURDE 1950 ALS JARI PEKKA CUYPERS IN FINNLAND GEBOREN, WUCHS IN GOCH AUF, ABSOLVIERTE NACH DER VOLKSSCHULE EINE SCHLOSSERLEHRE & VERLIEß DIE WERKKUNSTSCHULE KREFELD ALS DESIGNER. ER IST SEIT MEHR ALS 40 JAHREN MIT MARX- SOWIE ANDEREN UMWELT- & POLIT-COMICS UNTERWEGS UND ZEICHNET DIESE NOCH IMMER. HEUTE MALT ER ZUSÄTZLICH BILDER: EIN »LEINWANDSCHRECK« UND »KLEINSERIENTÄTER« ZUGLEICH.

DRUCK UND BUCHBINDEARBEITEN: CPI BOOKS GMBH, LECK
ISBN 978-3-89965-798-2

INHALT

2015: VON ANSCHLÄGEN BETROFFEN

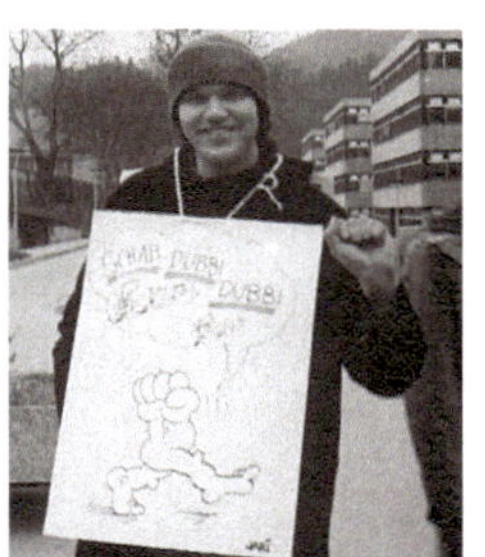

1976: IN DER KARL-MARX-STADT TRIER

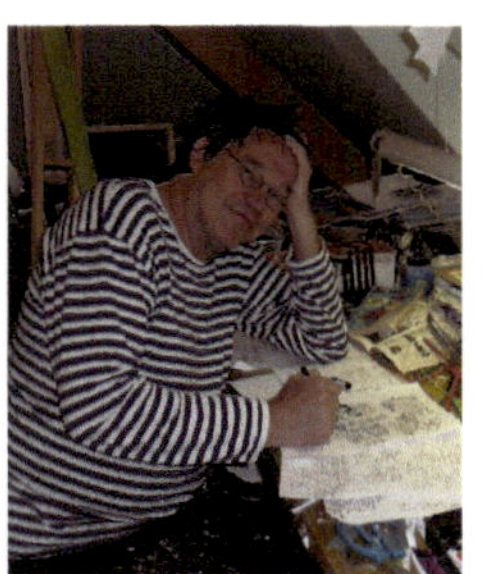

2012: NACHDENKEN ÜBER 30 JAHRE SPÄTER

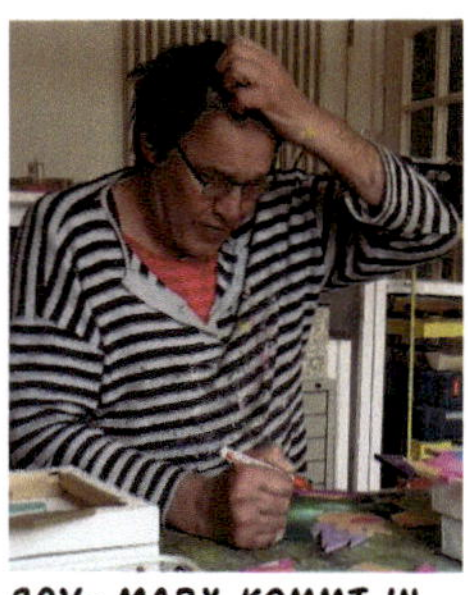

2016: MARX KOMMT IN KREFELD WIEDER

VOM LEBEN GEZEICHNET

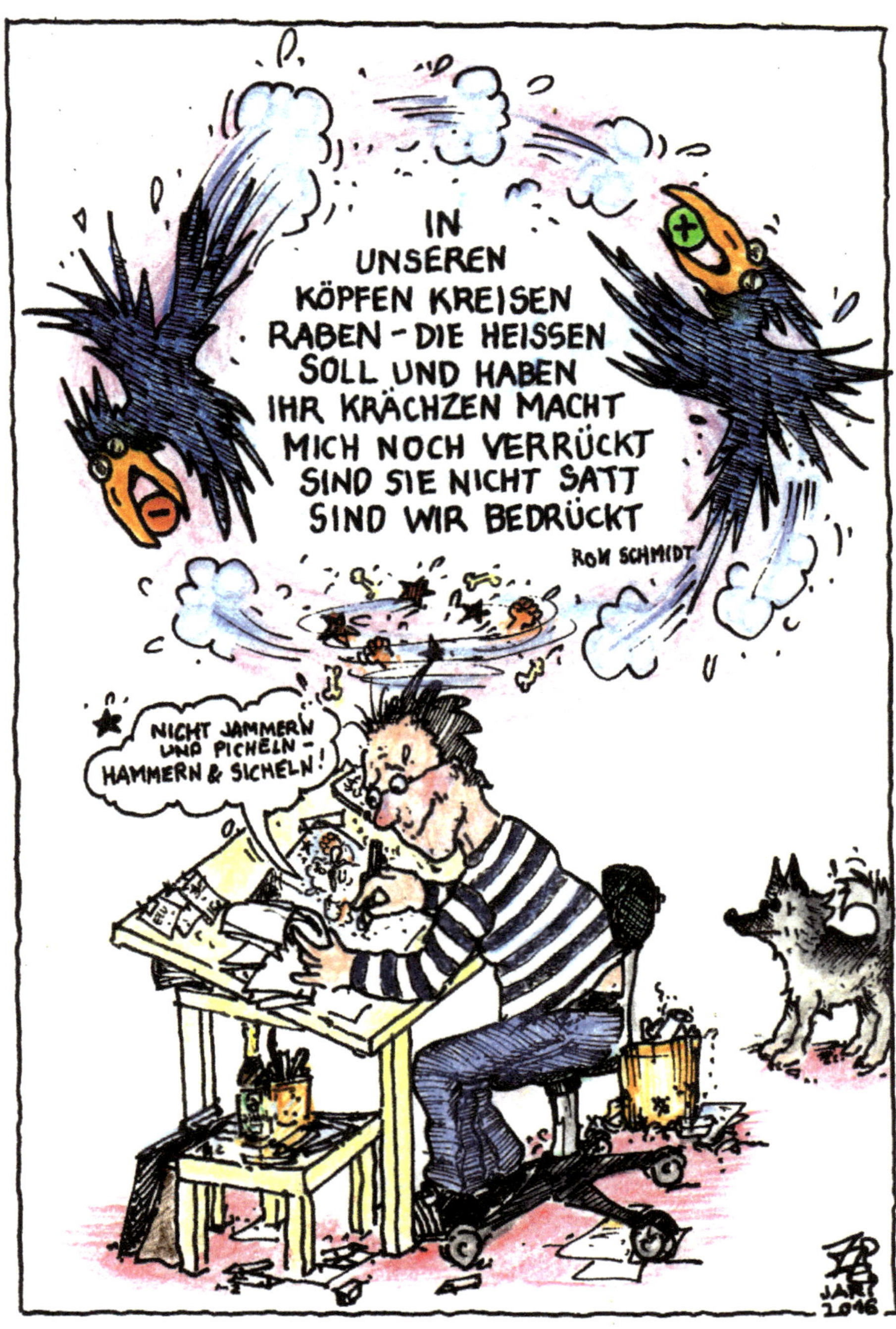

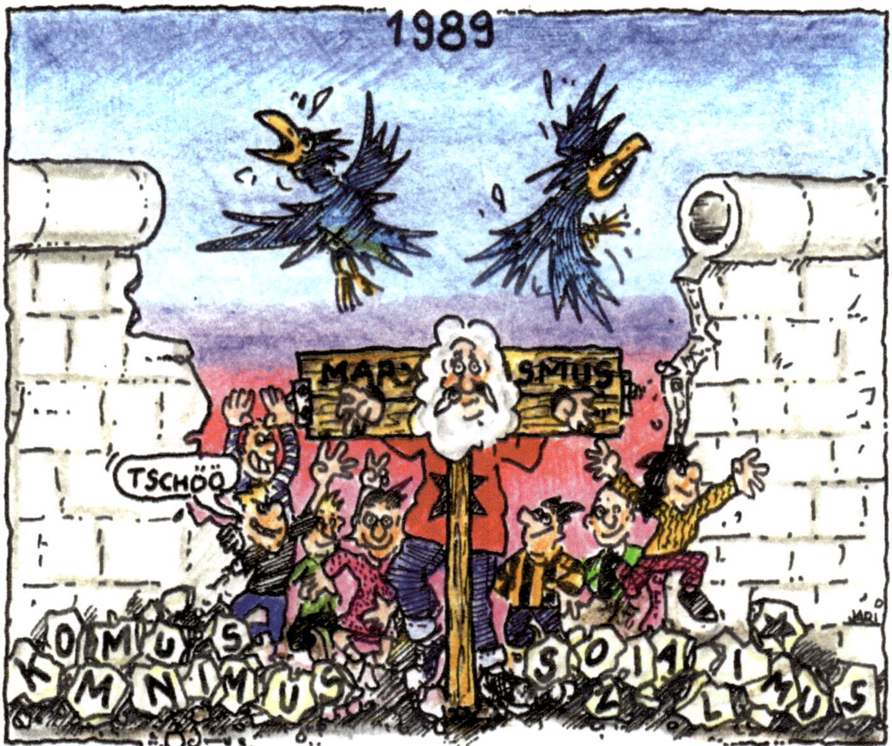

1989
TSCHÖÖ
LEHMAN
SPANIEN
ISLAND
BANK
2008

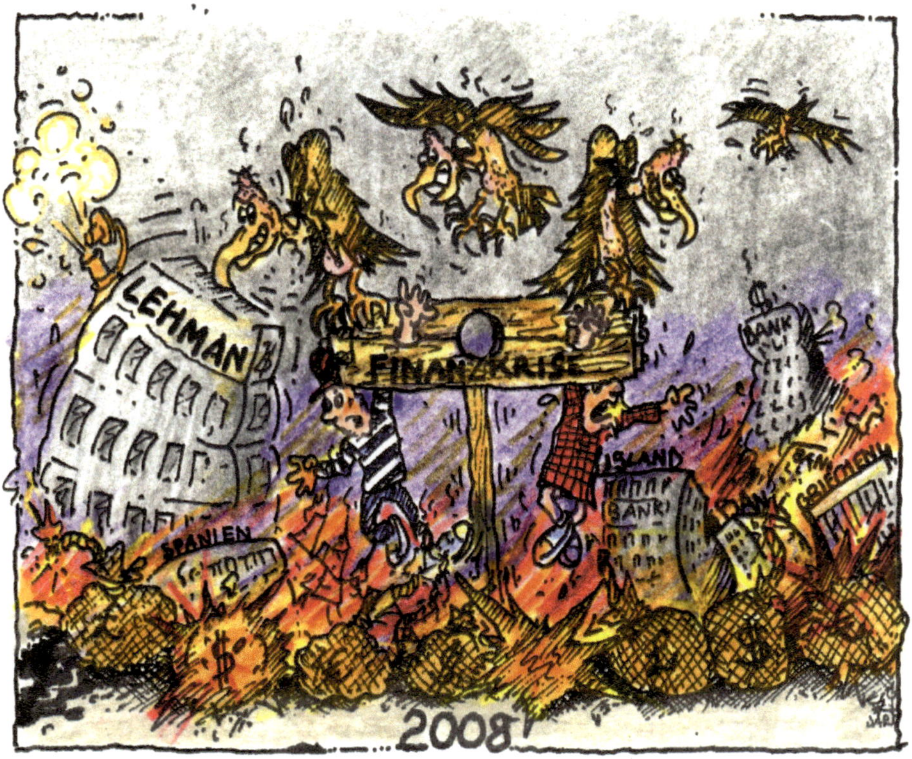

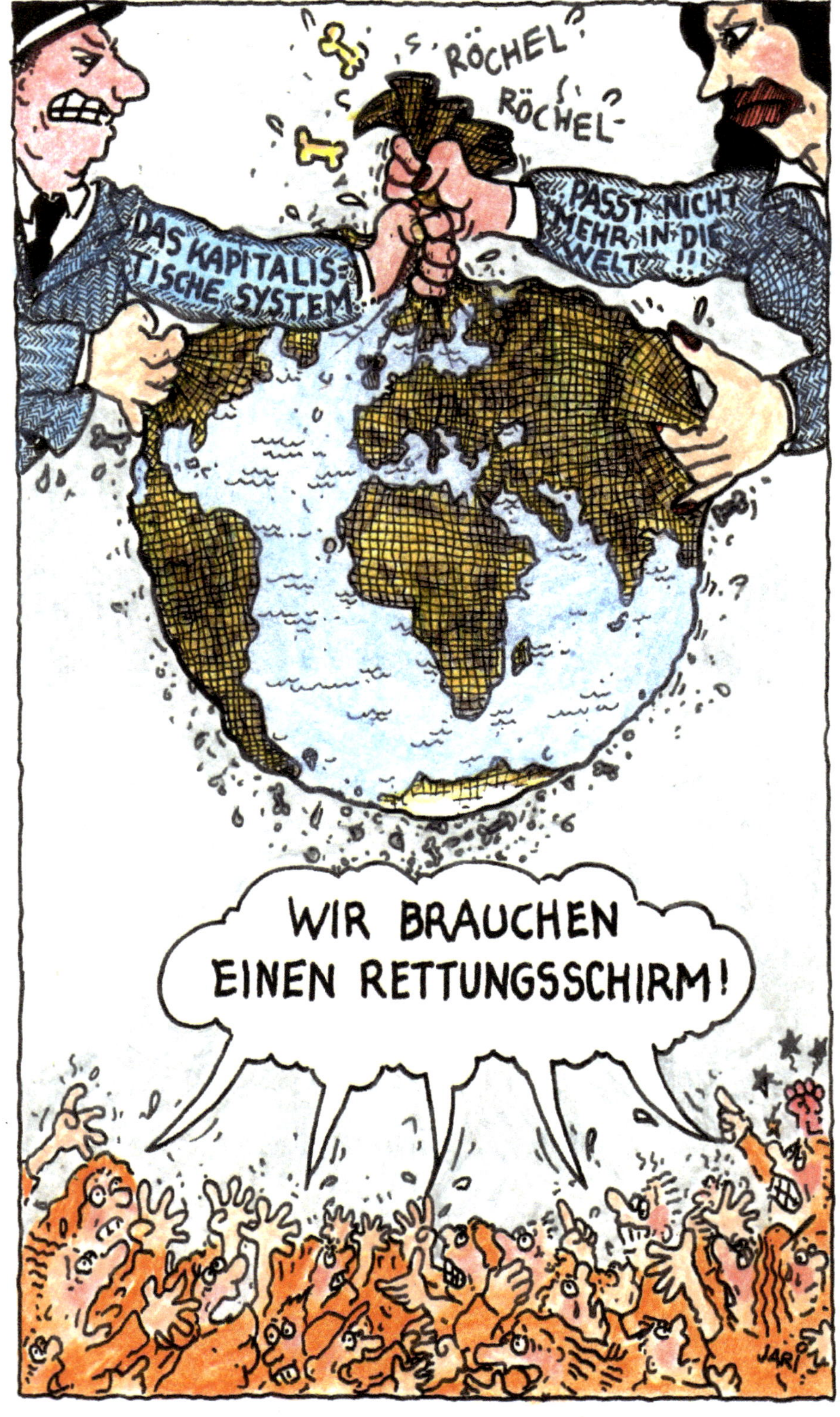
RÖCHEL
RÖCHEL
DAS KAPITALISTISCHE SYSTEM
PASST NICHT MEHR IN DIE WELT !!!
WIR BRAUCHEN EINEN RETTUNGSSCHIRM!
JARI

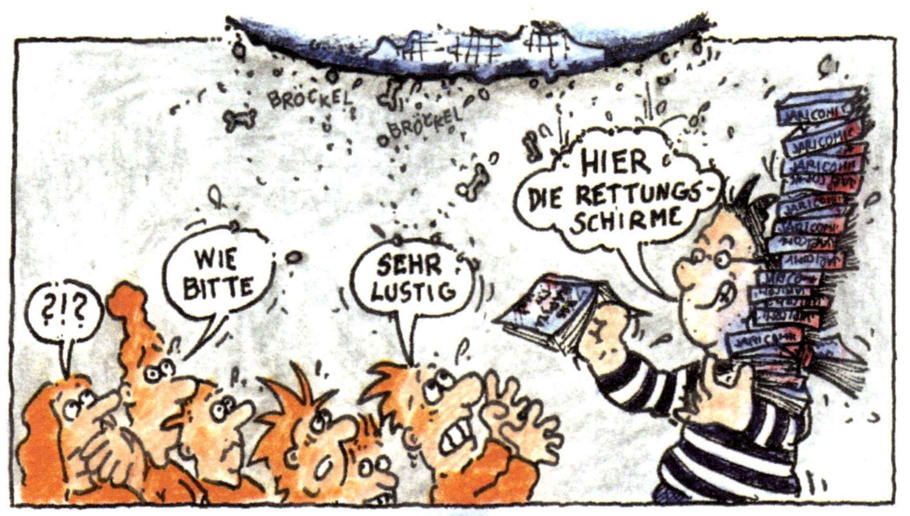
BRÖCKEL
BRÖCKEL
?!?
WIE BITTE
SEHR LUSTIG
HIER DIE RETTUNGS-SCHIRME

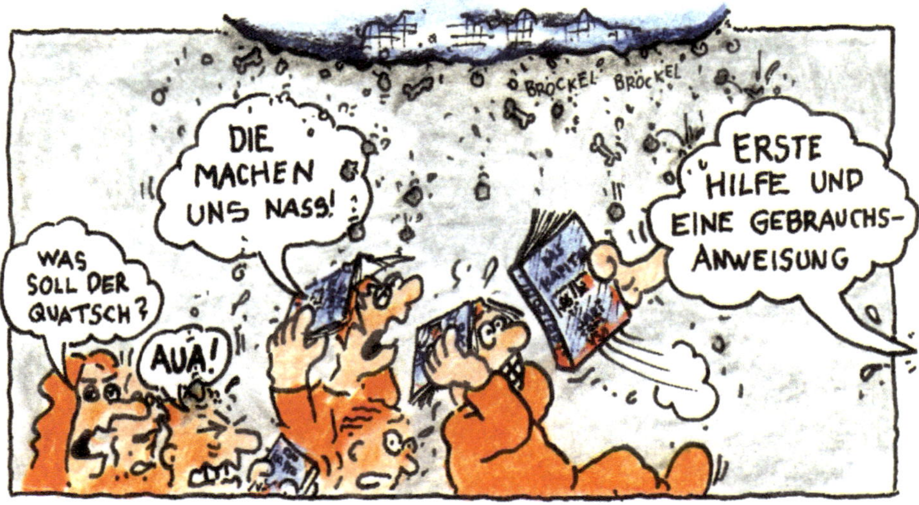
BRÖCKEL BRÖCKEL
WAS SOLL DER QUATSCH?
AUA!
DIE MACHEN UNS NASS!
ERSTE HILFE UND EINE GEBRAUCHS-ANWEISUNG

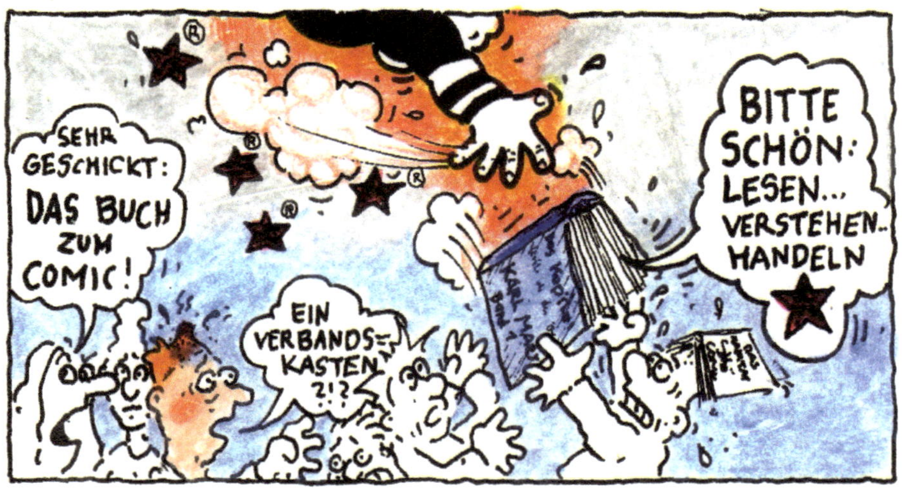
SEHR GESCHICKT: DAS BUCH ZUM COMIC!
EIN VERBANDS-KASTEN ?!?
BITTE SCHÖN: LESEN... VERSTEHEN.. HANDELN

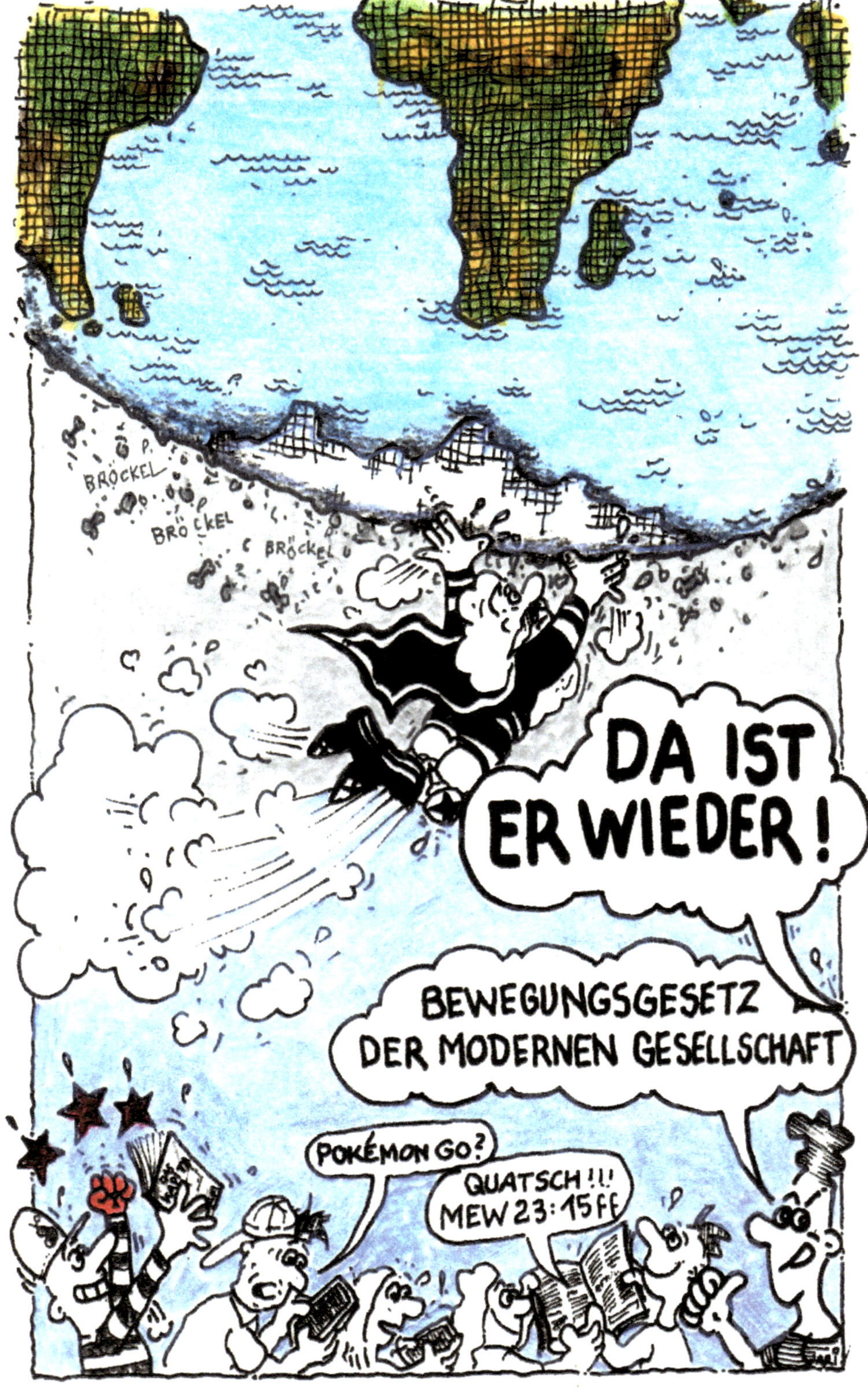
BRÖCKEL
BRÖCKEL
BRÖCKEL
DA IST ER WIEDER!
BEWEGUNGSGESETZ DER MODERNEN GESELLSCHAFT
POKÉMON GO?
QUATSCH!!! MEW 23: 15ff

EINFEELING IN DAS »KAPITAL«

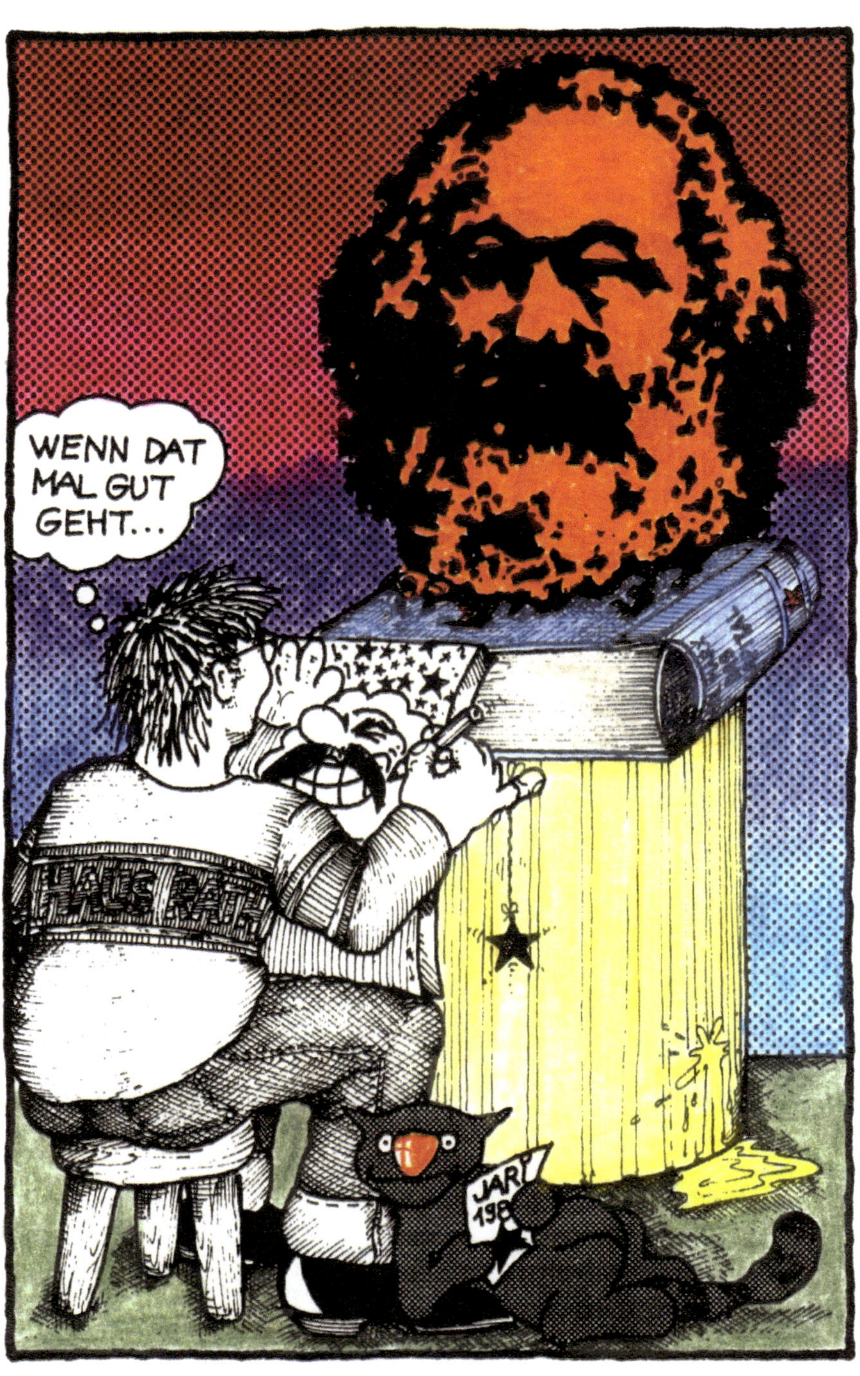

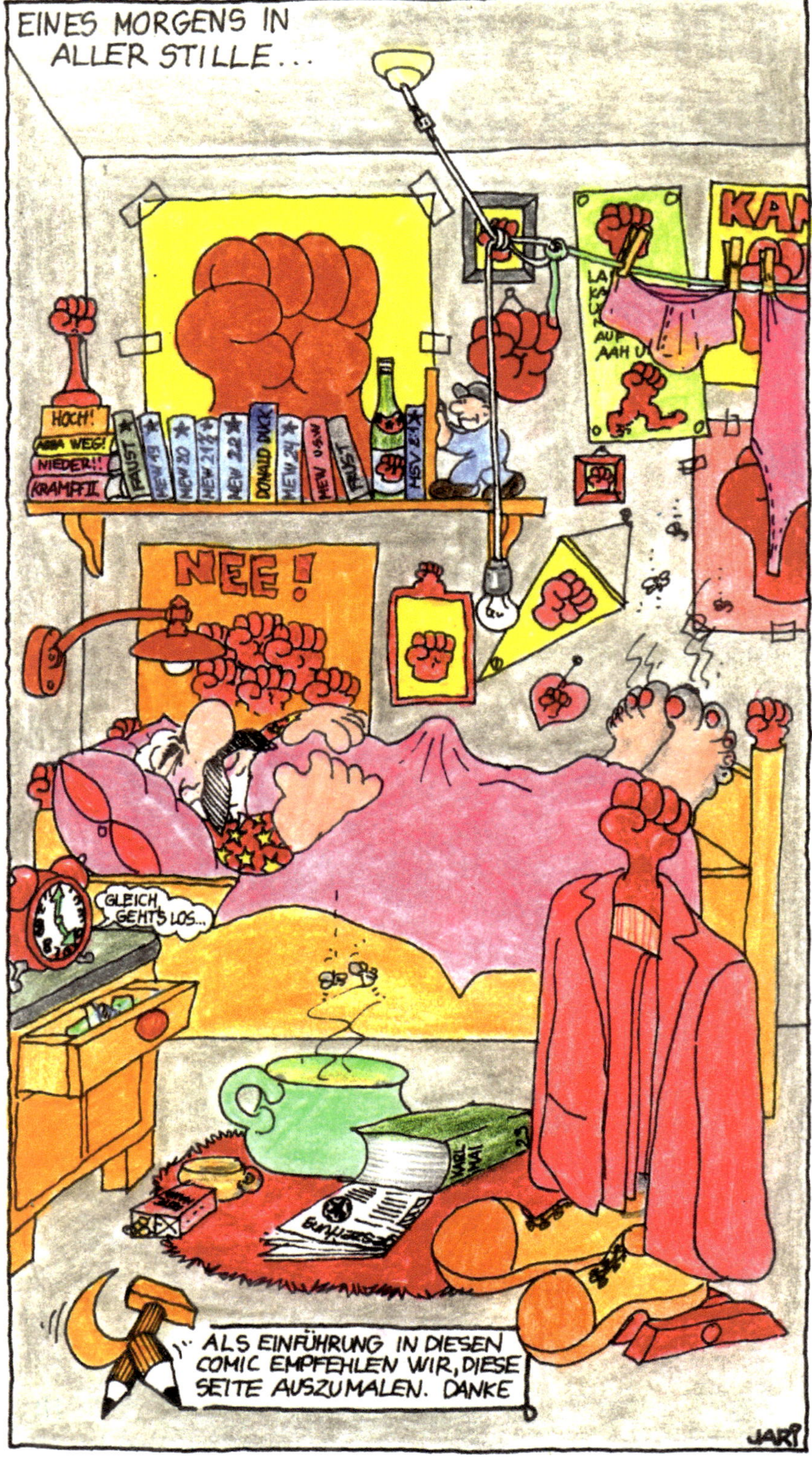
EINES MORGENS IN ALLER STILLE...
HOCH!
WEG!
NIEDER!!
KRAMPF II
FAUST
MEW 19
MEW 20
MEW 21½
MEW 22
DONALD DUCK
MEW 24
MEW U.S.W.
FAUST
HSV 2:1
NEE!
GLEICH GEHTS LOS...
ALS EINFÜHRUNG IN DIESEN COMIC EMPFEHLEN WIR, DIESE SEITE AUSZUMALEN. DANKE
JARI

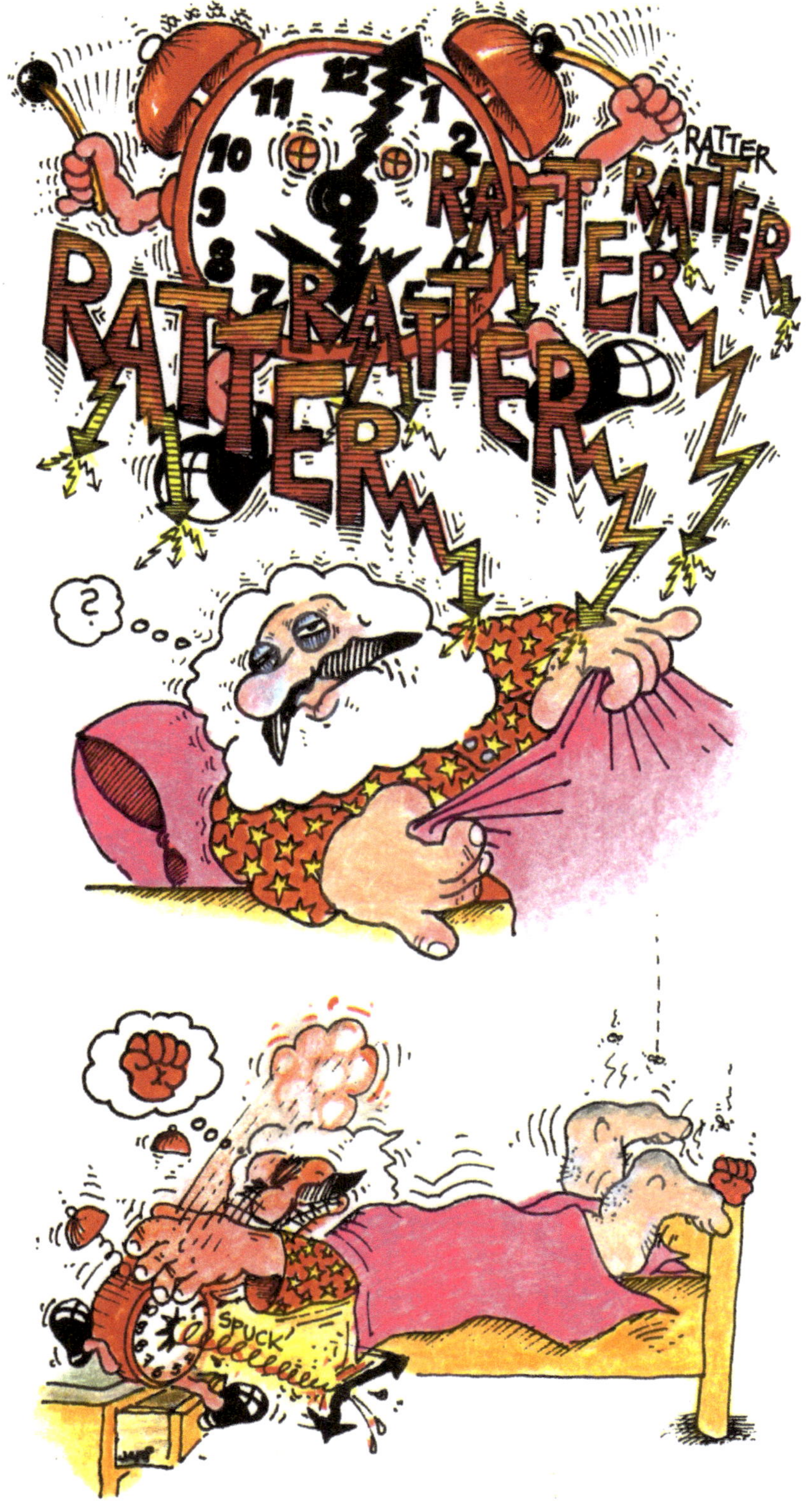
RATTER
RATTER RATTER
RATTER RATTER
?
SPUCK

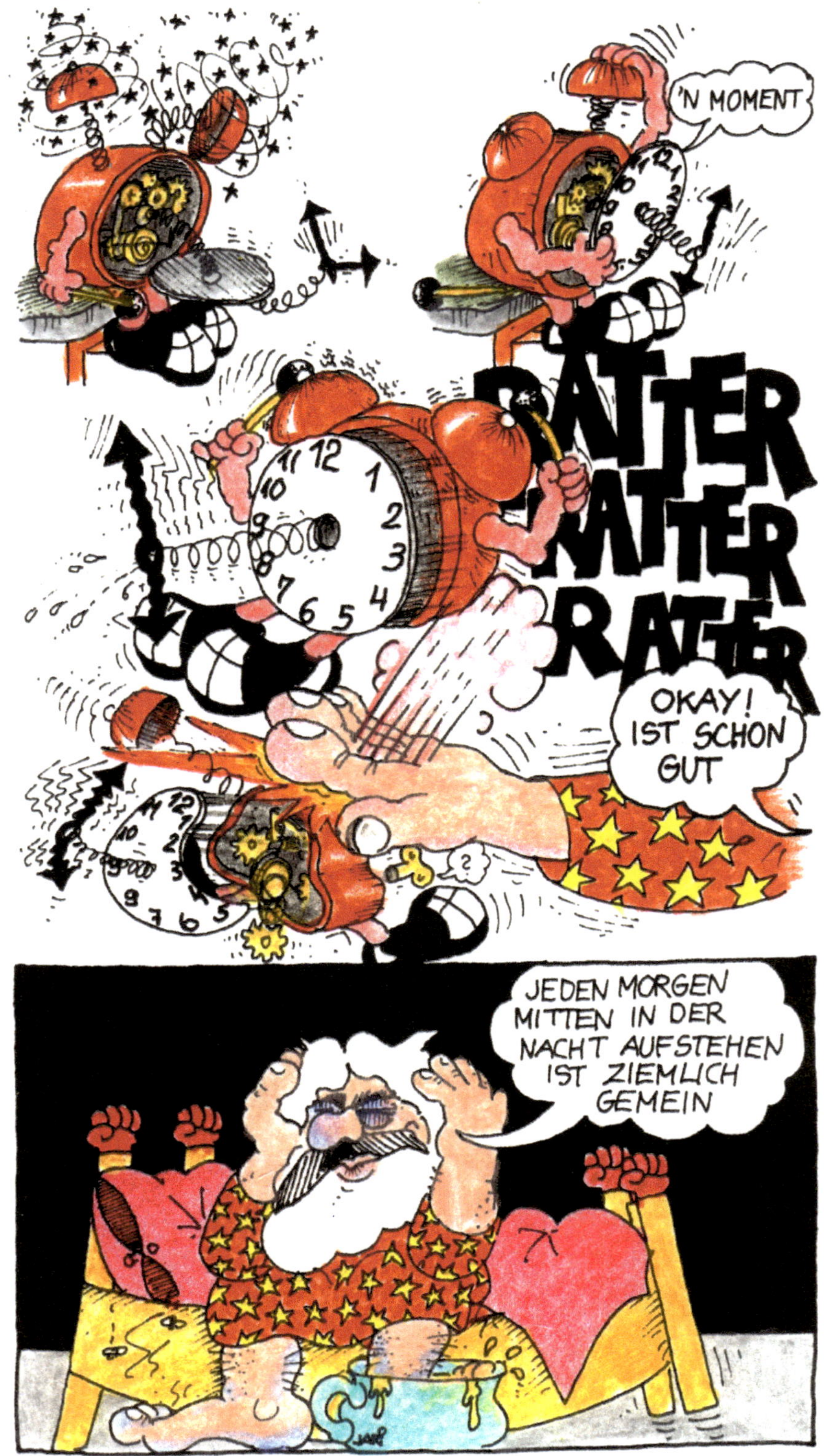
'N MOMENT
RATTER
RATTER
RATTER
OKAY! IST SCHON GUT
JEDEN MORGEN MITTEN IN DER NACHT AUFSTEHEN IST ZIEMLICH GEMEIN

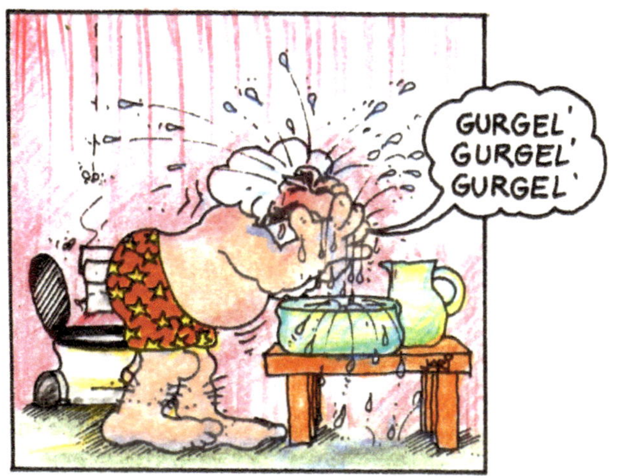
GURGEL' GURGEL' GURGEL'

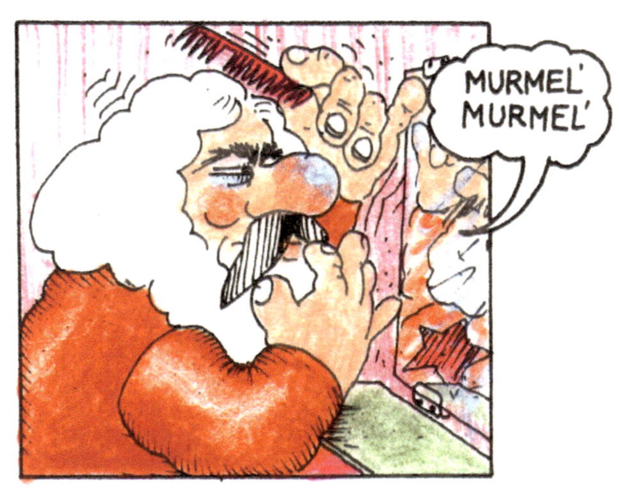
MURMEL' MURMEL'

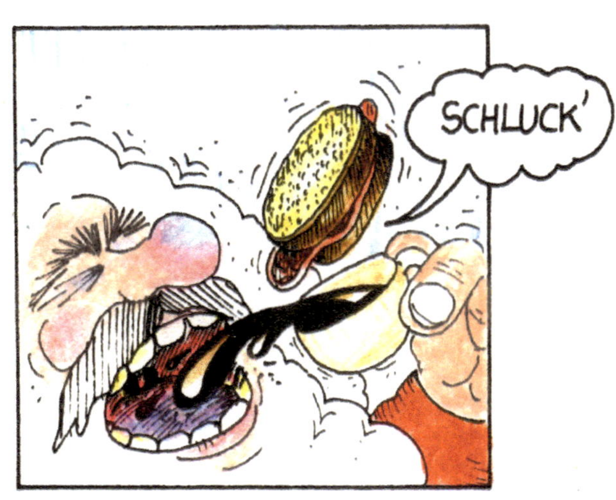
SCHLUCK'

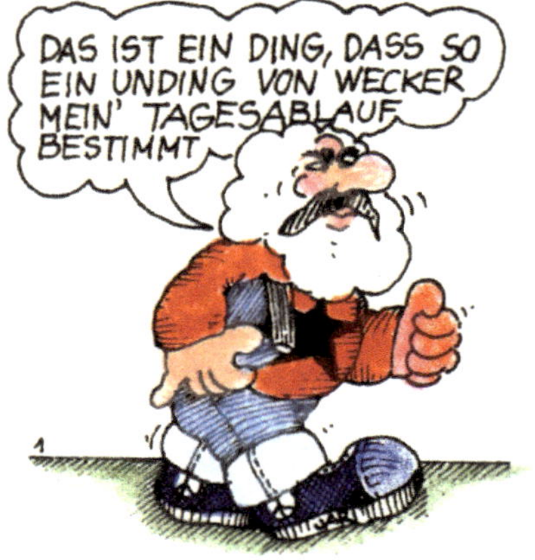
DAS IST EIN DING, DASS SO EIN UNDING VON WECKER MEIN' TAGESABLAUF BESTIMMT

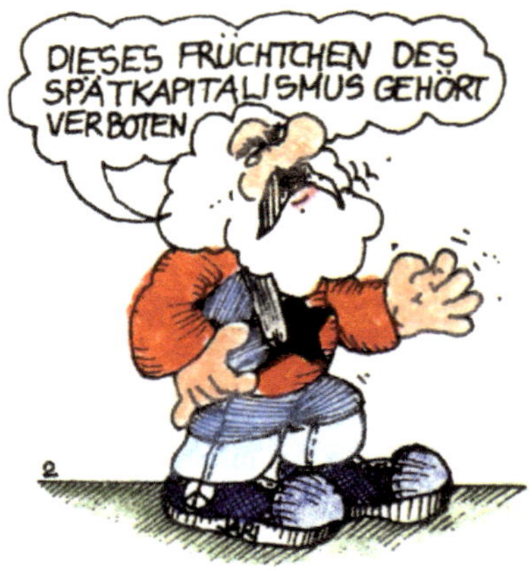
DIESES FRÜCHTCHEN DES SPÄTKAPITALISMUS GEHÖRT VERBOTEN

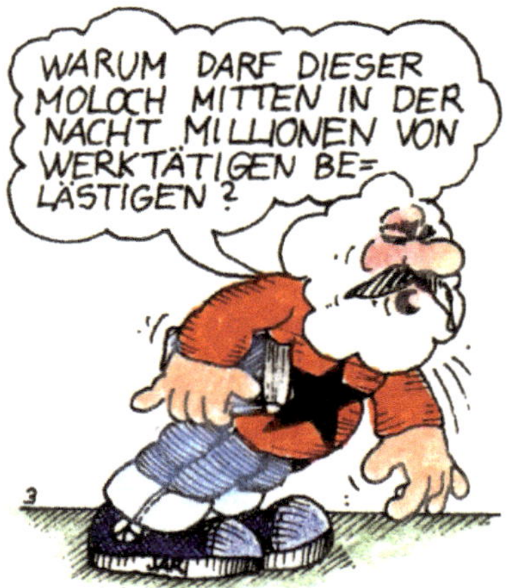
WARUM DARF DIESER MOLOCH MITTEN IN DER NACHT MILLIONEN VON WERKTÄTIGEN BE= LÄSTIGEN?

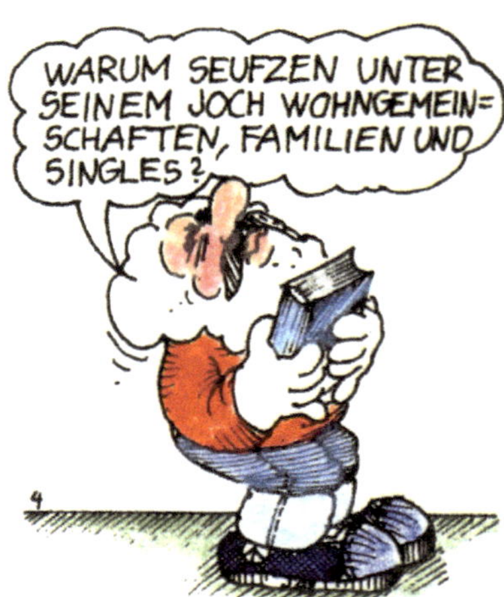
WARUM SEUFZEN UNTER SEINEM JOCH WOHNGEMEIN= SCHAFTEN, FAMILIEN UND SINGLES?

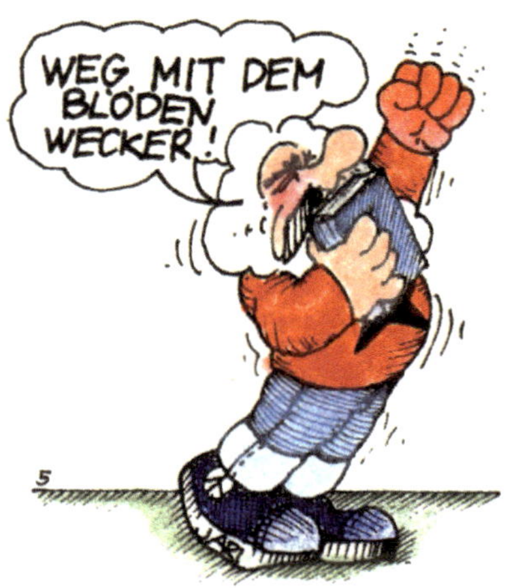
WEG MIT DEM BLÖDEN WECKER!

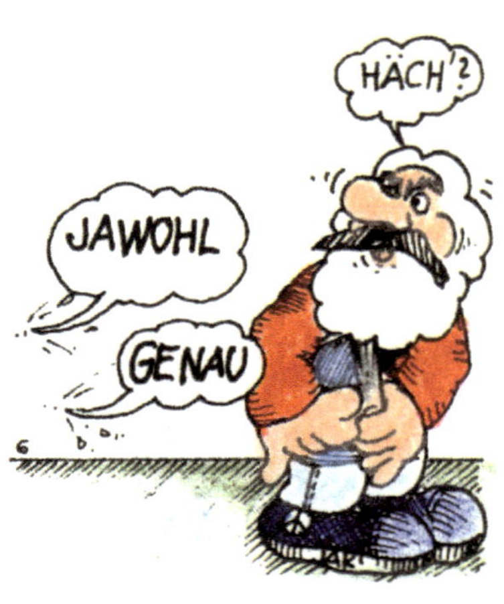
JAWOHL
GENAU
HÄCH?

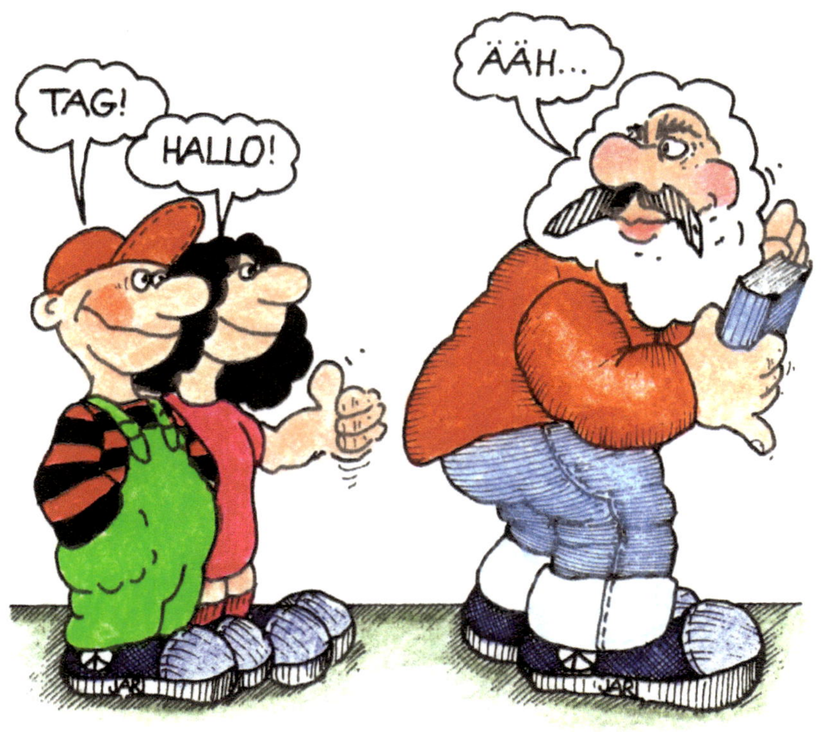
TAG!
HALLO!
ÄÄH...

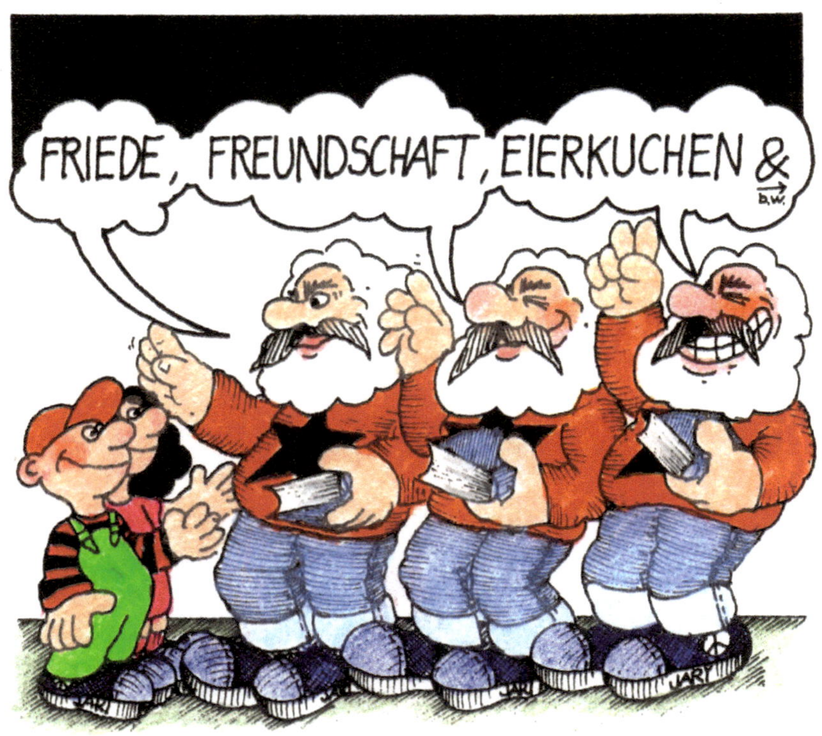
FRIEDE, FREUNDSCHAFT, EIERKUCHEN &
b.w.

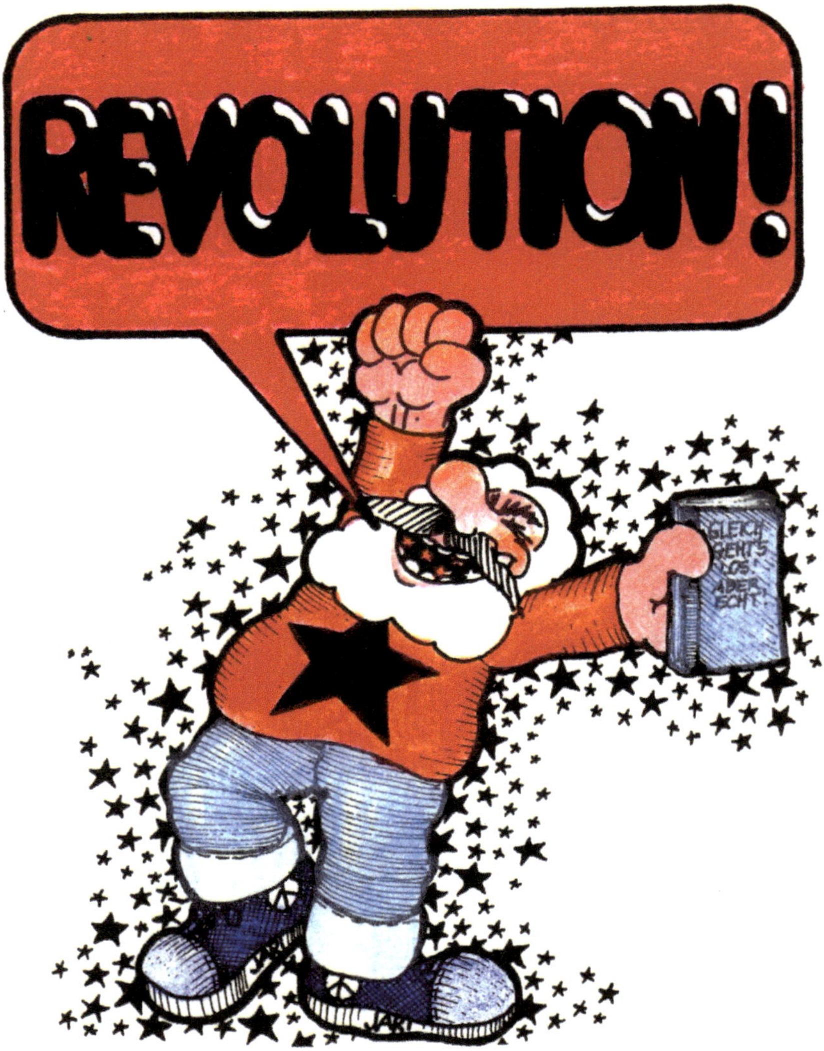

REVOLUTION!
GLEICH GEHT'S LOS! ABER ECHT!

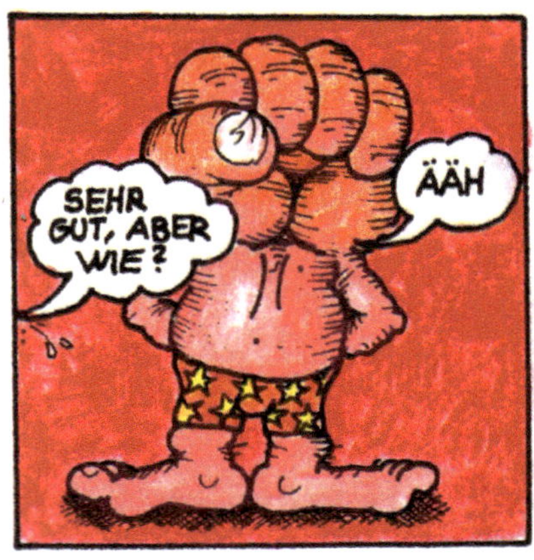
SEHR GUT, ABER WIE?
ÄÄH

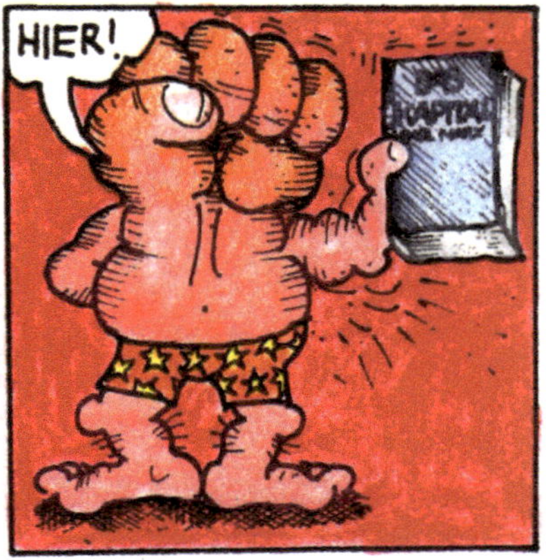
HIER!
KAPITAL

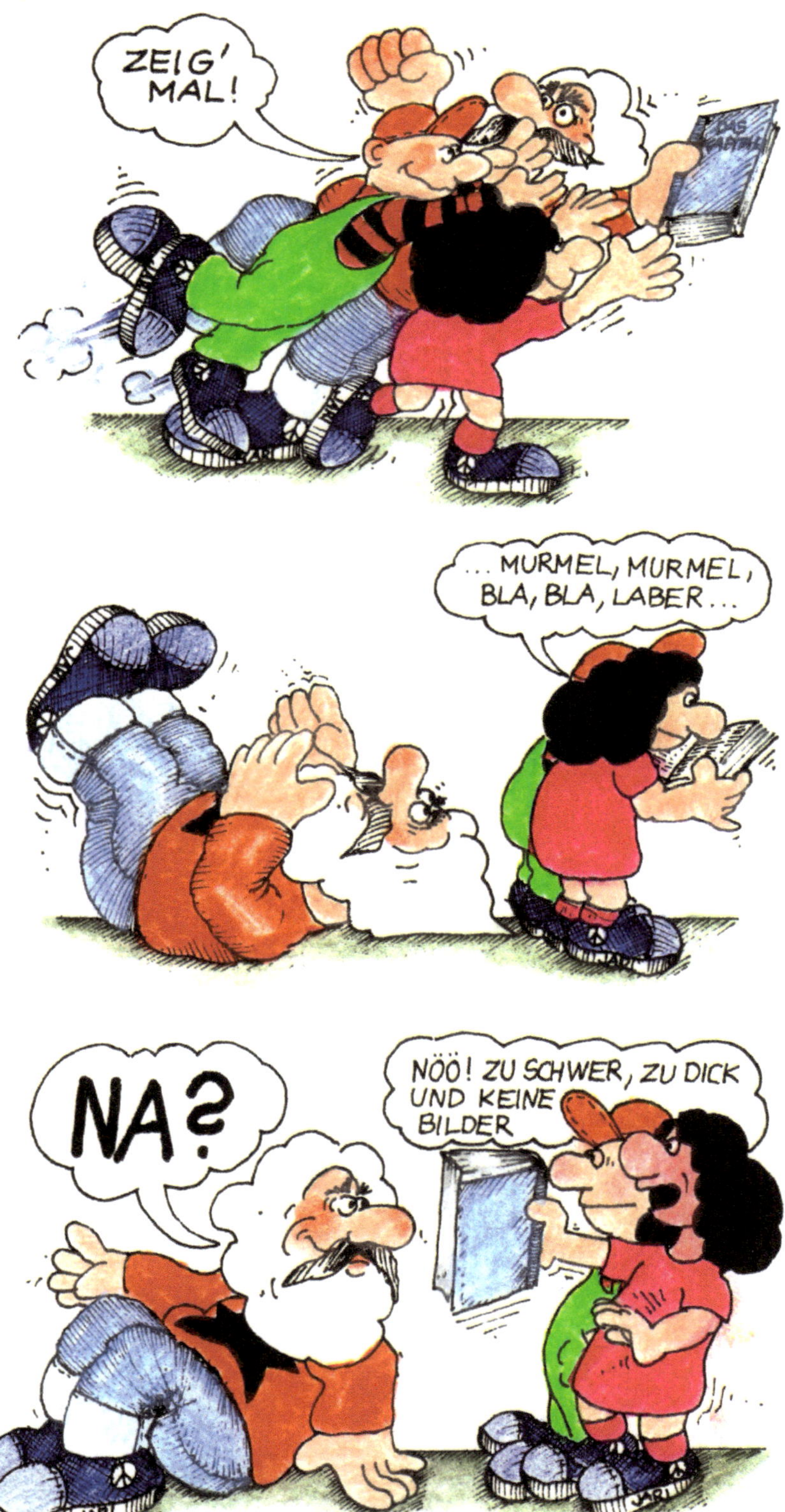
ZEIG' MAL!
... MURMEL, MURMEL, BLA, BLA, LABER ...
NA?
NÖÖ! ZU SCHWER, ZU DICK UND KEINE BILDER

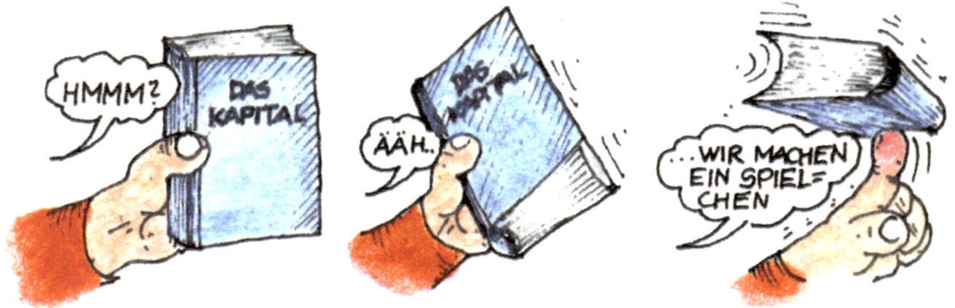

GESELLSCHAFTSSPIEL

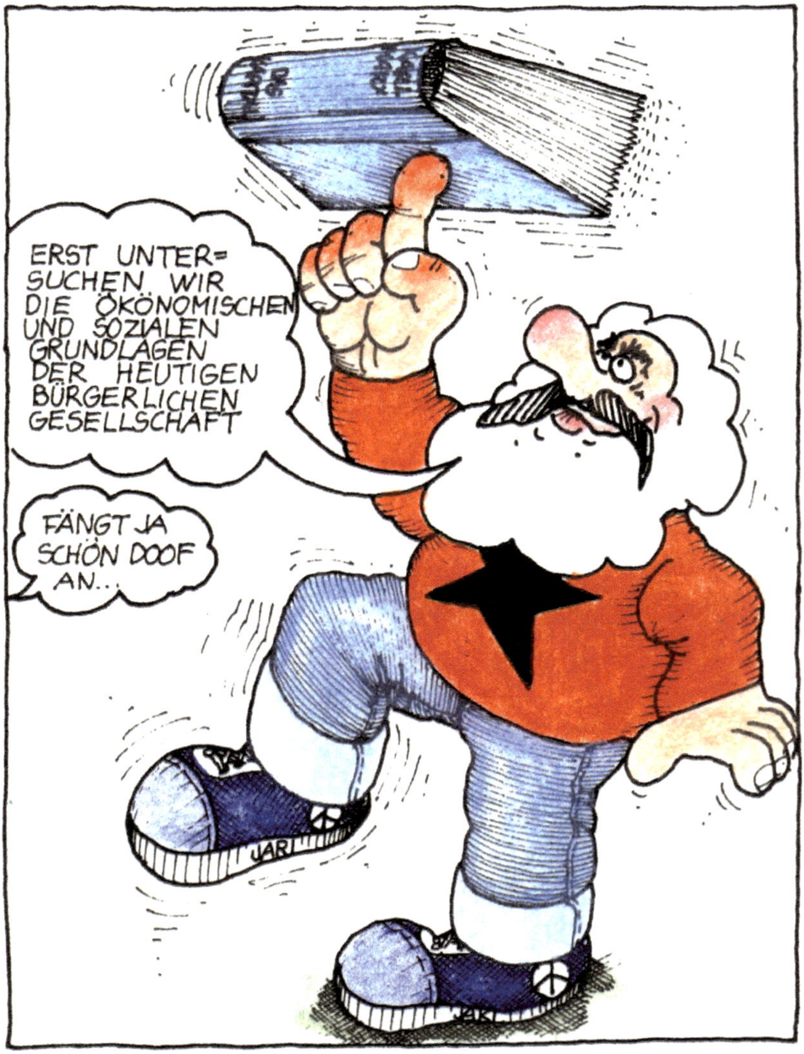

ERST UNTER= SUCHEN WIR DIE ÖKONOMISCHEN UND SOZIALEN GRUNDLAGEN DER HEUTIGEN BÜRGERLICHEN GESELLSCHAFT

FÄNGT JA SCHÖN DOOF AN..

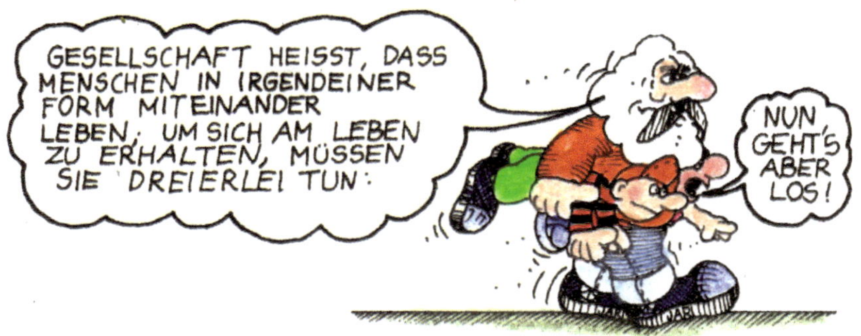

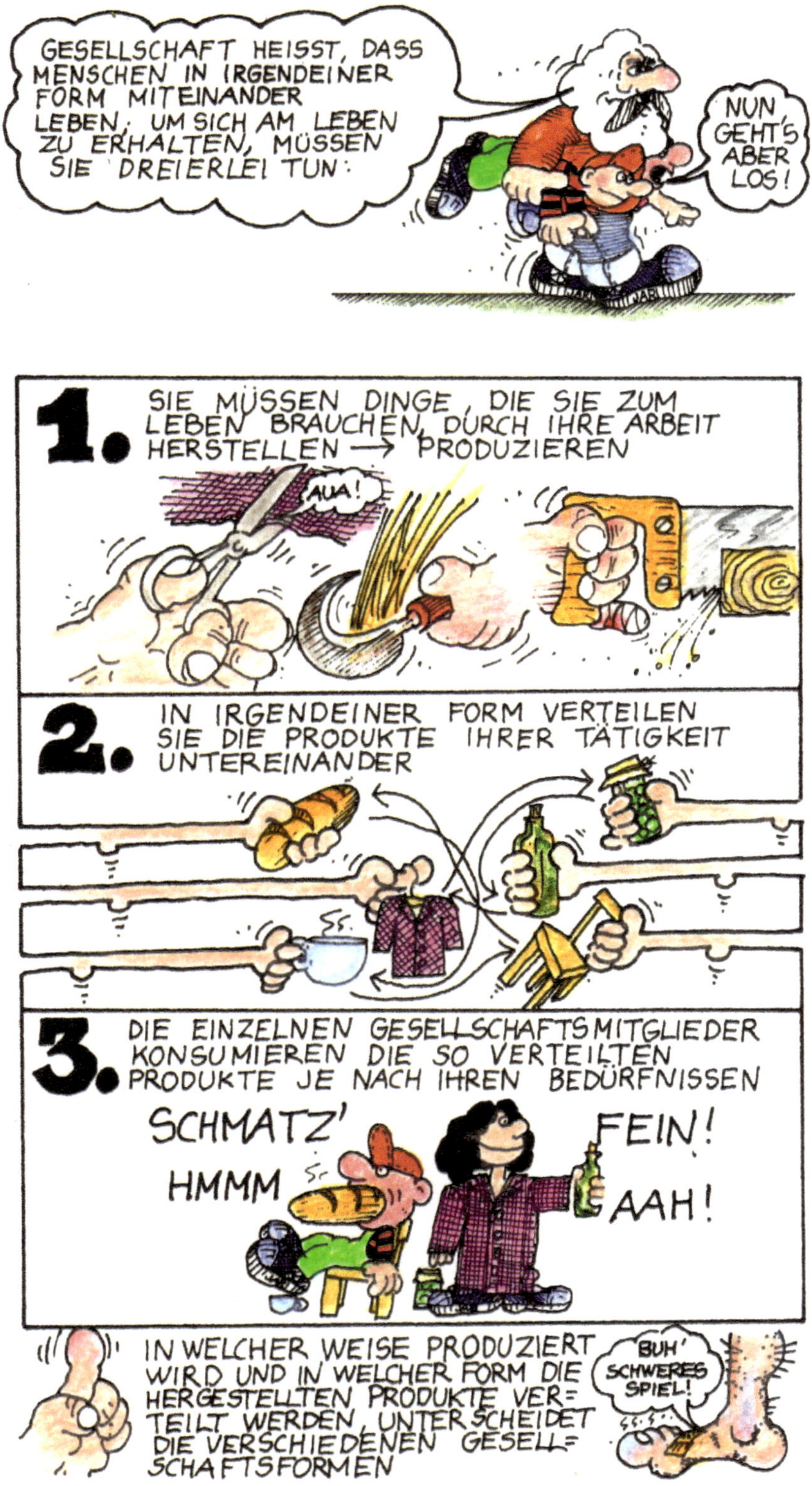

1. SIE MÜSSEN DINGE, DIE SIE ZUM LEBEN BRAUCHEN, DURCH IHRE ARBEIT HERSTELLEN → PRODUZIEREN

AUA!

2. IN IRGENDEINER FORM VERTEILEN SIE DIE PRODUKTE IHRER TÄTIGKEIT UNTEREINANDER

3. DIE EINZELNEN GESELLSCHAFTSMITGLIEDER KONSUMIEREN DIE SO VERTEILTEN PRODUKTE JE NACH IHREN BEDÜRFNISSEN

SCHMATZ'

HMMM

FEIN!

AAH!

IN WELCHER WEISE PRODUZIERT WIRD UND IN WELCHER FORM DIE HERGESTELLTEN PRODUKTE VERTEILT WERDEN, UNTERSCHEIDET DIE VERSCHIEDENEN GESELLSCHAFTSFORMEN

BUH' SCHWERES SPIEL!

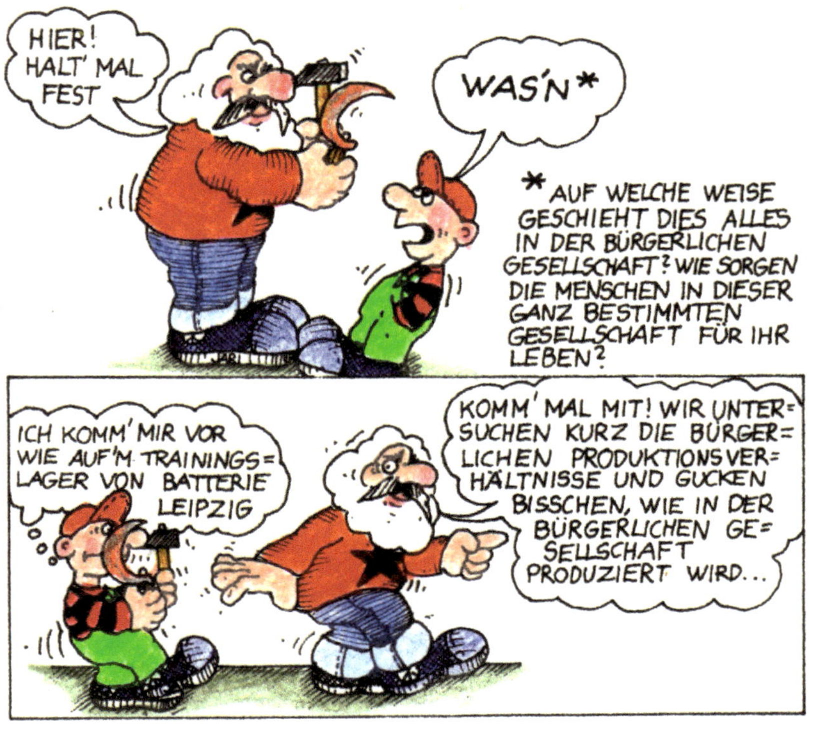
HIER! HALT' MAL FEST
WAS'N*
* AUF WELCHE WEISE GESCHIEHT DIES ALLES IN DER BÜRGERLICHEN GESELLSCHAFT? WIE SORGEN DIE MENSCHEN IN DIESER GANZ BESTIMMTEN GESELLSCHAFT FÜR IHR LEBEN?
ICH KOMM' MIR VOR WIE AUF'M TRAININGS=LAGER VON BATTERIE LEIPZIG
KOMM' MAL MIT! WIR UNTER=SUCHEN KURZ DIE BÜRGER=LICHEN PRODUKTIONSVER=HÄLTNISSE UND GUCKEN BISSCHEN, WIE IN DER BÜRGERLICHEN GE=SELLSCHAFT PRODUZIERT WIRD...

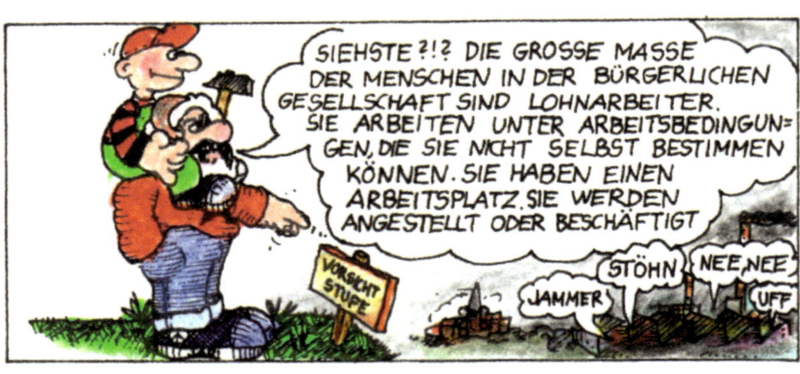
SIEHSTE?!? DIE GROSSE MASSE DER MENSCHEN IN DER BÜRGERLICHEN GESELLSCHAFT SIND LOHNARBEITER. SIE ARBEITEN UNTER ARBEITSBEDINGUN=GEN, DIE SIE NICHT SELBST BESTIMMEN KÖNNEN. SIE HABEN EINEN ARBEITSPLATZ. SIE WERDEN ANGESTELLT ODER BESCHÄFTIGT
VORSICHT STUFE
JAMMER
STÖHN
NEE, NEE
UFF

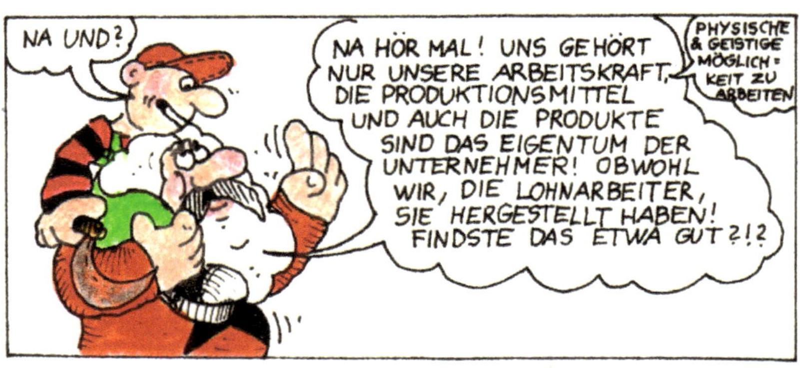
NA UND?
NA HÖR MAL! UNS GEHÖRT NUR UNSERE ARBEITSKRAFT, DIE PRODUKTIONSMITTEL UND AUCH DIE PRODUKTE SIND DAS EIGENTUM DER UNTERNEHMER! OBWOHL WIR, DIE LOHNARBEITER, SIE HERGESTELLT HABEN! FINDSTE DAS ETWA GUT?!?
PHYSISCHE & GEISTIGE MÖGLICH=KEIT ZU ARBEITEN

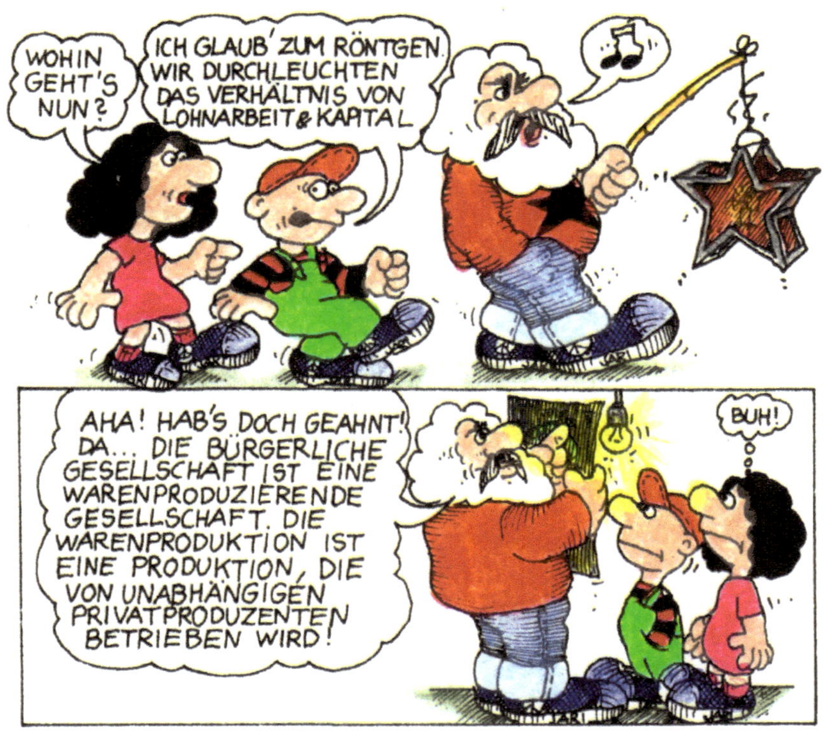
WOHIN GEHT'S NUN?
ICH GLAUB' ZUM RÖNTGEN. WIR DURCHLEUCHTEN DAS VERHÄLTNIS VON LOHNARBEIT & KAPITAL
AHA! HAB'S DOCH GEAHNT! DA... DIE BÜRGERLICHE GESELLSCHAFT IST EINE WARENPRODUZIERENDE GESELLSCHAFT. DIE WARENPRODUKTION IST EINE PRODUKTION, DIE VON UNABHÄNGIGEN PRIVATPRODUZENTEN BETRIEBEN WIRD!
BUH!

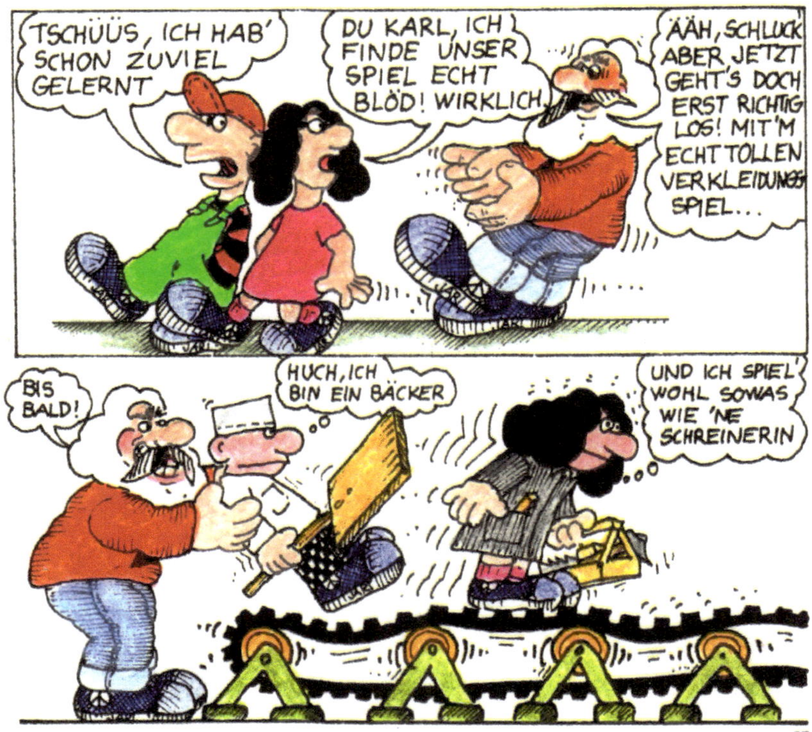
TSCHÜÜS, ICH HAB' SCHON ZUVIEL GELERNT
DU KARL, ICH FINDE UNSER SPIEL ECHT BLÖD! WIRKLICH.
ÄÄH, SCHLUCK ABER JETZT GEHT'S DOCH ERST RICHTIG LOS! MIT'M ECHT TOLLEN VERKLEIDUNGS-SPIEL...
BIS BALD!
HUCH, ICH BIN EIN BÄCKER
UND ICH SPIEL' WOHL SOWAS WIE 'NE SCHREINERIN

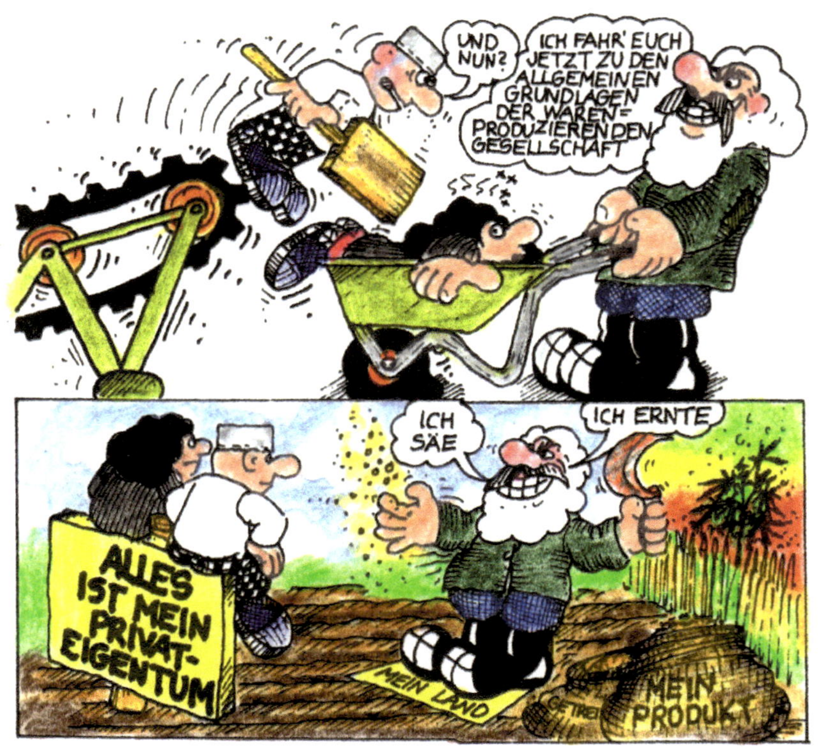
UND NUN?
ICH FAHR' EUCH JETZT ZU DEN ALLGEMEINEN GRUNDLAGEN DER WAREN=PRODUZIERENDEN GESELLSCHAFT
ALLES IST MEIN PRIVAT-EIGENTUM
ICH SÄE
ICH ERNTE
MEIN LAND
MEIN PRODUKT

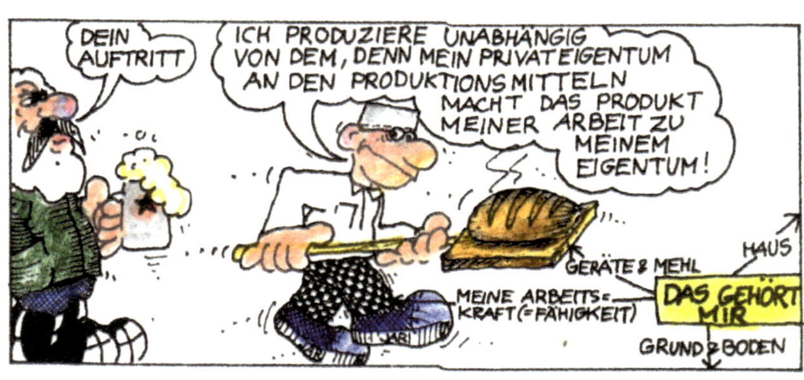
DEIN AUFTRITT
ICH PRODUZIERE UNABHÄNGIG VON DEM, DENN MEIN PRIVATEIGENTUM AN DEN PRODUKTIONSMITTELN MACHT DAS PRODUKT MEINER ARBEIT ZU MEINEM EIGENTUM!
HAUS
GERÄTE & MEHL
MEINE ARBEITS=KRAFT (=FÄHIGKEIT)
DAS GEHÖRT MIR
GRUND & BODEN

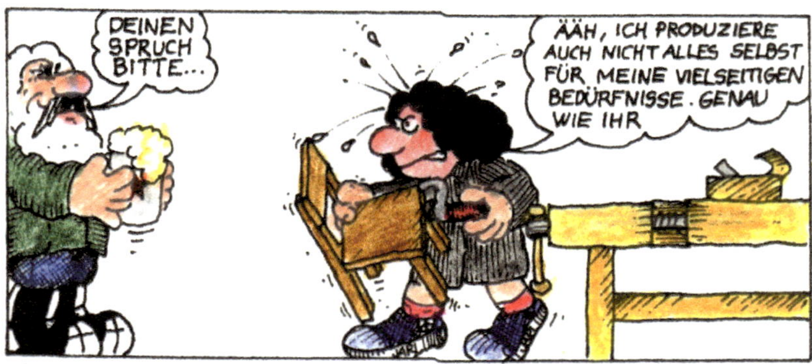
DEINEN SPRUCH BITTE...
ÄÄH, ICH PRODUZIERE AUCH NICHT ALLES SELBST FÜR MEINE VIELSEITIGEN BEDÜRFNISSE. GENAU WIE IHR

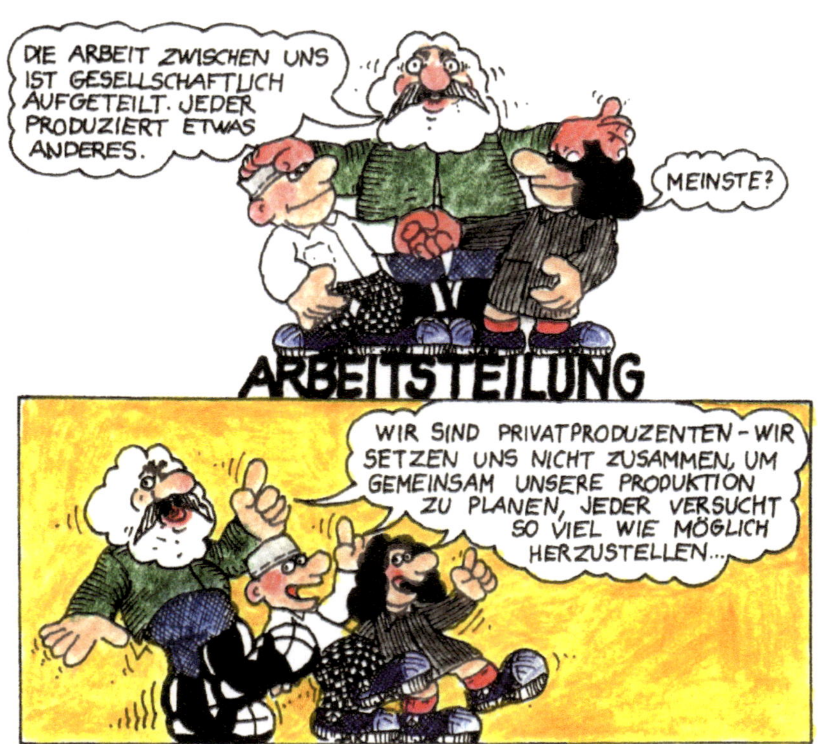
DIE ARBEIT ZWISCHEN UNS IST GESELLSCHAFTLICH AUFGETEILT. JEDER PRODUZIERT ETWAS ANDERES.
MEINSTE?
ARBEITSTEILUNG
WIR SIND PRIVATPRODUZENTEN – WIR SETZEN UNS NICHT ZUSAMMEN, UM GEMEINSAM UNSERE PRODUKTION ZU PLANEN, JEDER VERSUCHT SO VIEL WIE MÖGLICH HERZUSTELLEN...

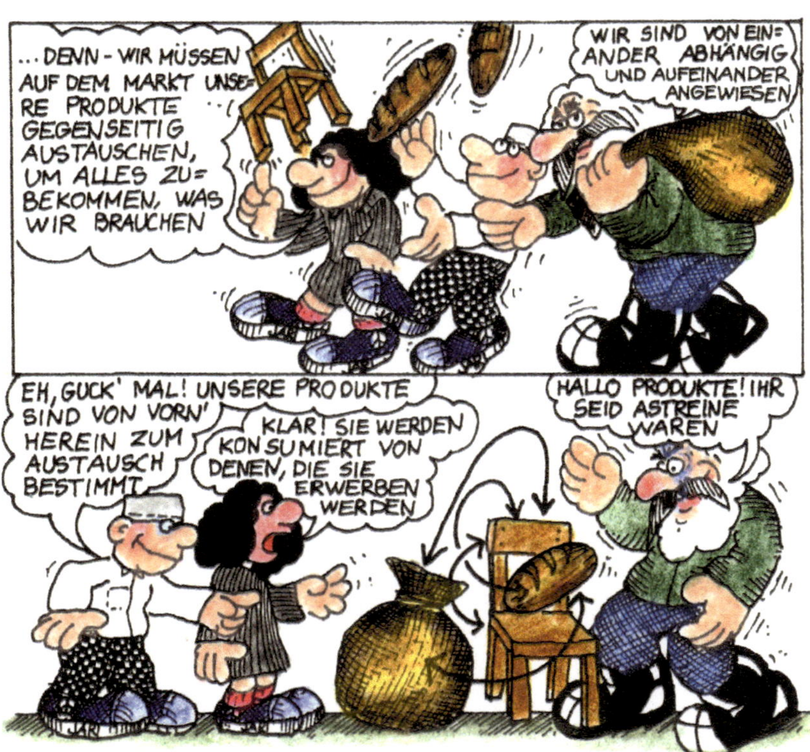
... DENN – WIR MÜSSEN AUF DEM MARKT UNSERE PRODUKTE GEGENSEITIG AUSTAUSCHEN, UM ALLES ZU BEKOMMEN, WAS WIR BRAUCHEN
WIR SIND VON EINANDER ABHÄNGIG UND AUFEINANDER ANGEWIESEN
EH, GUCK' MAL! UNSERE PRODUKTE SIND VON VORN' HEREIN ZUM AUSTAUSCH BESTIMMT
KLAR! SIE WERDEN KONSUMIERT VON DENEN, DIE SIE ERWERBEN WERDEN
HALLO PRODUKTE! IHR SEID ASTREINE WAREN

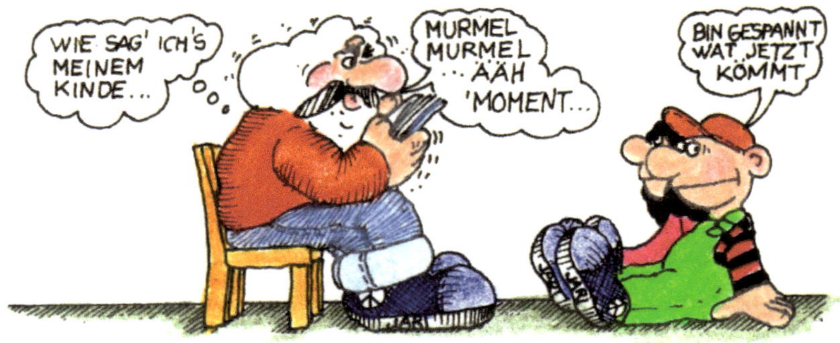

DER DOPPELCHARAKTER DER WARE

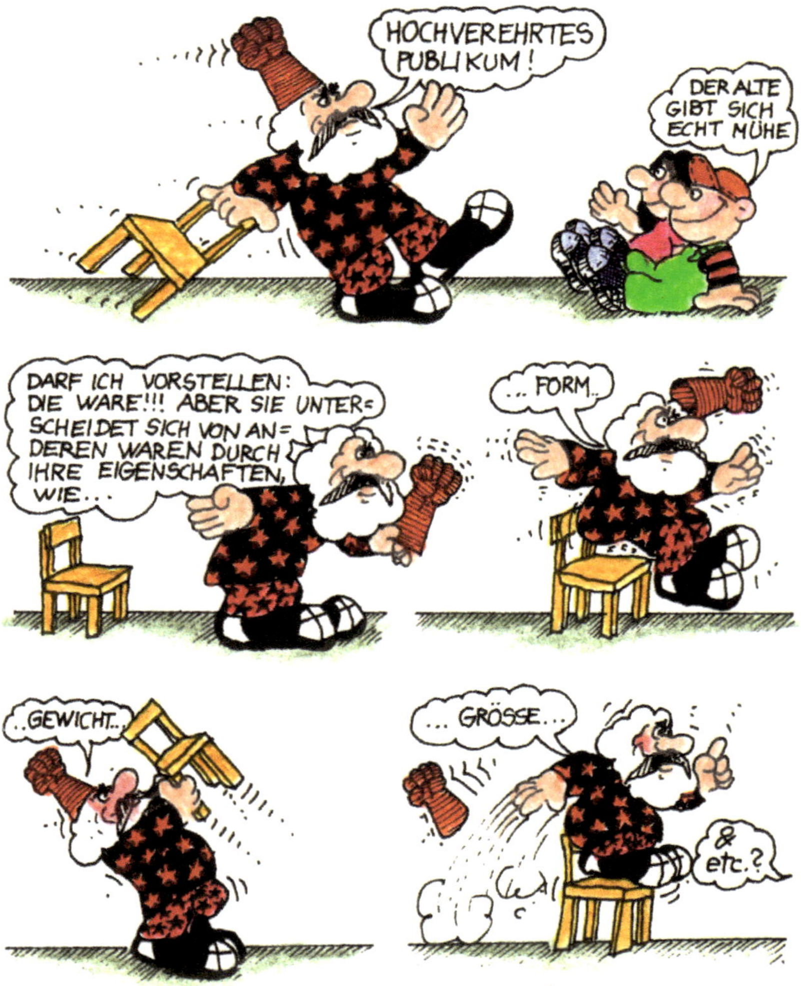

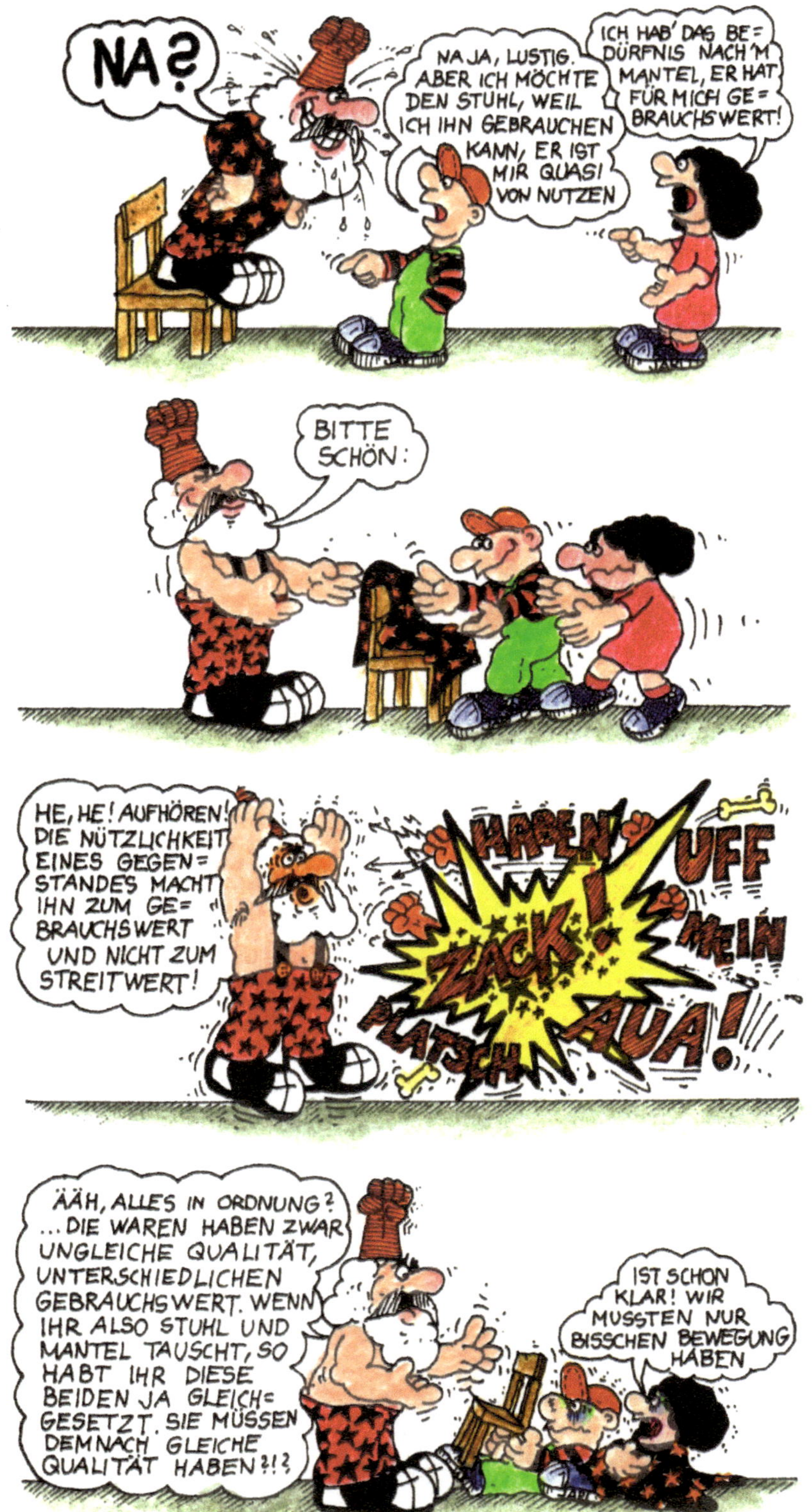

NA?
NA JA, LUSTIG. ABER ICH MÖCHTE DEN STUHL, WEIL ICH IHN GEBRAUCHEN KANN, ER IST MIR QUASI VON NUTZEN
ICH HAB' DAS BEDÜRFNIS NACH'M MANTEL, ER HAT FÜR MICH GEBRAUCHSWERT!
BITTE SCHÖN:
HE, HE! AUFHÖREN! DIE NÜTZLICHKEIT EINES GEGENSTANDES MACHT IHN ZUM GEBRAUCHSWERT UND NICHT ZUM STREITWERT!
HABEN
UFF
ZACK!
MEIN
PLATSCH
AUA!
ÄÄH, ALLES IN ORDNUNG? ... DIE WAREN HABEN ZWAR UNGLEICHE QUALITÄT, UNTERSCHIEDLICHEN GEBRAUCHSWERT. WENN IHR ALSO STUHL UND MANTEL TAUSCHT, SO HABT IHR DIESE BEIDEN JA GLEICHGESETZT. SIE MÜSSEN DEMNACH GLEICHE QUALITÄT HABEN?!?
IST SCHON KLAR! WIR MUSSTEN NUR BISSCHEN BEWEGUNG HABEN

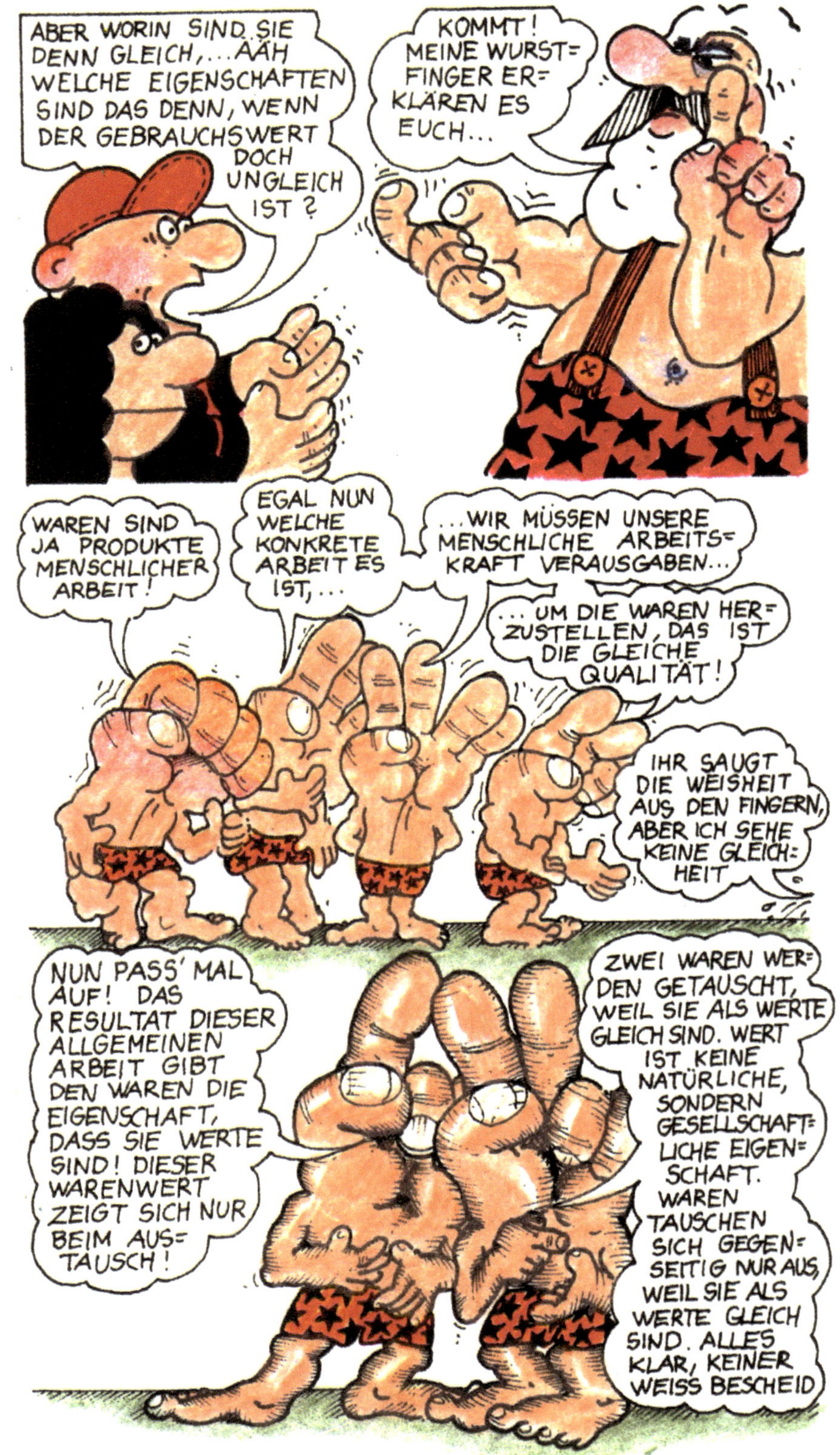

ABER WORIN SIND SIE DENN GLEICH, ... ÄÄH WELCHE EIGENSCHAFTEN SIND DAS DENN, WENN DER GEBRAUCHSWERT DOCH UNGLEICH IST ?
KOMMT! MEINE WURST=FINGER ER=KLÄREN ES EUCH...
WAREN SIND JA PRODUKTE MENSCHLICHER ARBEIT!
EGAL NUN WELCHE KONKRETE ARBEIT ES IST, ...
... WIR MÜSSEN UNSERE MENSCHLICHE ARBEITS=KRAFT VERAUSGABEN...
... UM DIE WAREN HER=ZUSTELLEN, DAS IST DIE GLEICHE QUALITÄT!
IHR SAUGT DIE WEISHEIT AUS DEN FINGERN, ABER ICH SEHE KEINE GLEICH=HEIT
NUN PASS' MAL AUF! DAS RESULTAT DIESER ALLGEMEINEN ARBEIT GIBT DEN WAREN DIE EIGENSCHAFT, DASS SIE WERTE SIND! DIESER WARENWERT ZEIGT SICH NUR BEIM AUS=TAUSCH!
ZWEI WAREN WER=DEN GETAUSCHT, WEIL SIE ALS WERTE GLEICH SIND. WERT IST KEINE NATÜRLICHE, SONDERN GESELLSCHAFT=LICHE EIGEN=SCHAFT. WAREN TAUSCHEN SICH GEGEN=SEITIG NUR AUS, WEIL SIE ALS WERTE GLEICH SIND. ALLES KLAR, KEINER WEISS BESCHEID

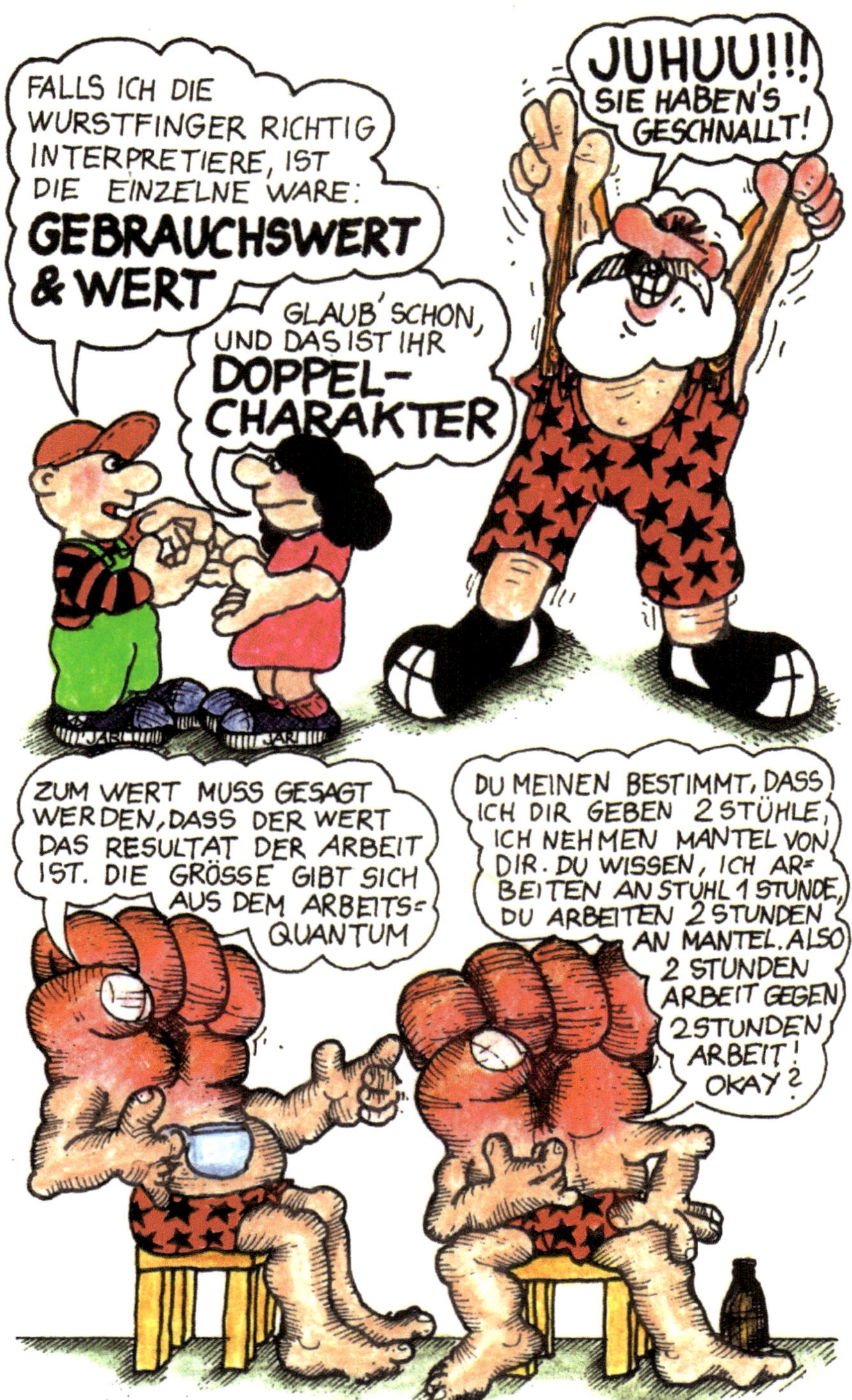

DIE WERTGRÖSSE IST BESTIMMT DURCH DIE ZUR PRODUKTION ERFORDERLICHE ARBEITSZEIT!

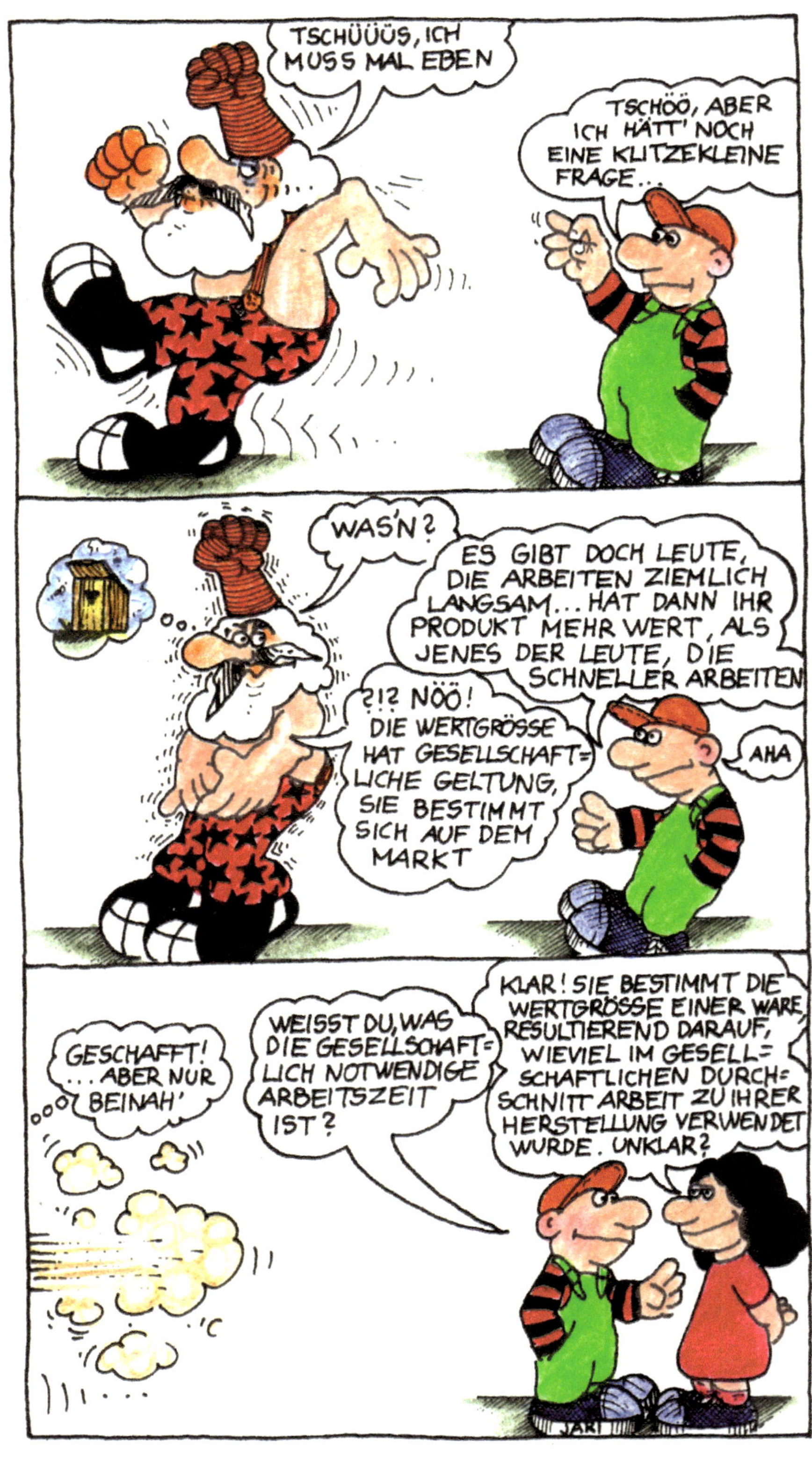
TSCHÜÜÜS, ICH MUSS MAL EBEN
TSCHÖÖ, ABER ICH HÄTT' NOCH EINE KLITZEKLEINE FRAGE...
WAS'N?
ES GIBT DOCH LEUTE, DIE ARBEITEN ZIEMLICH LANGSAM... HAT DANN IHR PRODUKT MEHR WERT, ALS JENES DER LEUTE, DIE SCHNELLER ARBEITEN
?!? NÖÖ! DIE WERTGRÖSSE HAT GESELLSCHAFT=LICHE GELTUNG, SIE BESTIMMT SICH AUF DEM MARKT
AHA
GESCHAFFT! ... ABER NUR BEINAH'
WEISST DU, WAS DIE GESELLSCHAFT=LICH NOTWENDIGE ARBEITSZEIT IST?
KLAR! SIE BESTIMMT DIE WERTGRÖSSE EINER WARE, RESULTIEREND DARAUF, WIEVIEL IM GESELL=SCHAFTLICHEN DURCH=SCHNITT ARBEIT ZU IHRER HERSTELLUNG VERWENDET WURDE. UNKLAR?
JARI

DER AUSTAUSCH-PROZESS

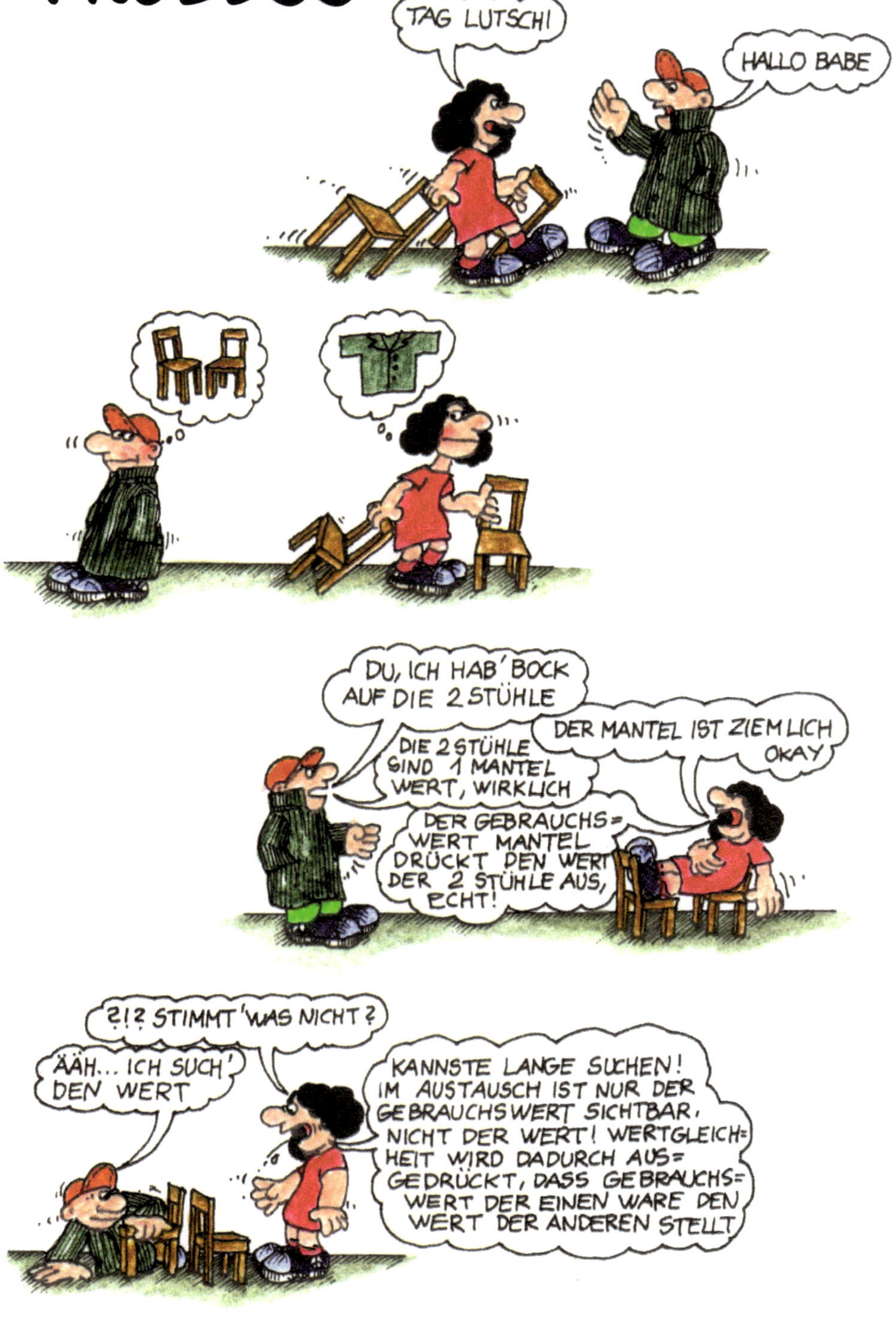

TAG LUTSCHI
HALLO BABE

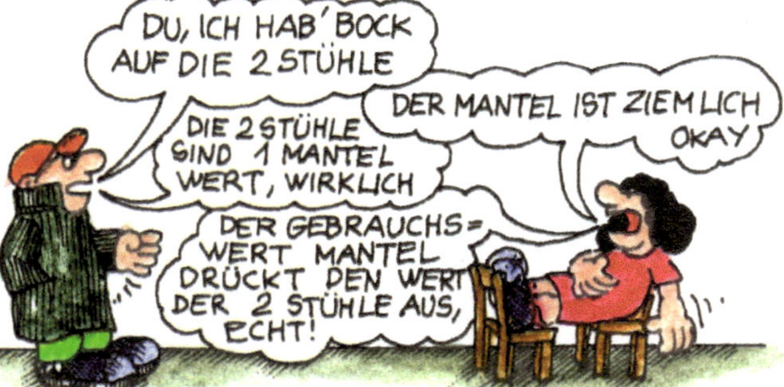

?!? STIMMT 'WAS NICHT?
ÄÄH... ICH SUCH' DEN WERT
KANNSTE LANGE SUCHEN! IM AUSTAUSCH IST NUR DER GEBRAUCHSWERT SICHTBAR, NICHT DER WERT! WERTGLEICH=HEIT WIRD DADURCH AUS=GEDRÜCKT, DASS GEBRAUCHS=WERT DER EINEN WARE DEN WERT DER ANDEREN STELLT

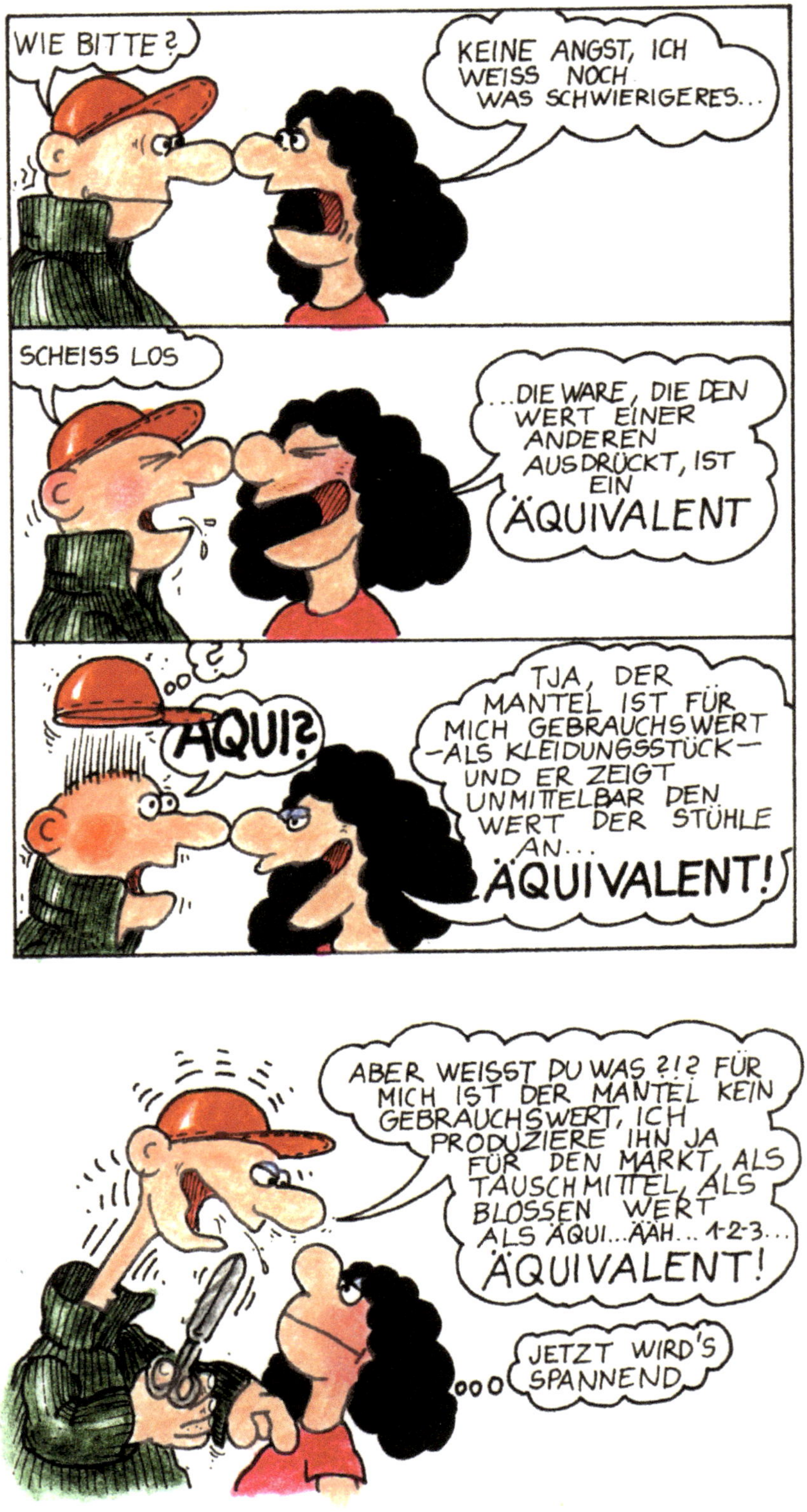

WIE BITTE?

KEINE ANGST, ICH WEISS NOCH WAS SCHWIERIGERES...

SCHEISS LOS

...DIE WARE, DIE DEN WERT EINER ANDEREN AUSDRÜCKT, IST EIN ÄQUIVALENT

?

ÄQUI?

TJA, DER MANTEL IST FÜR MICH GEBRAUCHSWERT –ALS KLEIDUNGSSTÜCK– UND ER ZEIGT UNMITTELBAR DEN WERT DER STÜHLE AN... ÄQUIVALENT!

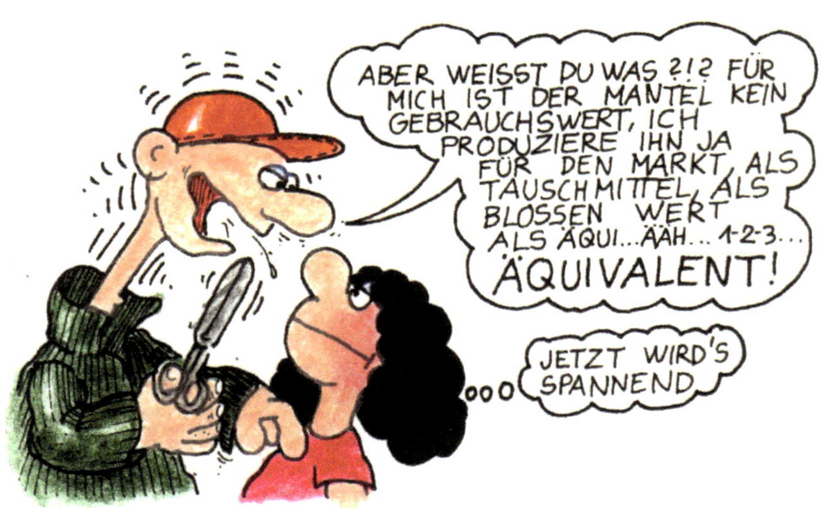

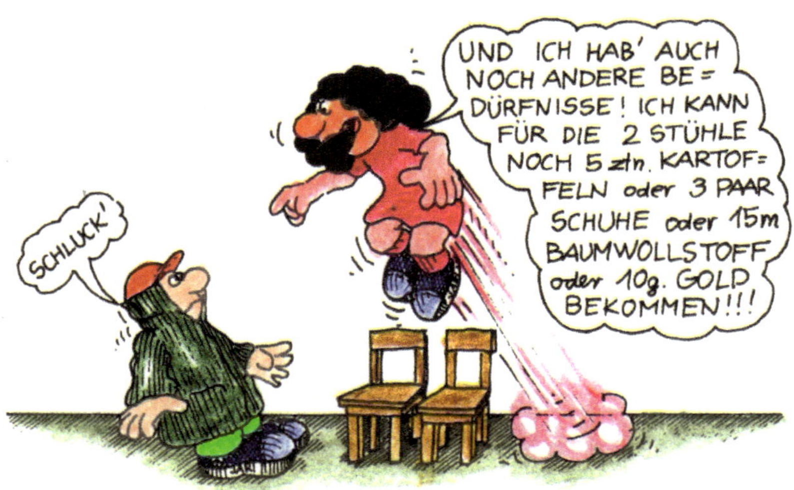
SCHLUCK!
UND ICH HAB' AUCH NOCH ANDERE BE= DÜRFNISSE! ICH KANN FÜR DIE 2 STÜHLE NOCH 5 ztn. KARTOF= FELN oder 3 PAAR SCHUHE oder 15m BAUMWOLLSTOFF oder 10g. GOLD BEKOMMEN!!!

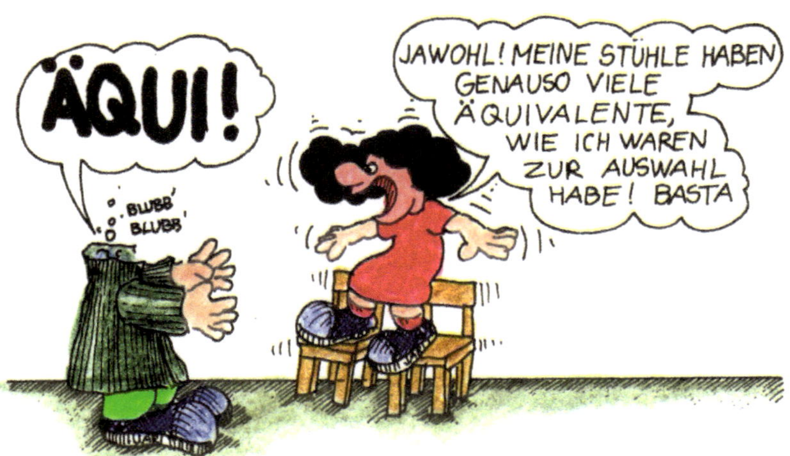
ÄQUI!
BLUBB' BLUBB'
JAWOHL! MEINE STÜHLE HABEN GENAUSO VIELE ÄQUIVALENTE, WIE ICH WAREN ZUR AUSWAHL HABE! BASTA

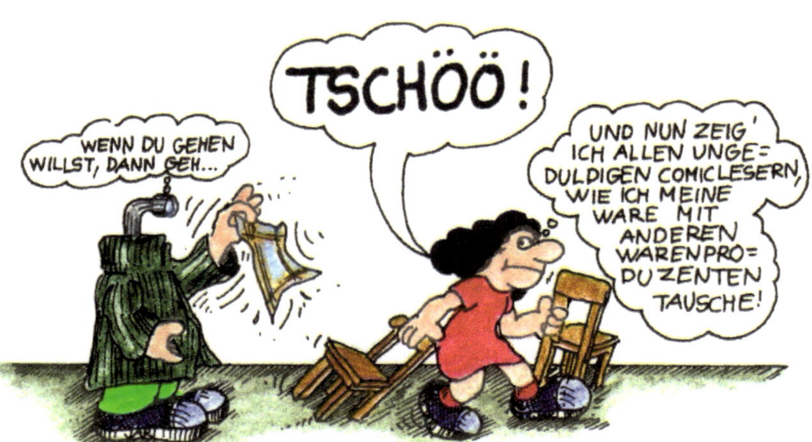
WENN DU GEHEN WILLST, DANN GEH...
TSCHÖÖ!
UND NUN ZEIG' ICH ALLEN UNGE= DULDIGEN COMICLESERN, WIE ICH MEINE WARE MIT ANDEREN WARENPRO= DUZENTEN TAUSCHE!

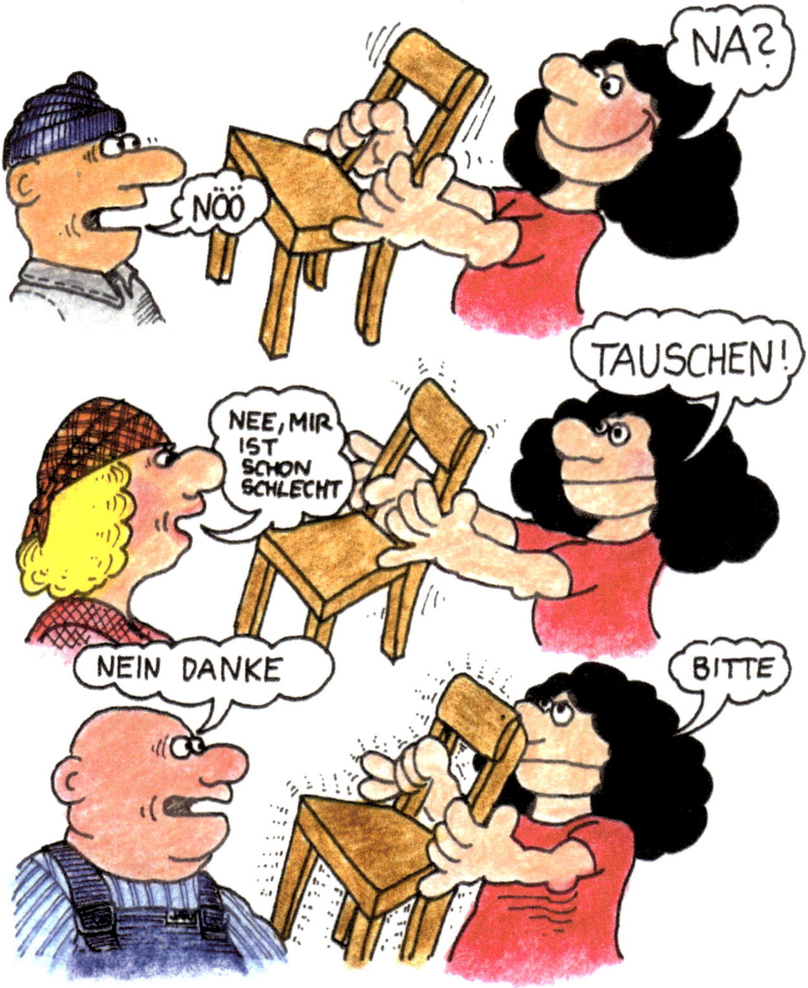

NA?

NÖÖ

TAUSCHEN!

NEE, MIR IST SCHON SCHLECHT

BITTE

NEIN DANKE

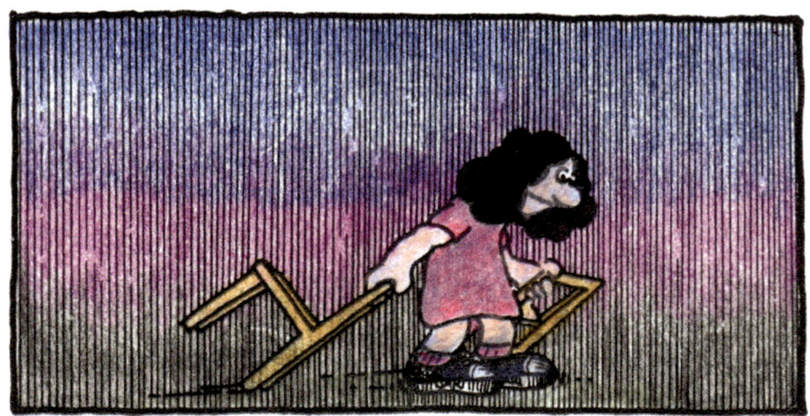

SO GEHT'S JEDEM WARENPRODUZENTEN, ER MUSS LANGE SUCHEN, BIS ER EINEN TAUSCHPARTNER FINDET...

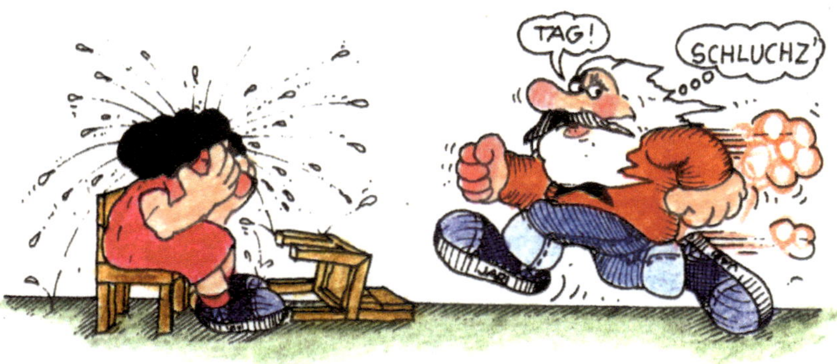
TAG!
SCHLUCHZ'

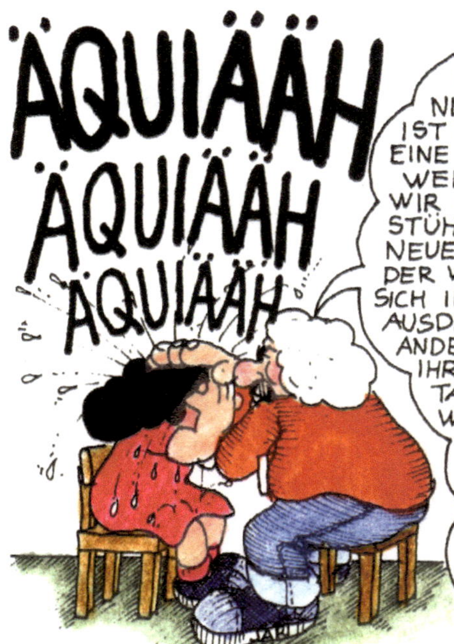
ÄQUIÄÄH
ÄQUIÄÄH
ÄQUIÄÄH
DU BRAUCHST DOCH NICHT WEINEN - SCHLUCHZ - IST NICHT SCHLIMM - NUR EINE KLEINE TAUSCHKRISE... WEISST DU WAS!?! - WIR MACHEN AUS DEN STÜHLEN WAS GANZ NEUES! HÖR' MAL ZU: WIE DER WERT DER 2 STÜHLE SICH IN ANDEREN WAREN AUSDRÜCKT, SO KÖNNEN DIE ANDEREN WARENBESITZER IHRE WAREN GEGEN STÜHLE TAUSCHEN! DIE STÜHLE WÜRDEN DEN WERT ALLER ANDEREN WAREN AUSDRÜCKEN. DER STUHL WÜRDE SO ZUM ALLGE= MEINEN ODER GEMEIN= SAMEN ÄQUIVALENT FÜR ALLE SONSTIGEN WAREN WERDEN

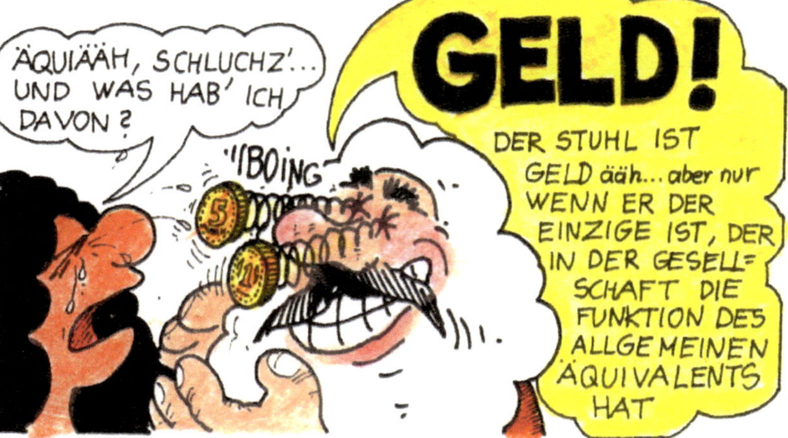
ÄQUIÄÄH, SCHLUCHZ'... UND WAS HAB' ICH DAVON?
"BOING"
GELD!
DER STUHL IST GELD ääh... aber nur WENN ER DER EINZIGE IST, DER IN DER GESELL= SCHAFT DIE FUNKTION DES ALLGEMEINEN ÄQUIVALENTS HAT

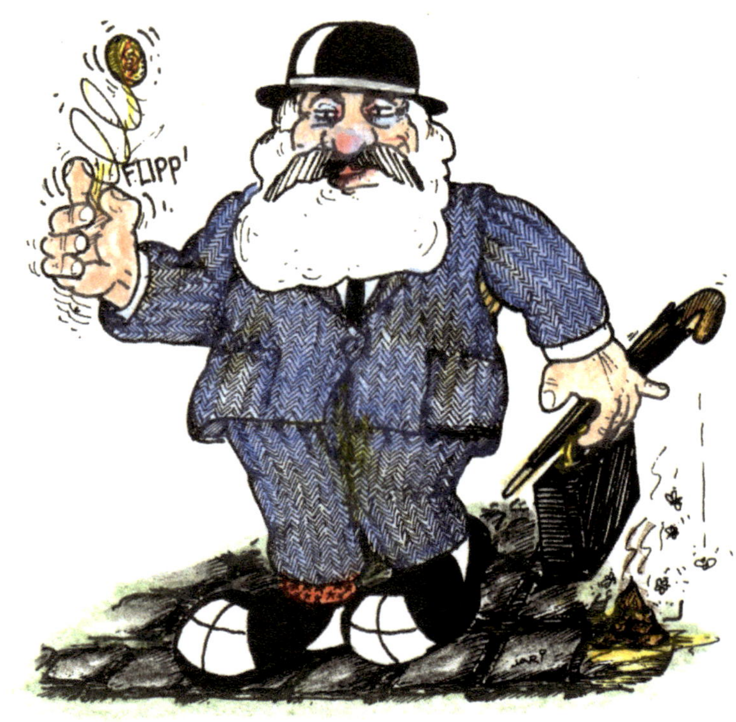

ENTSTEHUNG DES GELDES:

GELD IST DURCH GEWOHNHEIT ENTSTANDEN, HAT SICH QUASI UNMITTELBAR AUS DER TÄGLICHEN PRAXIS ERGEBEN, UNABHÄNGIG VON DER BEWUSSTEN PLANUNG DER EINZELNEN

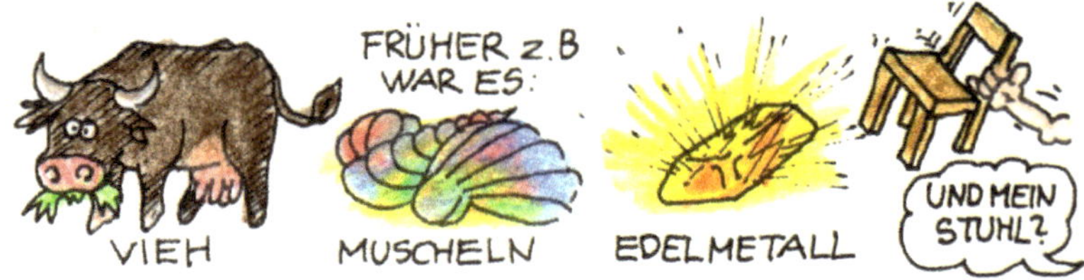

ALS GELD SETZTEN SICH DINGE DURCH, DIE...

...**SELTEN & KOSTBAR, DIE TEILBAR UND HALTBAR WAREN,**

MAN MUSSTE SIE AUFHEBEN UND JEDERZEIT GEGEN ANDERE WAREN AUSTAUSCHEN KÖNNEN...

MEIN STUHL* GEHÖRT WOHL NICHT DAZU!?!

* LEIDER IST GOLD HISTORISCHE GELDWARE IN DER BÜRGERLICHEN GESELLSCHAFT GEWORDEN

DAS GELD

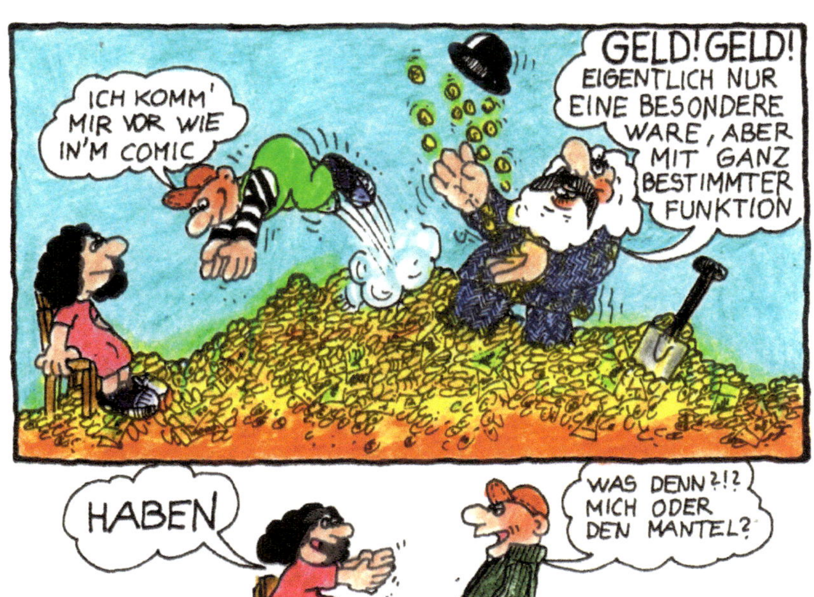
ICH KOMM' MIR VOR WIE IN'M COMIC
GELD! GELD! EIGENTLICH NUR EINE BESONDERE WARE, ABER MIT GANZ BESTIMMTER FUNKTION
HABEN
WAS DENN?!? MICH ODER DEN MANTEL?

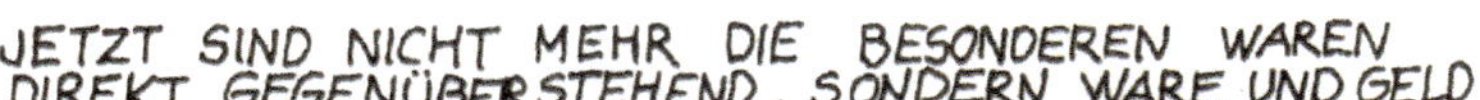
JETZT SIND NICHT MEHR DIE BESONDEREN WAREN DIREKT GEGENÜBERSTEHEND, SONDERN WARE UND GELD

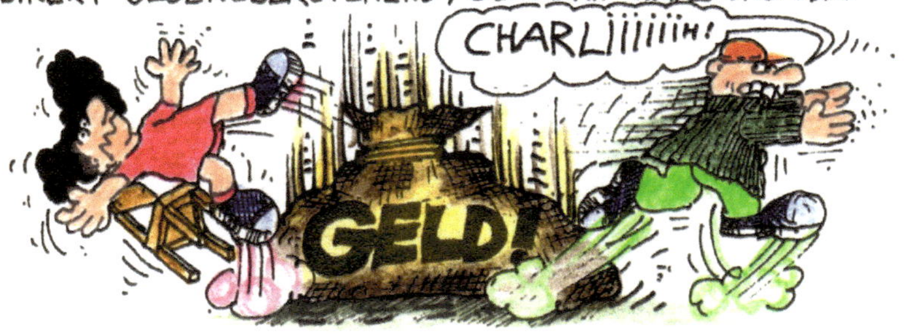
CHARLIIIIIIH!
GELD!

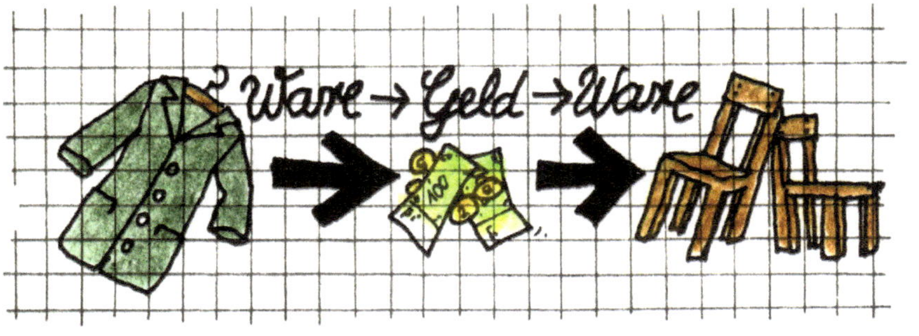
Ware → Geld → Ware

HOCHVEREHRTES PUBLIKUM: HIER DER WARENAUSTAUSCH IN 2 PHASEN:

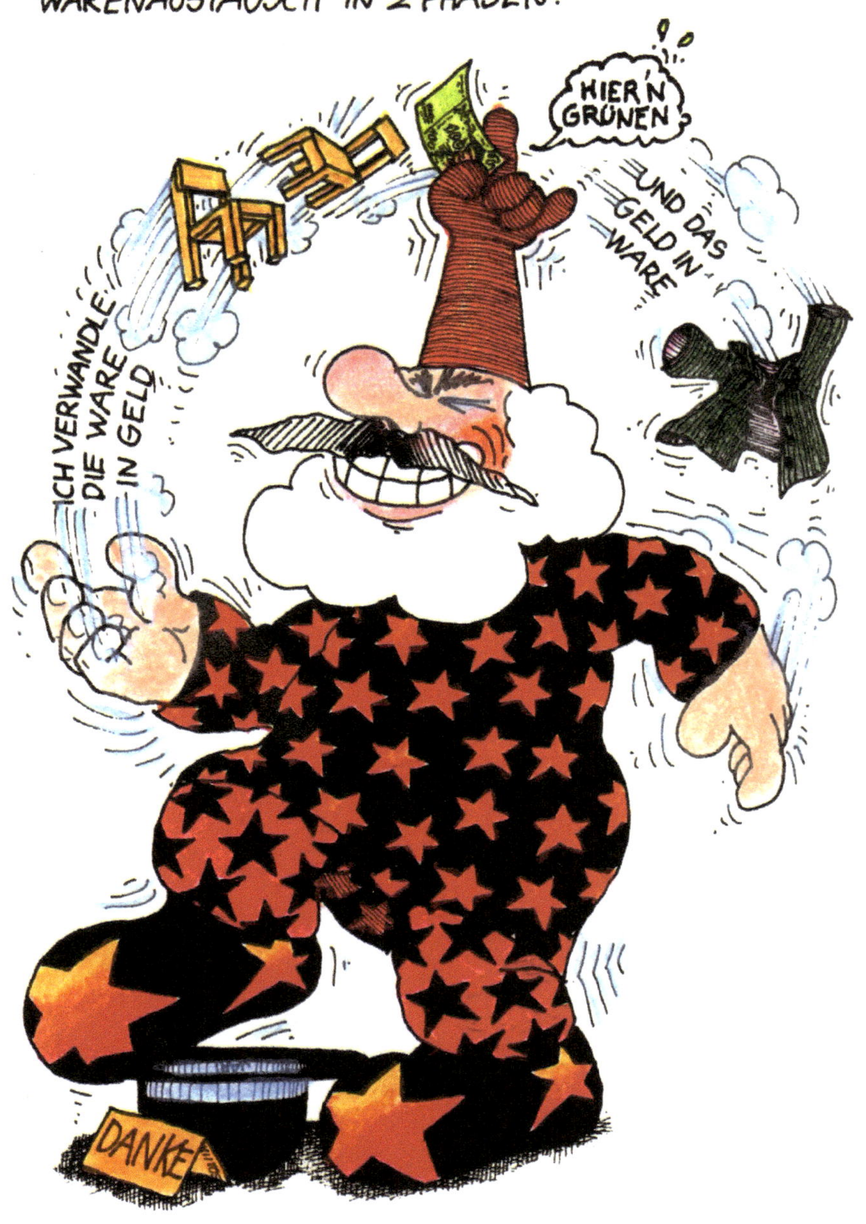

GELD VERMITTELT SO DEN WARENAUSTAUSCH
→ ZIRKULATION (WIEDER EIN FREMDWORT ZUM ANGEBEN)
DIENT ALSO ALS

ZIRKULATIONS-MITTEL

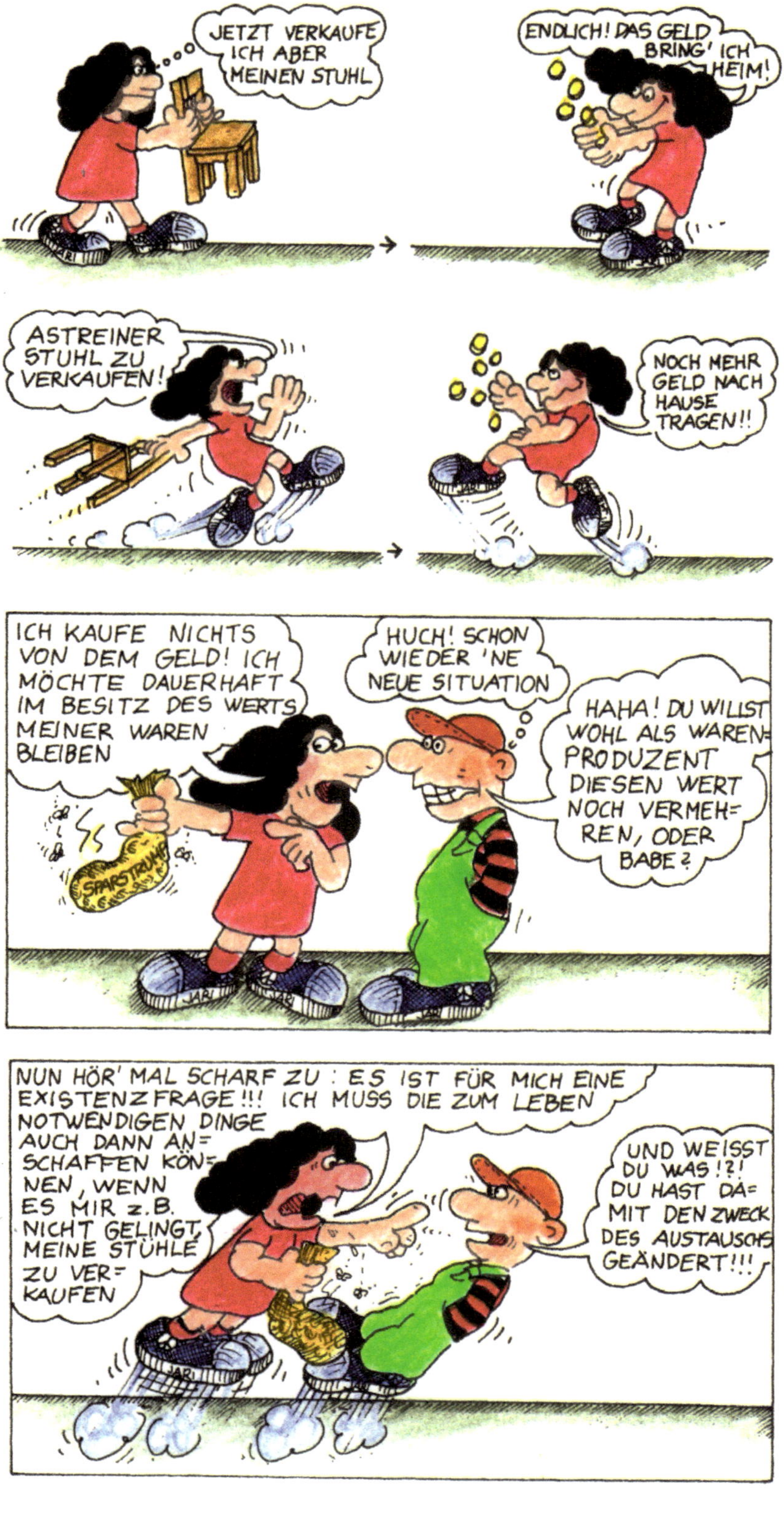

JETZT VERKAUFE ICH ABER MEINEN STUHL

ENDLICH! DAS GELD BRING' ICH HEIM!

ASTREINER STUHL ZU VERKAUFEN!

NOCH MEHR GELD NACH HAUSE TRAGEN!!

ICH KAUFE NICHTS VON DEM GELD! ICH MÖCHTE DAUERHAFT IM BESITZ DES WERTS MEINER WAREN BLEIBEN

SPARSTRUMPF

HUCH! SCHON WIEDER 'NE NEUE SITUATION

HAHA! DU WILLST WOHL ALS WAREN-PRODUZENT DIESEN WERT NOCH VERMEHREN, ODER BABE?

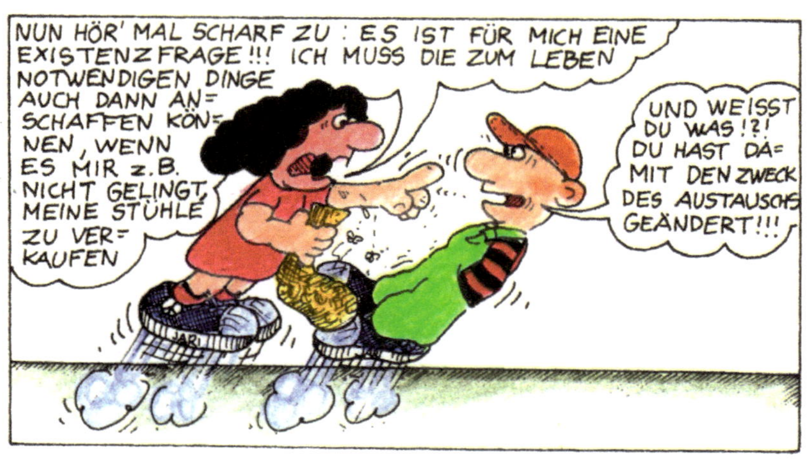

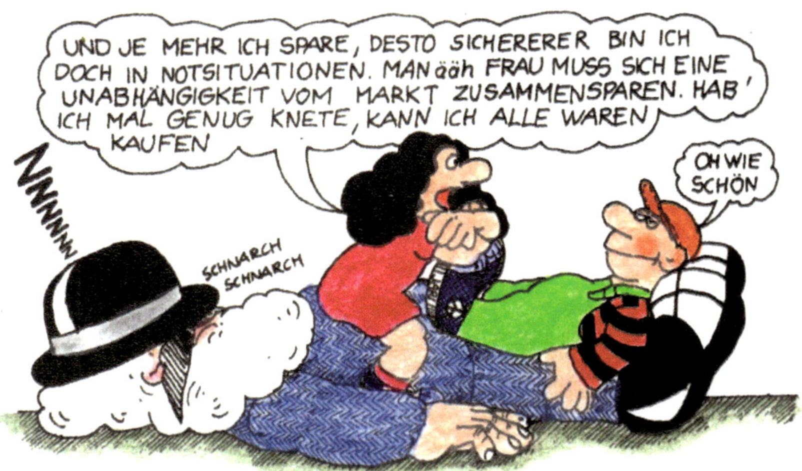
UND JE MEHR ICH SPARE, DESTO SICHERERER BIN ICH DOCH IN NOTSITUATIONEN. MAN äöh FRAU MUSS SICH EINE UNABHÄNGIGKEIT VOM MARKT ZUSAMMENSPAREN. HAB' ICH MAL GENUG KNETE, KANN ICH ALLE WAREN KAUFEN
OH WIE SCHÖN
NNNNN
SCHNARCH SCHNARCH

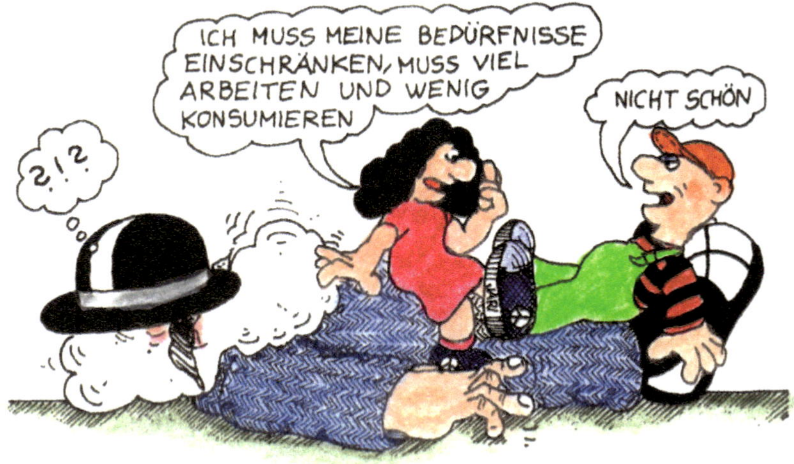
ICH MUSS MEINE BEDÜRFNISSE EINSCHRÄNKEN, MUSS VIEL ARBEITEN UND WENIG KONSUMIEREN
NICHT SCHÖN
?!?

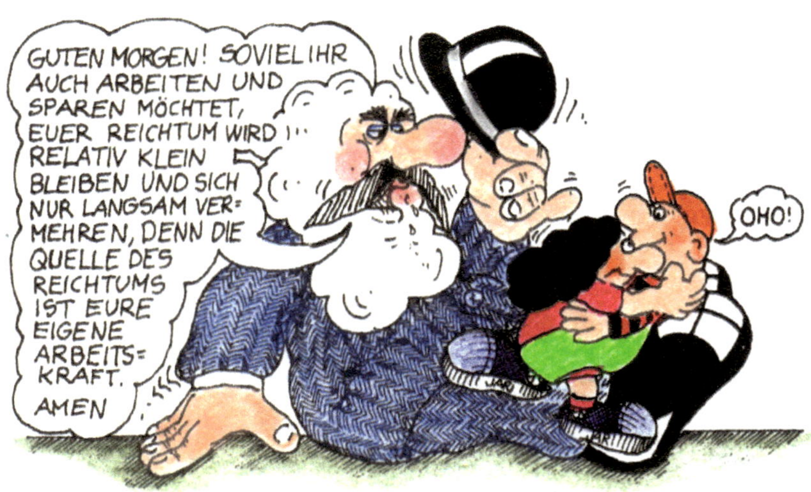
GUTEN MORGEN! SOVIEL IHR AUCH ARBEITEN UND SPAREN MÖCHTET, EUER REICHTUM WIRD RELATIV KLEIN BLEIBEN UND SICH NUR LANGSAM VER=MEHREN, DENN DIE QUELLE DES REICHTUMS IST EURE EIGENE ARBEITS=KRAFT. AMEN
OHO!

VERWANDLUNG VON GELD IN KAPITAL

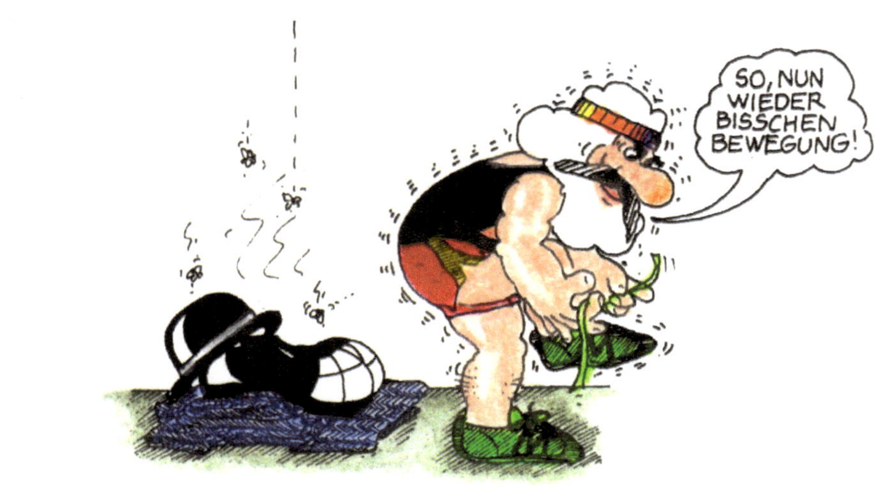

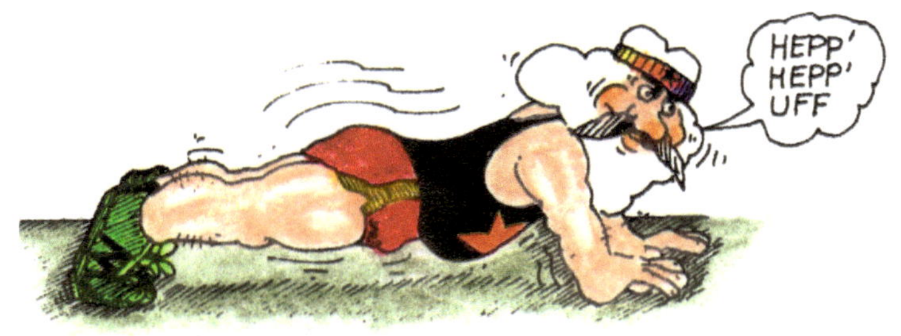

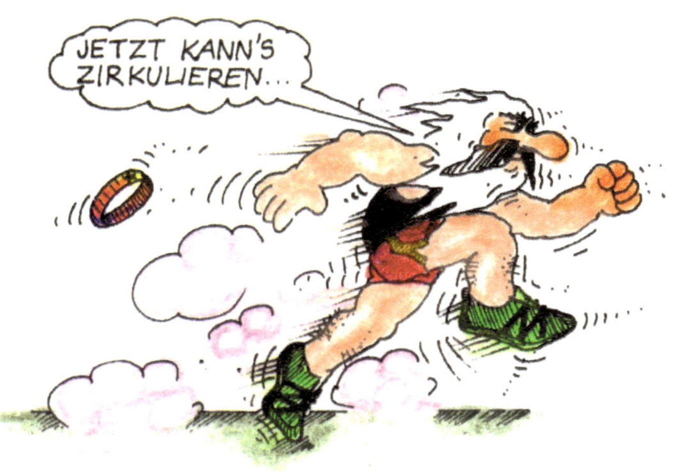

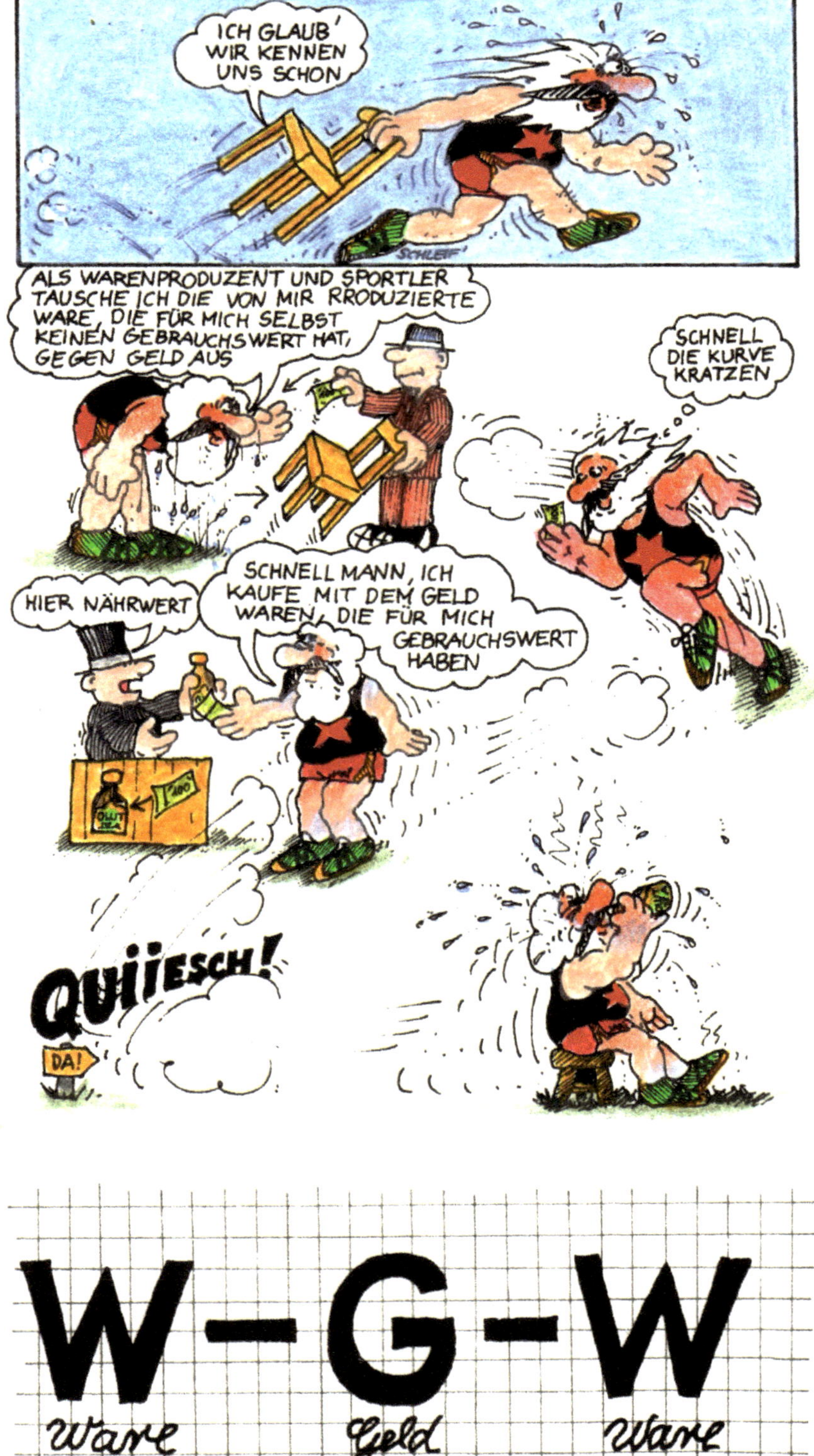

ICH GLAUB' WIR KENNEN UNS SCHON
SCHLEIF
ALS WARENPRODUZENT UND SPORTLER TAUSCHE ICH DIE VON MIR RRODUZIERTE WARE, DIE FÜR MICH SELBST KEINEN GEBRAUCHSWERT HAT, GEGEN GELD AUS
SCHNELL DIE KURVE KRATZEN
HIER NÄHRWERT
SCHNELL MANN, ICH KAUFE MIT DEM GELD WAREN, DIE FÜR MICH GEBRAUCHSWERT HABEN
QUIIESCH!
DA!
W-G-W
Ware
Geld
Ware

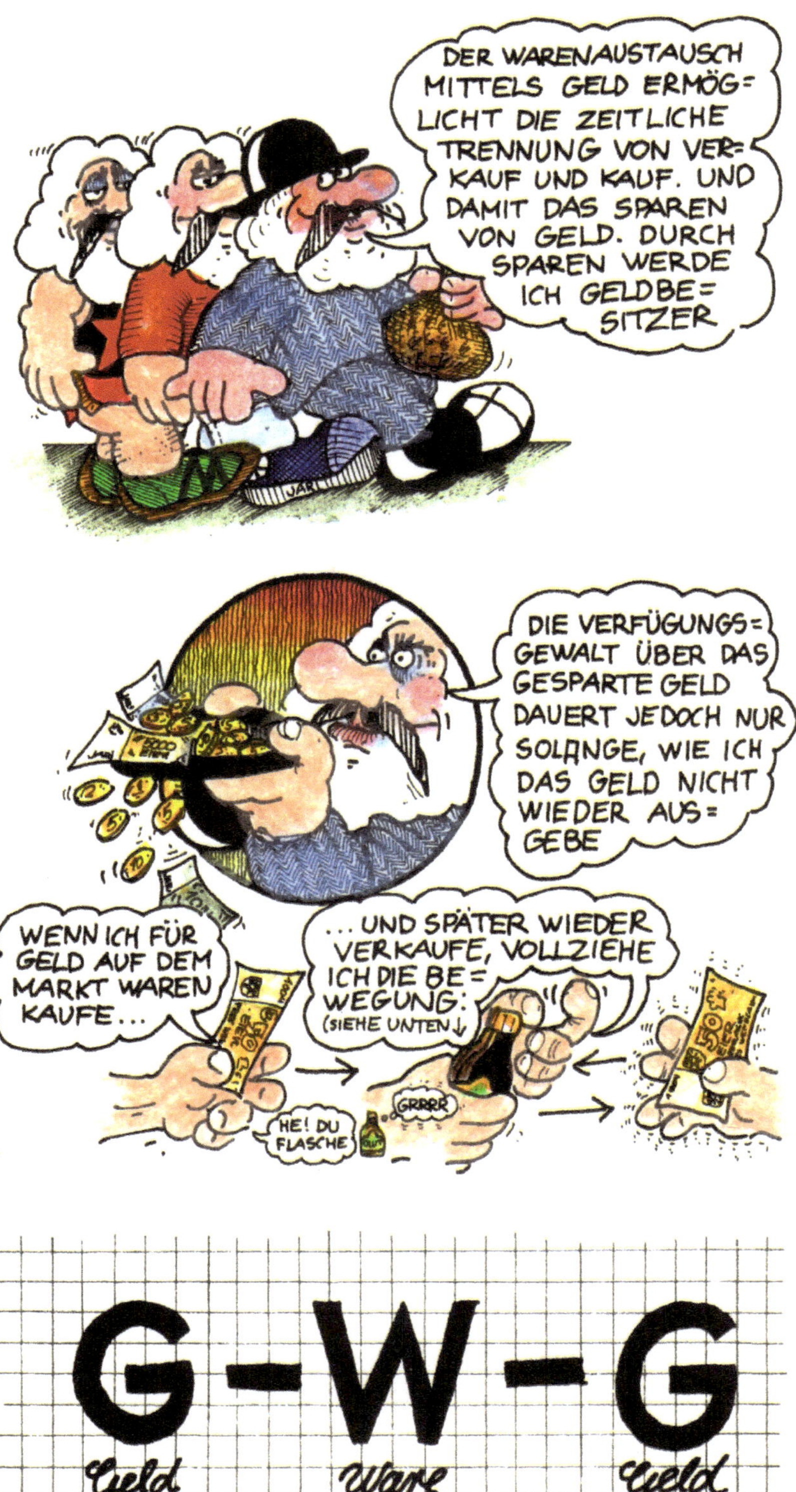

G – W – G

Geld Ware Geld

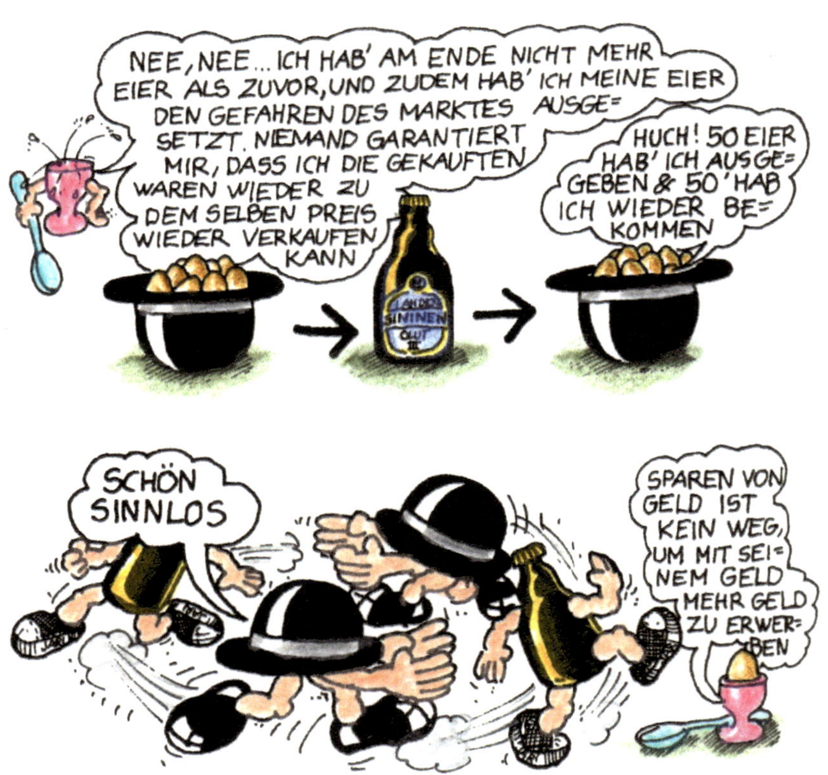
NEE, NEE... ICH HAB' AM ENDE NICHT MEHR EIER ALS ZUVOR, UND ZUDEM HAB' ICH MEINE EIER DEN GEFAHREN DES MARKTES AUSGE=SETZT. NIEMAND GARANTIERT MIR, DASS ICH DIE GEKAUFTEN WAREN WIEDER ZU DEM SELBEN PREIS WIEDER VERKAUFEN KANN
HUCH! 50 EIER HAB' ICH AUSGE=GEBEN & 50' HAB ICH WIEDER BE=KOMMEN
SCHÖN SINNLOS
SPAREN VON GELD IST KEIN WEG, UM MIT SEI=NEM GELD MEHR GELD ZU ERWER=BEN

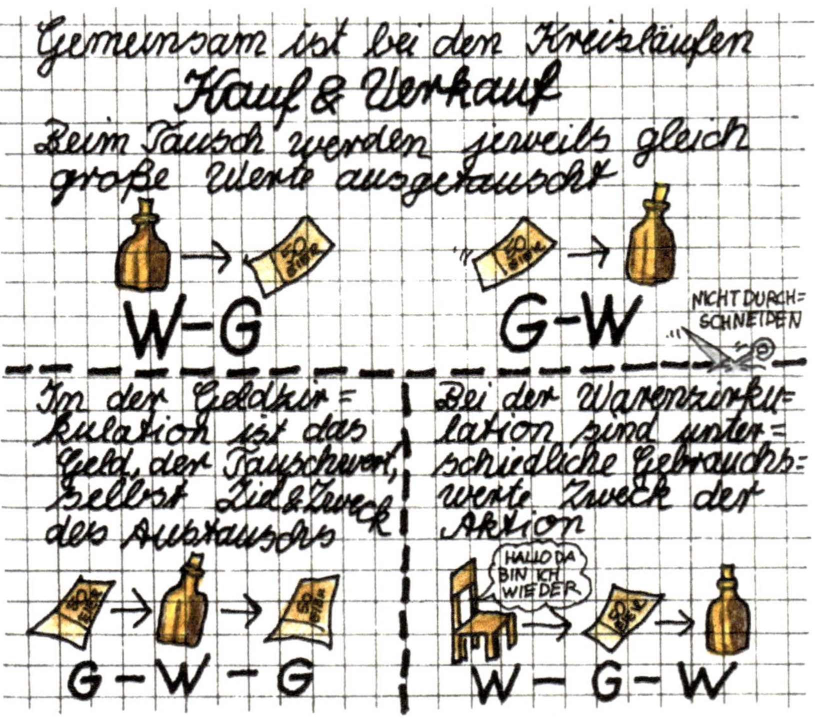
Gemeinsam ist bei den Kreisläufen
Kauf & Verkauf
Beim Tausch werden jeweils gleich große Werte ausgetauscht
W–G
G–W
NICHT DURCH=SCHNEIDEN
In der Geldzir=kulation ist das Geld, der Tauschwert, selbst Ziel & Zweck des Austauschs
Bei der Warenzirku=lation sind unter=schiedliche Gebrauchs=werte Zweck der Aktion
HALLO DA BIN ICH WIEDER
G–W–G
W–G–W

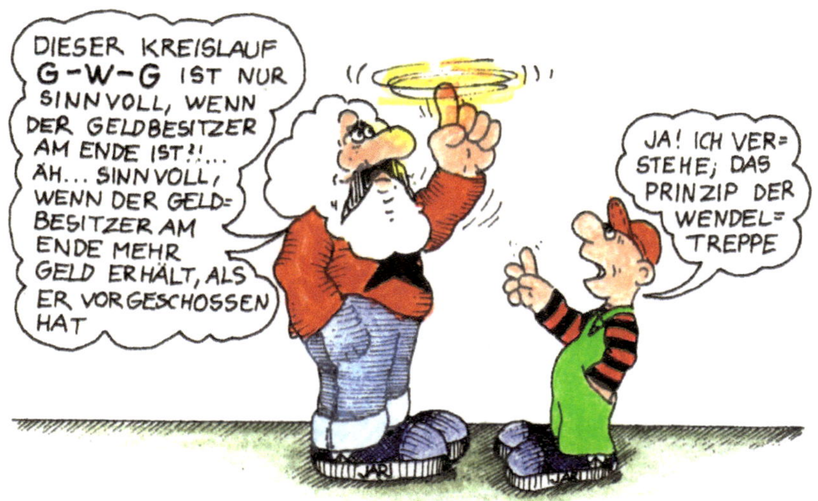
DIESER KREISLAUF G–W–G IST NUR SINNVOLL, WENN DER GELDBESITZER AM ENDE IST?!... ÄH... SINNVOLL, WENN DER GELDBESITZER AM ENDE MEHR GELD ERHÄLT, ALS ER VORGESCHOSSEN HAT
JA! ICH VERSTEHE; DAS PRINZIP DER WENDELTREPPE

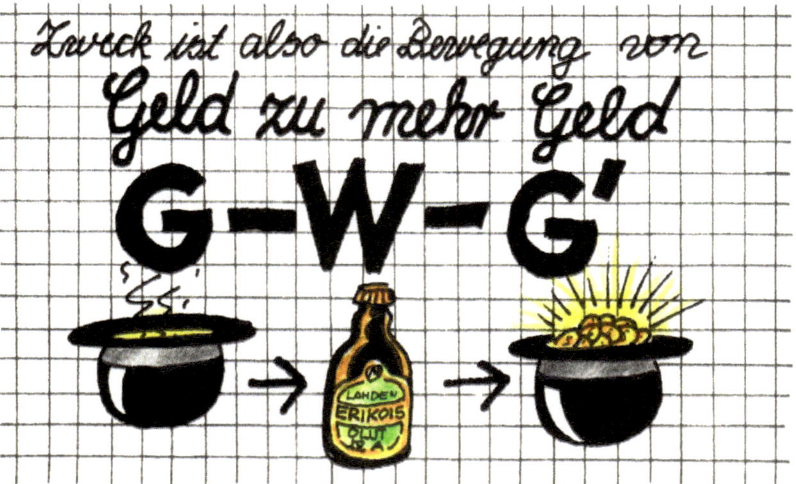
Zweck ist also die Bewegung von
Geld zu mehr Geld
G–W–G'
LAHDEN
ERIKOIS
OLUT

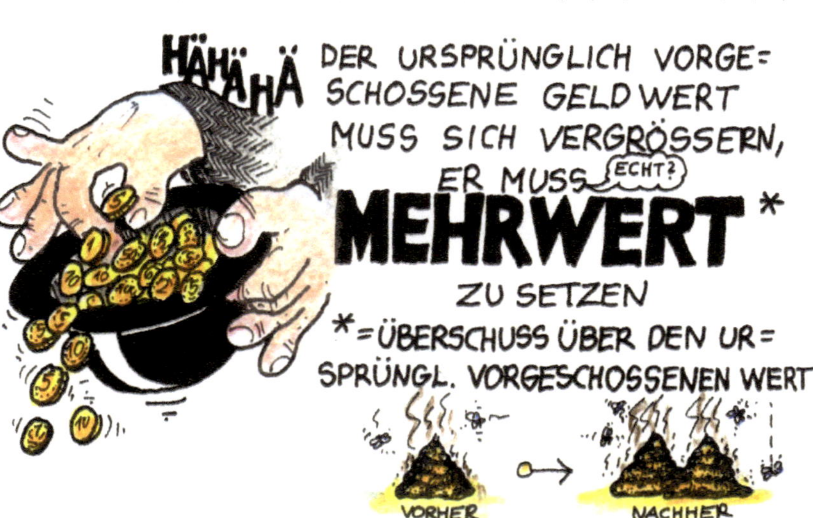
HÄHÄHÄHÄ
DER URSPRÜNGLICH VORGESCHOSSENE GELDWERT MUSS SICH VERGRÖSSERN, ER MUSS
ECHT?
MEHRWERT*
ZU SETZEN
*=ÜBERSCHUSS ÜBER DEN URSPRÜNGL. VORGESCHOSSENEN WERT
VORHER
NACHHER

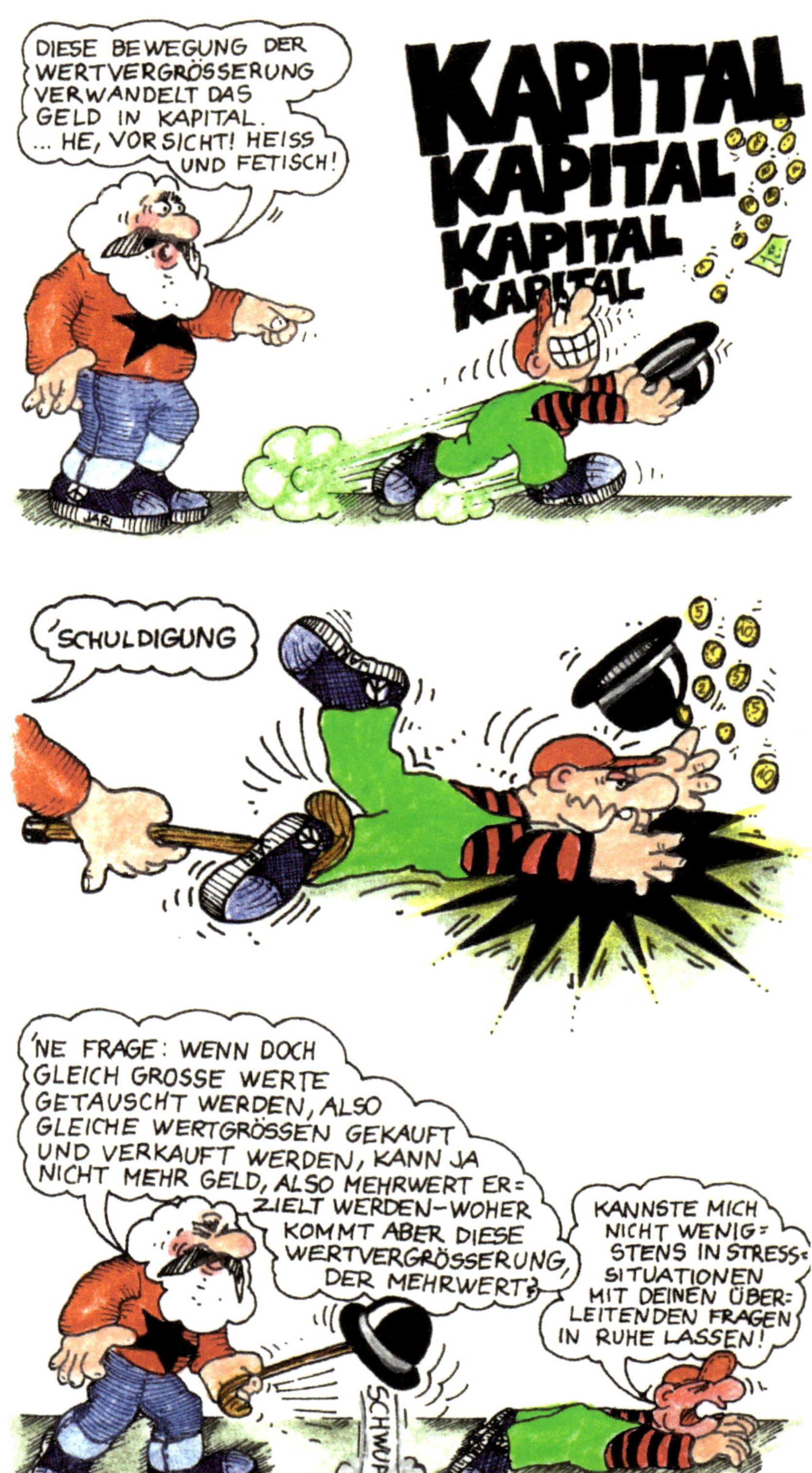
DIESE BEWEGUNG DER WERTVERGRÖSSERUNG VERWANDELT DAS GELD IN KAPITAL. ... HE, VORSICHT! HEISS UND FETISCH!
KAPITAL
KAPITAL
KAPITAL
KAPITAL
JARI
SCHULDIGUNG
'NE FRAGE: WENN DOCH GLEICH GROSSE WERTE GETAUSCHT WERDEN, ALSO GLEICHE WERTGRÖSSEN GEKAUFT UND VERKAUFT WERDEN, KANN JA NICHT MEHR GELD, ALSO MEHRWERT ER= ZIELT WERDEN–WOHER KOMMT ABER DIESE WERTVERGRÖSSERUNG, DER MEHRWERT?
KANNSTE MICH NICHT WENIG= STENS IN STRESS= SITUATIONEN MIT DEINEN ÜBER= LEITENDEN FRAGEN IN RUHE LASSEN!
SCHWUPP

DER FETISCH-CHARAKTER DER WARE UND DES GELDES

HIER FETISCH

BUH, WIE AUFREGEND! WARUM IST DAS DING DENN SO FETTIG?

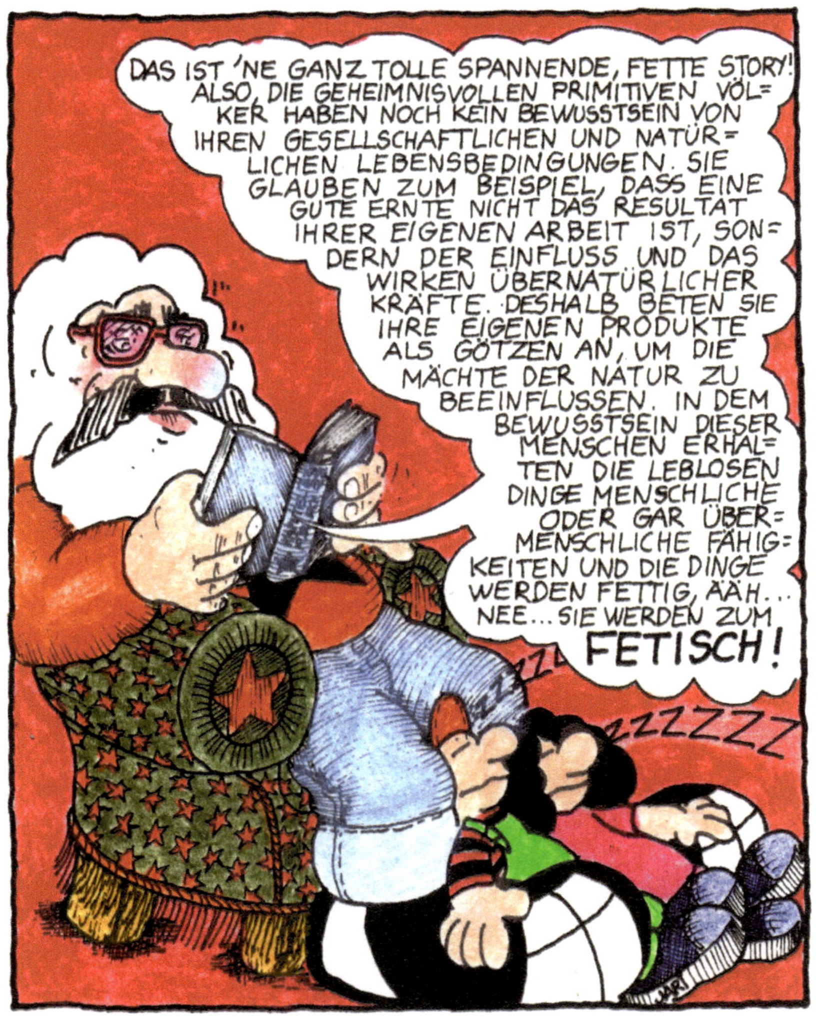

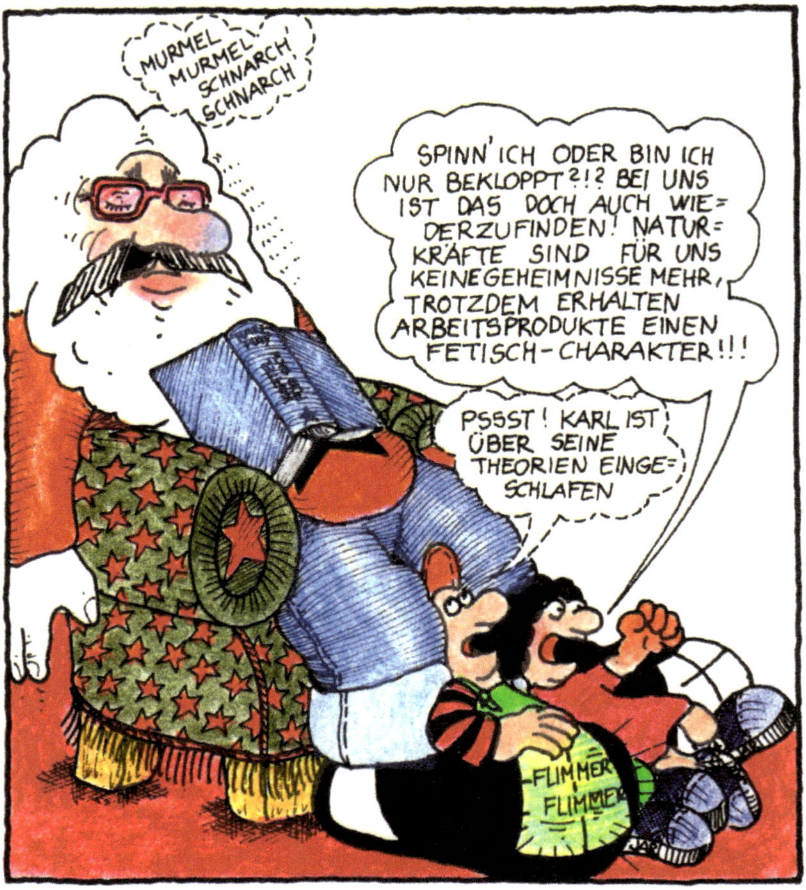

MURMEL MURMEL SCHNARCH SCHNARCH

SPINN' ICH ODER BIN ICH NUR BEKLOPPT?!? BEI UNS IST DAS DOCH AUCH WIEDERZUFINDEN! NATURKRÄFTE SIND FÜR UNS KEINEGEHEIMNISSE MEHR, TROTZDEM ERHALTEN ARBEITSPRODUKTE EINEN FETISCH-CHARAKTER!!!

PSSST! KARL IST ÜBER SEINE THEORIEN EINGESCHLAFEN

FLIMMER FLIMMER

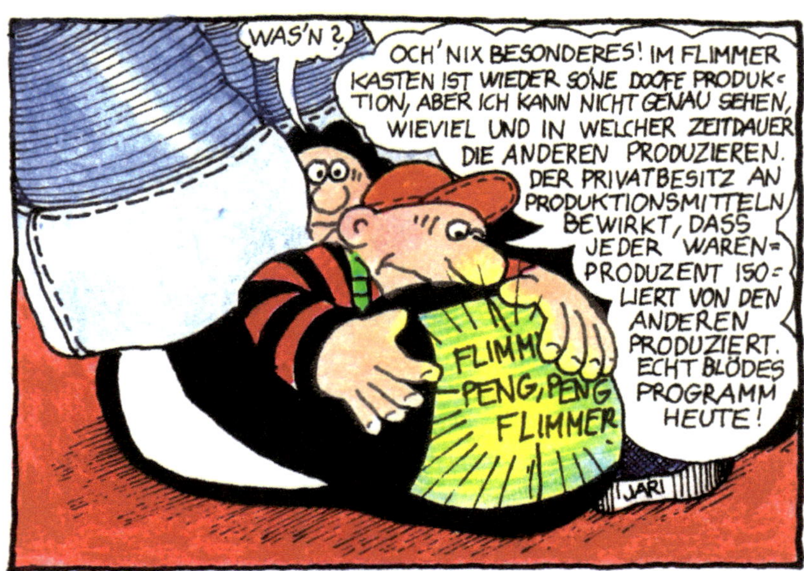

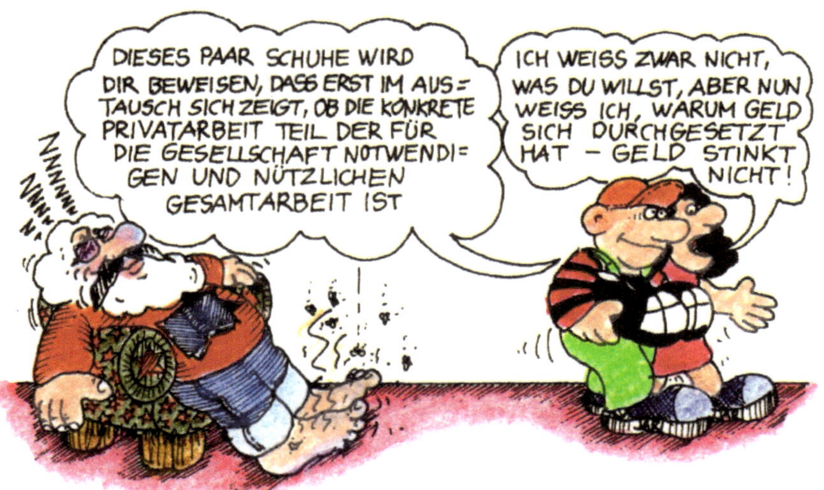

BEREITS IM EINFACHEN AUSTAUSCH ZEIGT SICH DER **FETISCHCHARAKTER DER WAREN**

2 GEBRAUCHS= GEGENSTÄN= DE STEHEN SICH GEGEN= ÜBER ⇨

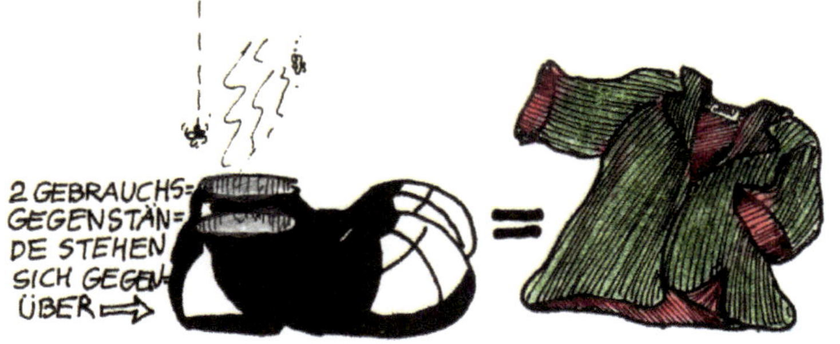

DER MANTEL ÜBERNIMMT DIE FUNKTION, DEN WERT DER SCHUHE AUSZUDRÜCKEN:

1 PAAR SCHUHE SIND 1 MANTEL WERT

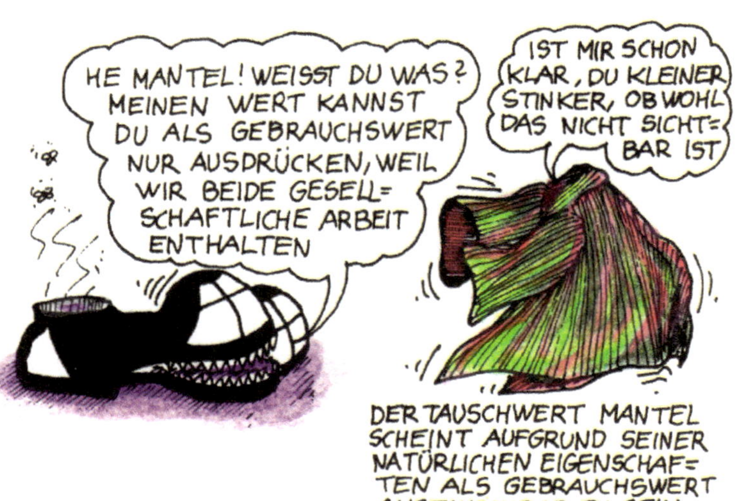

DER TAUSCHWERT MANTEL SCHEINT AUFGRUND SEINER NATÜRLICHEN EIGENSCHAF= TEN ALS GEBRAUCHSWERT AUSTAUSCHBAR ZU SEIN

DEN BETEILIGTEN WARENBESITZERN SCHEINEN DIE WAREN SICH ALSO AUFGRUND IRGEND=WELCHER GEHEIMNISVOLLEN NATUREIGEN=SCHAFTEN AUSZUTAUSCHEN:

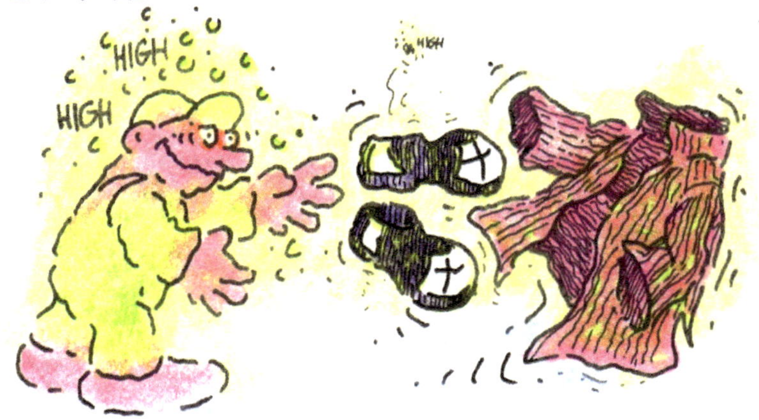

PRODUKTE MENSCHLICHER ARBEIT ERHALTEN SO SCHEINBAR EIN EIGENLEBEN...

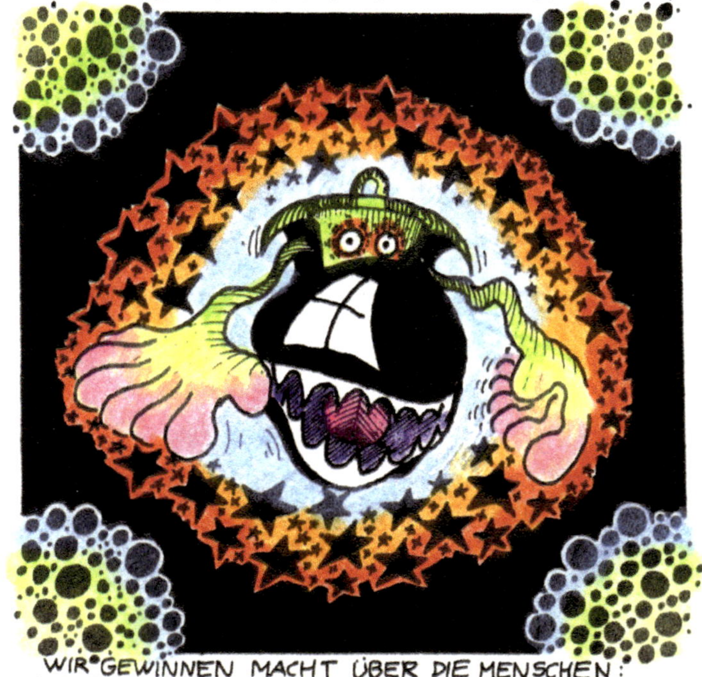

WIR GEWINNEN MACHT ÜBER DIE MENSCHEN:

FETISCHCHARAKTER DER WARE

DIESER WAHNSINN VERSTÄRKT SICH, WENN NUN DIE WAREN GEGEN GELD GETAUSCHT WERDEN

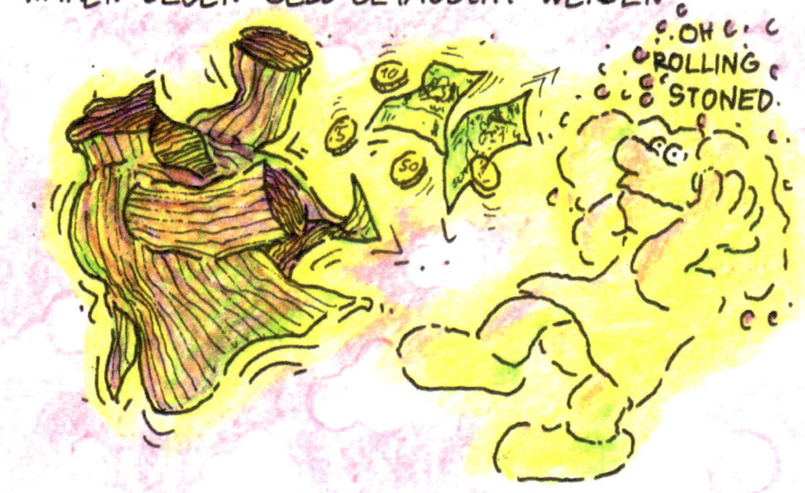

BESTIMMTES METALL ODER BEDRUCKTE PAPIERZETTEL SCHEINEN NUN DIE MAGISCHEN FÄHIGKEITEN ZU HABEN, ALLE WAREN KAUFEN ZU KÖNNEN, UND ZWAR ALS GEBRAUCHSWERT, UND DAS ALS STÜCK KALTES METALL ODER ALS BLOSSER PAPIERFETZEN!

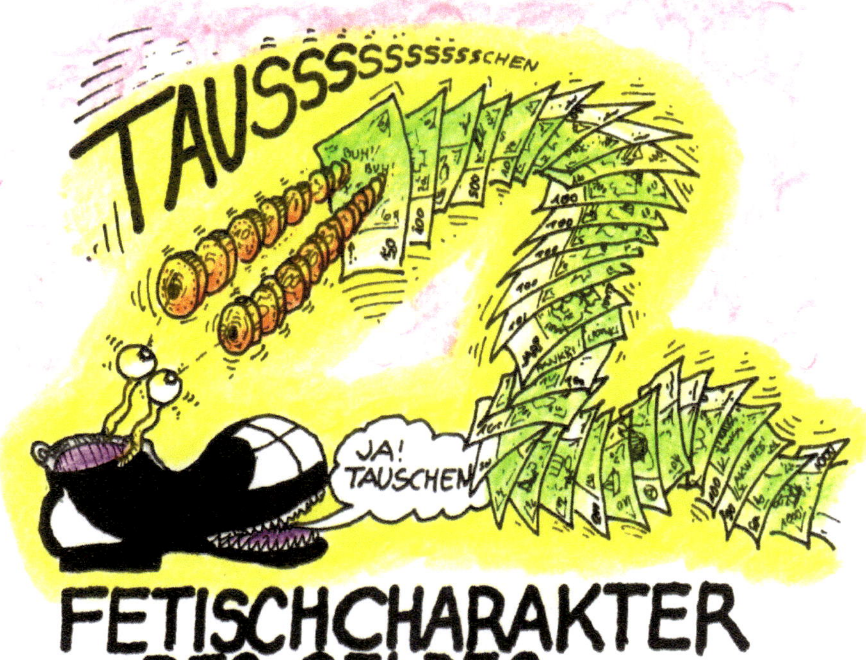

FETISCHCHARAKTER DES GELDES

DIE WARENPRODUZENTEN ERKENNEN ÜBERHAUPT NICHT MEHR, DASS DAS GELD NUR DIE ALLGEMEINE WARE, DAS ALLGEMEINE ÄQUIVALENT IST

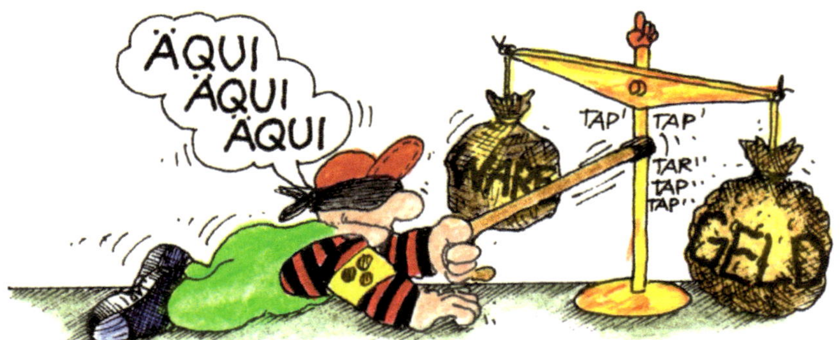

ES IST VÖLLIG VERDECKT, DASS DAS KAUFEN UND VERKAUFEN NICHTS ANDERES IST, ALS DAS BESONDERE GESELLSCHAFTLICHE VERHÄLTNIS DER EINZELNEN WARENPRODUZENTEN ZUEINANDER

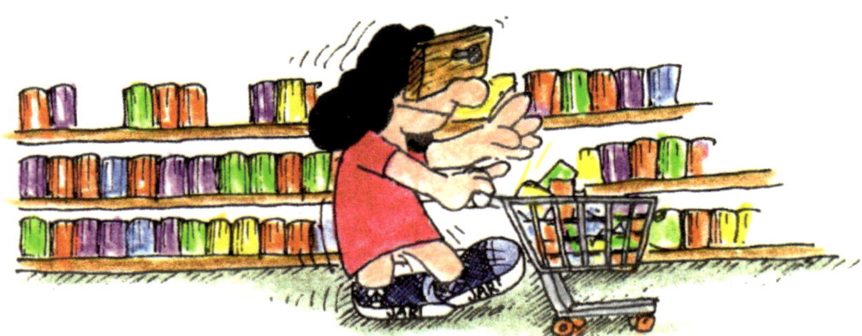

WEIL SIE NICHT GEMEINSAM PRODUZIEREN, MÜSSEN SIE ALLE MITEINANDER KONKURRIEREND HINTER DEM GELD HERLAUFEN

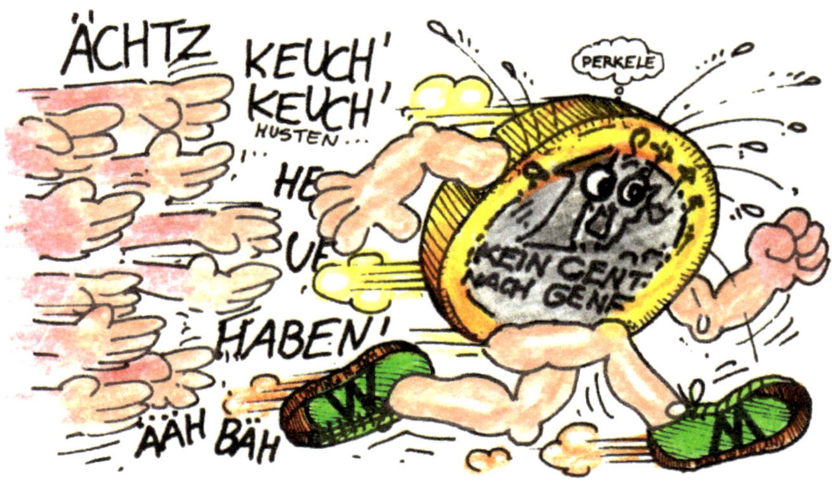

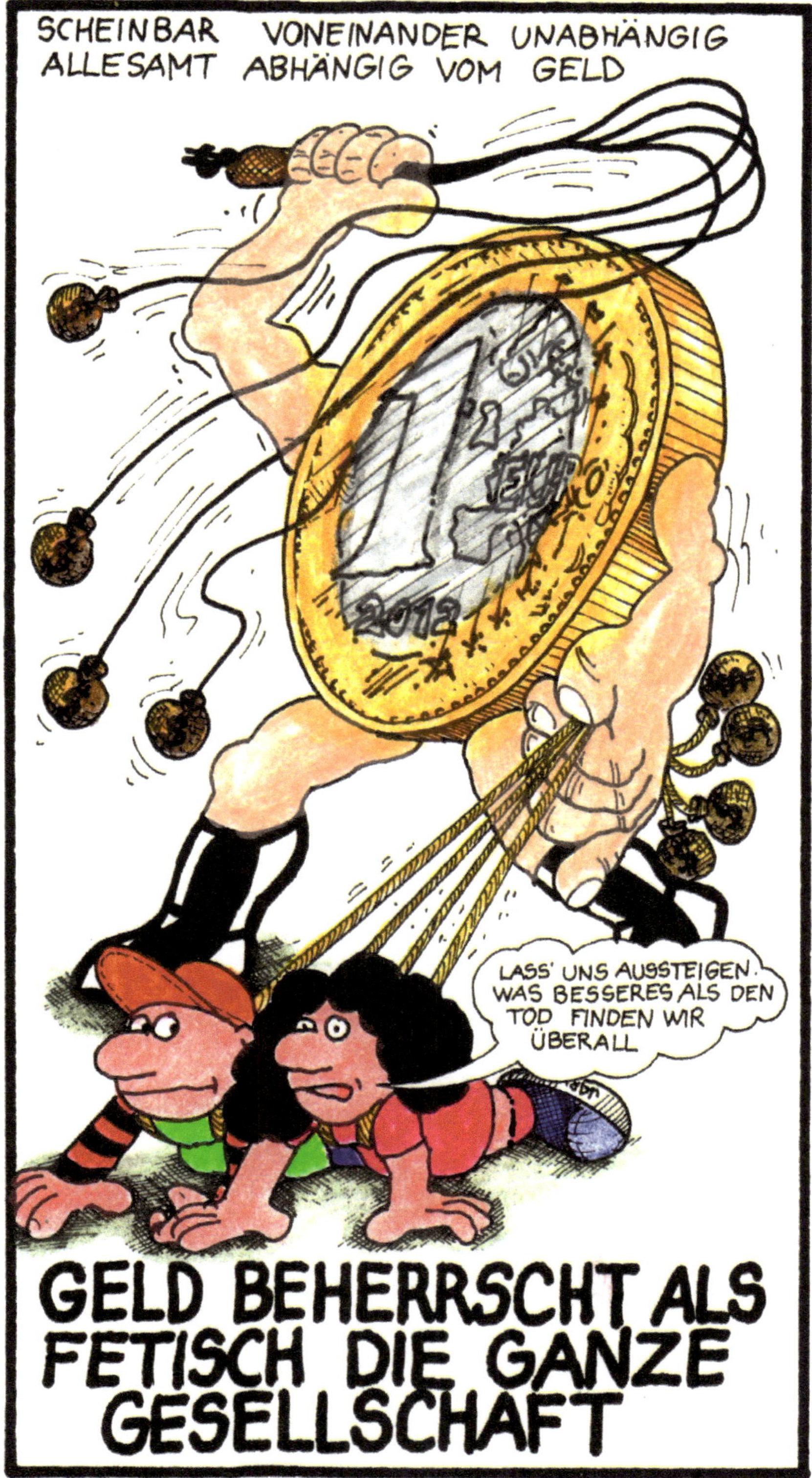
SCHEINBAR VONEINANDER UNABHÄNGIG
ALLESAMT ABHÄNGIG VOM GELD
LASS' UNS AUSSTEIGEN. WAS BESSERES ALS DEN TOD FINDEN WIR ÜBERALL
GELD BEHERRSCHT ALS FETISCH DIE GANZE GESELLSCHAFT

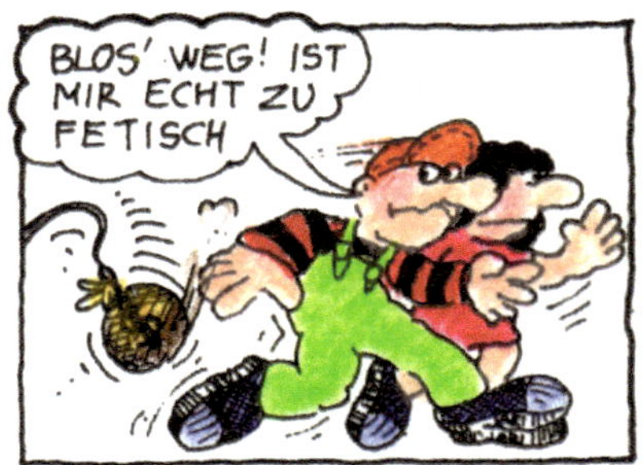

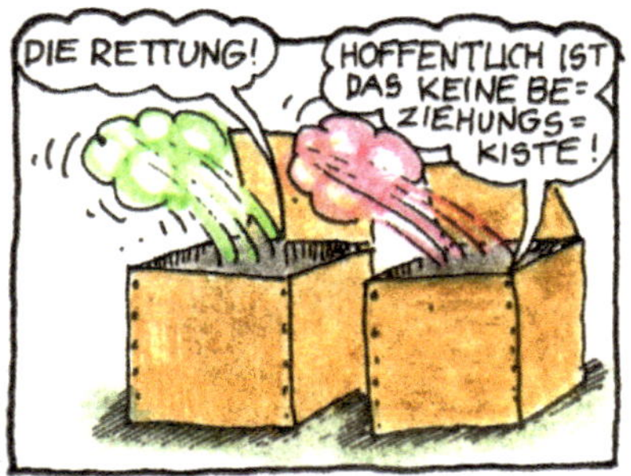

UND NUN?!? - DES MENSCHEN EIGENES PRODUKT TRITT ALS FREMDE MACHT IHNEN AUF DIE FÜSSE BZW. ES TRITT IHNEN AUF DEM MARKT ENTGEGEN. DER AUSTAUSCH=PROZESS ERSCHEINT ALS EIN PROZESS ZWISCHEN DEN WAREN, ALS BEZIEHUNG ZWISCHEN BLOSSEN DINGEN UND NICHT ALS BEZIEHUNG ZWISCHEN DEN MENSCHEN, QUASI ALS ABGEWRACKTE BEZIEHUNGSKISTEN

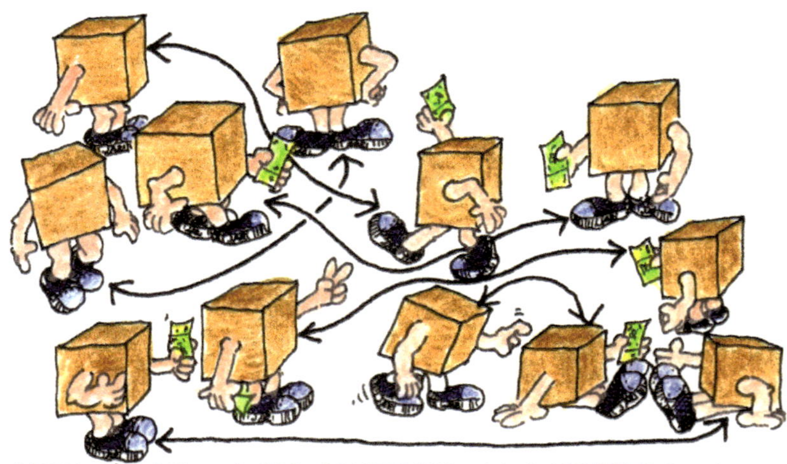

MERKE! IN DER KAPITALISTISCHEN WARENPRODUK=TION NEHMEN DIE GESELLSCHAFTLICHEN BEZIEHUN=GEN ZWISCHEN DEN MENSCHEN DIE FORM EINER BEZIEHUNG VON SACHEN AN

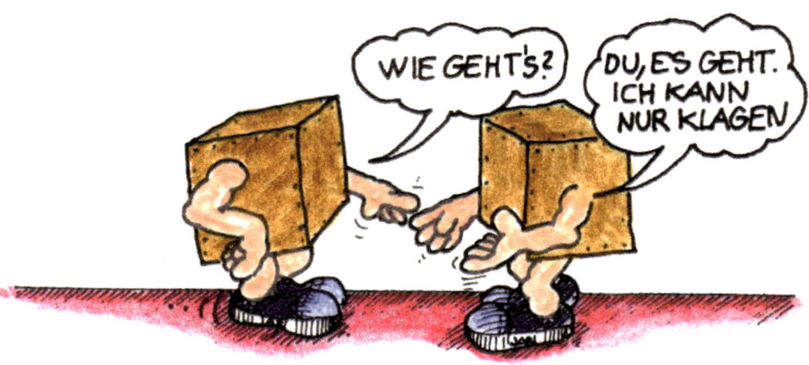

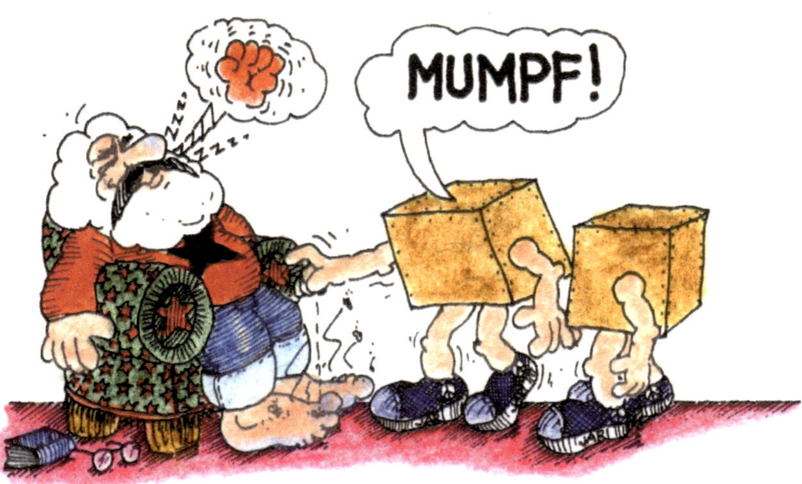
MUMPF!

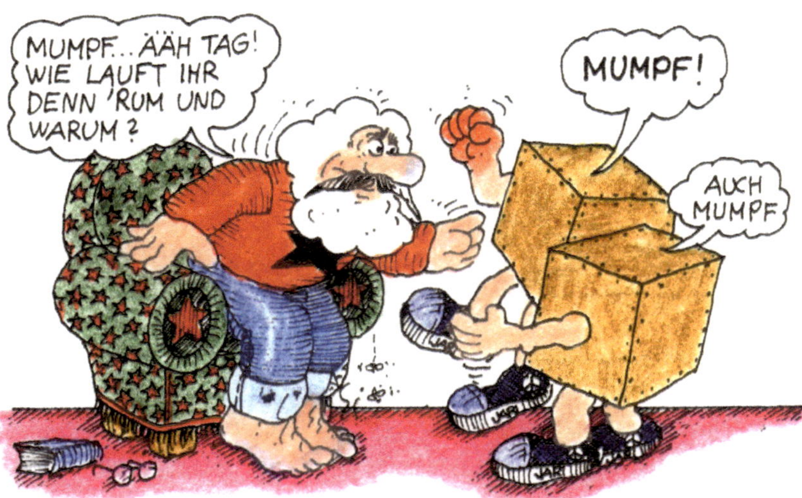
MUMPF... ÄÄH TAG! WIE LAUFT IHR DENN 'RUM UND WARUM?
MUMPF!
AUCH MUMPF

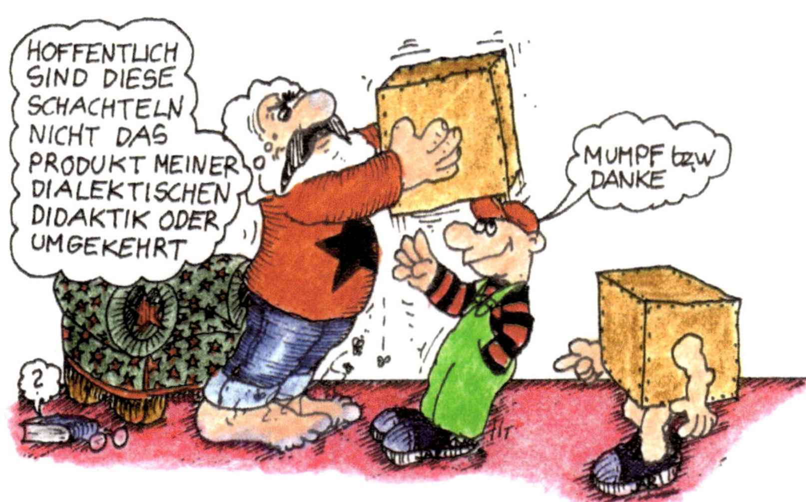
HOFFENTLICH SIND DIESE SCHACHTELN NICHT DAS PRODUKT MEINER DIALEKTISCHEN DIDAKTIK ODER UMGEKEHRT
MUMPF bzw DANKE
?

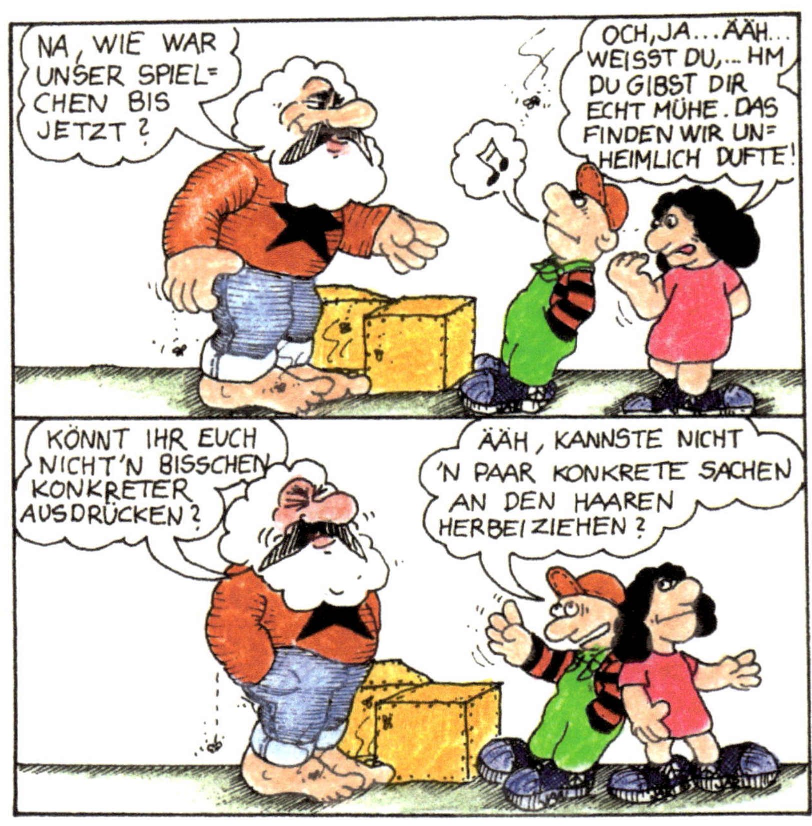
NA, WIE WAR UNSER SPIEL= CHEN BIS JETZT ?
OCH, JA... ÄÄH... WEISST DU,... HM DU GIBST DIR ECHT MÜHE. DAS FINDEN WIR UN= HEIMLICH DUFTE!
KÖNNT IHR EUCH NICHT'N BISSCHEN KONKRETER AUSDRÜCKEN ?
ÄÄH, KANNSTE NICHT 'N PAAR KONKRETE SACHEN AN DEN HAAREN HERBEI ZIEHEN ?

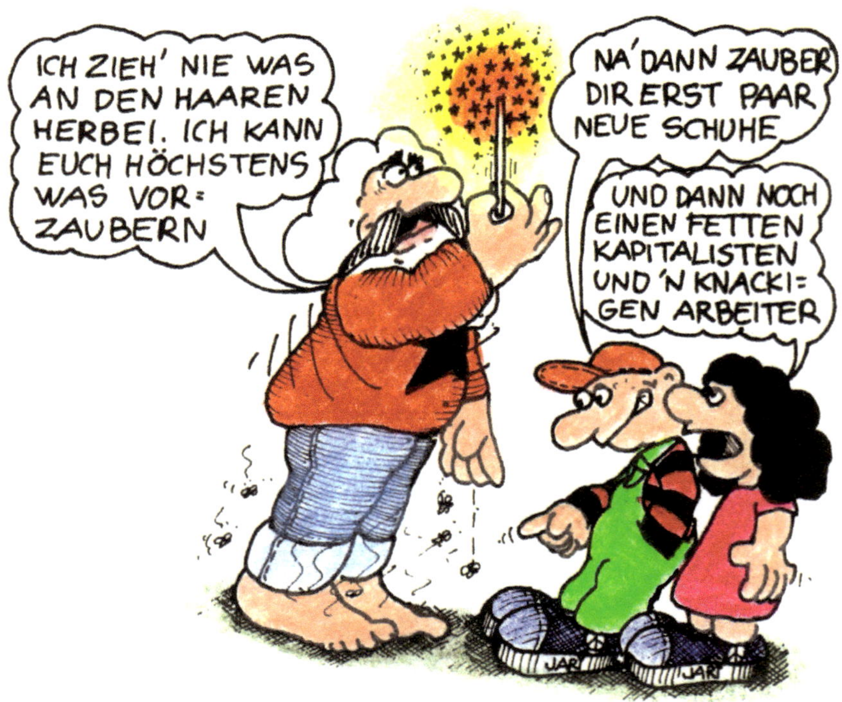
ICH ZIEH' NIE WAS AN DEN HAAREN HERBEI. ICH KANN EUCH HÖCHSTENS WAS VOR= ZAUBERN
NA' DANN ZAUBER DIR ERST PAAR NEUE SCHUHE
UND DANN NOCH EINEN FETTEN KAPITALISTEN UND 'N KNACKI= GEN ARBEITER

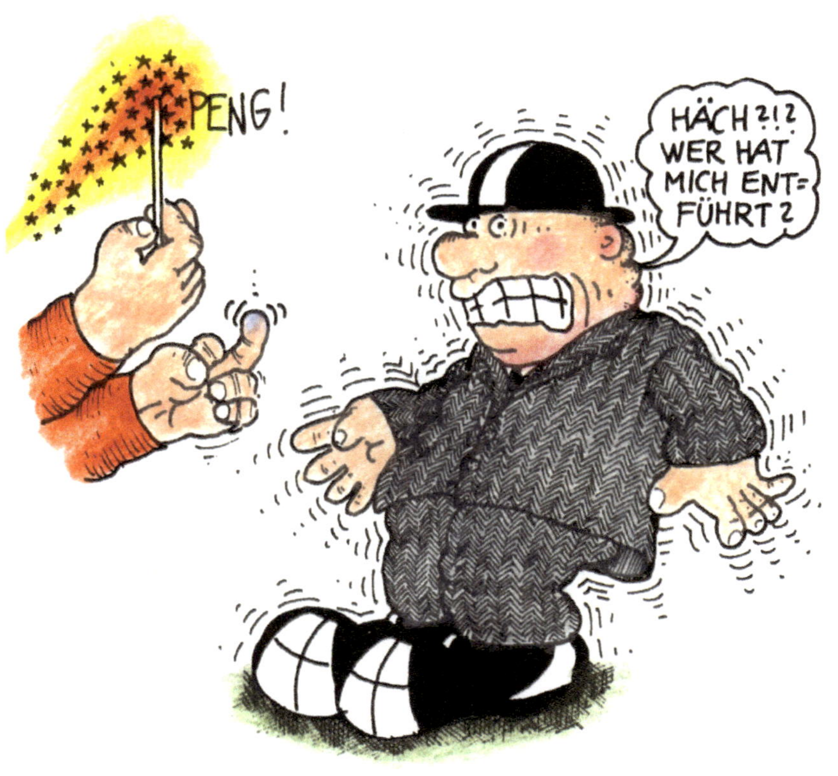
PENG!
HÄCH?!? WER HAT MICH ENT= FÜHRT?

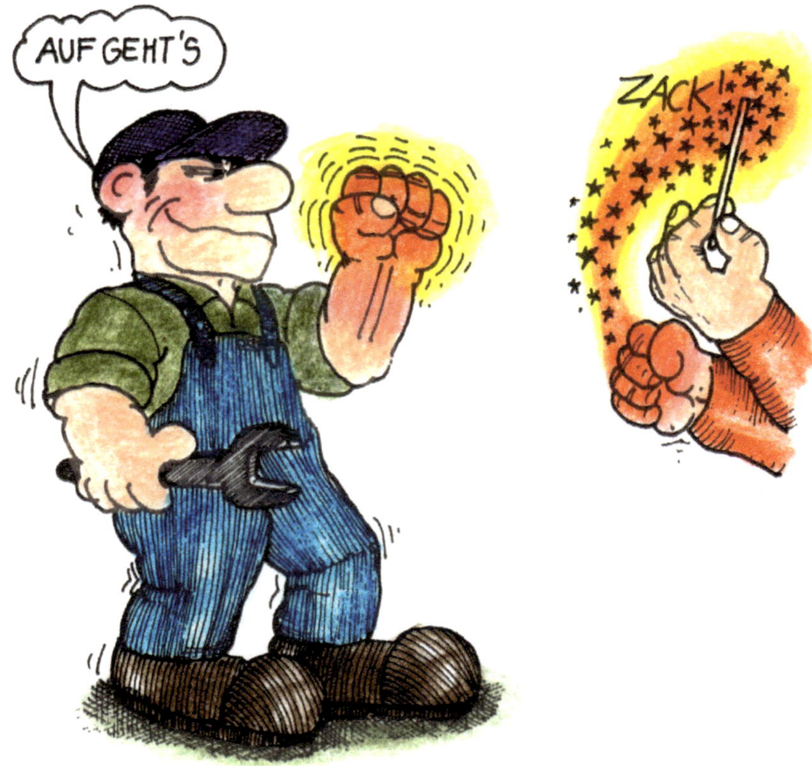
AUF GEHT'S
ZACK!

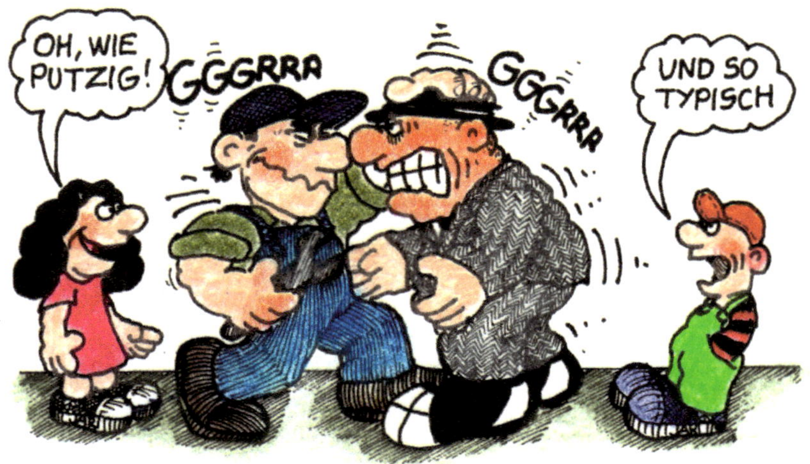

KAUF UND VERKAUF DER ARBEITSKRAFT

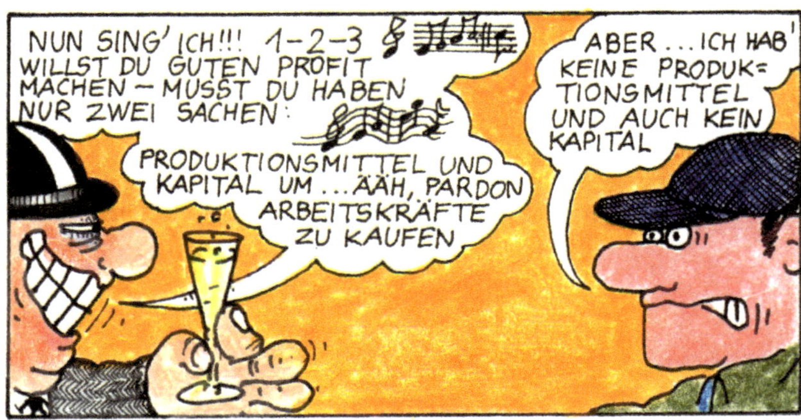

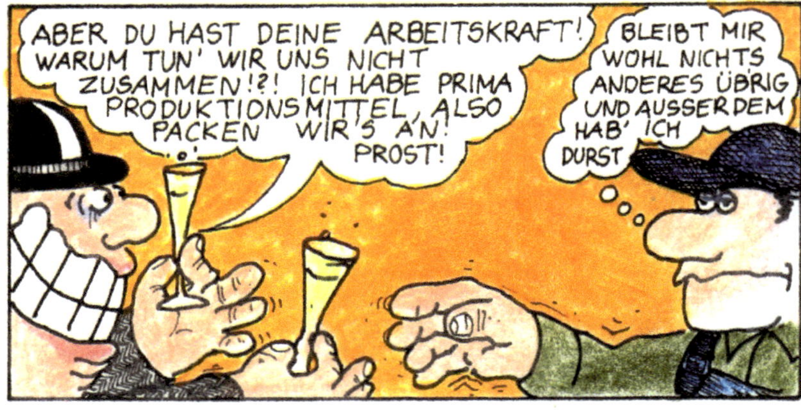

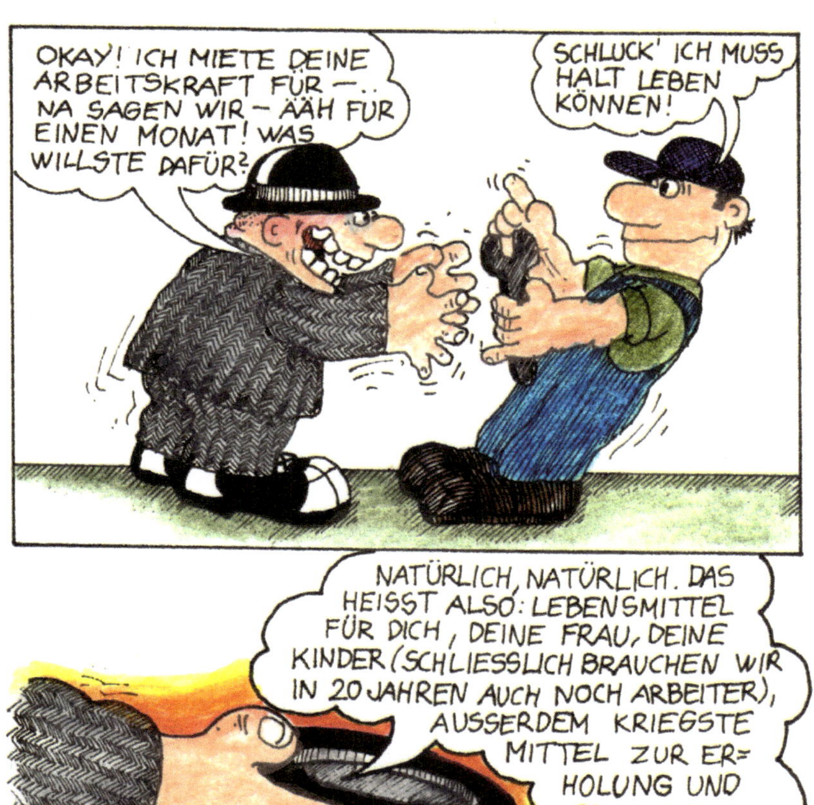
OKAY! ICH MIETE DEINE ARBEITSKRAFT FÜR —.. NA SAGEN WIR — ÄÄH FÜR EINEN MONAT! WAS WILLSTE DAFÜR?
SCHLUCK! ICH MUSS HALT LEBEN KÖNNEN!
NATÜRLICH, NATÜRLICH. DAS HEISST ALSO: LEBENSMITTEL FÜR DICH, DEINE FRAU, DEINE KINDER (SCHLIESSLICH BRAUCHEN WIR IN 20 JAHREN AUCH NOCH ARBEITER), AUSSERDEM KRIEGSTE MITTEL ZUR ER= HOLUNG UND FREIZEIT etc. OKAY?

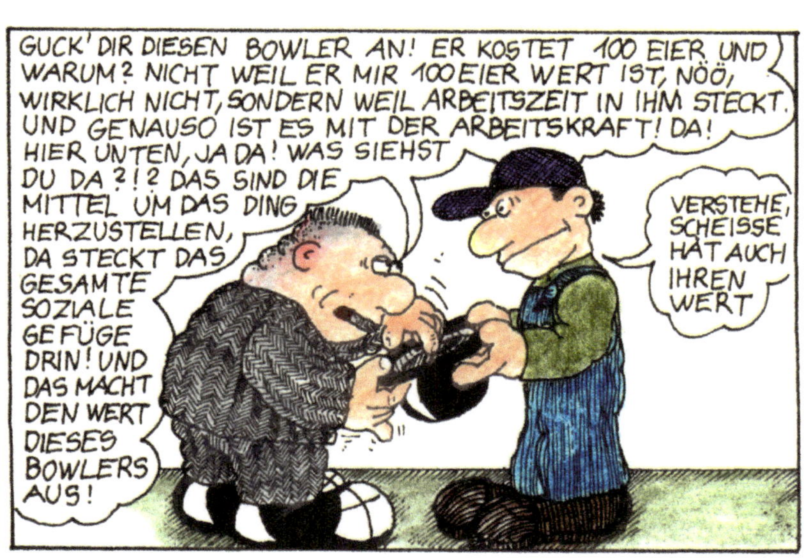
GUCK' DIR DIESEN BOWLER AN! ER KOSTET 100 EIER UND WARUM? NICHT WEIL ER MIR 100 EIER WERT IST, NÖÖ, WIRKLICH NICHT, SONDERN WEIL ARBEITSZEIT IN IHM STECKT. UND GENAUSO IST ES MIT DER ARBEITSKRAFT! DA! HIER UNTEN, JA DA! WAS SIEHST DU DA?!? DAS SIND DIE MITTEL UM DAS DING HERZUSTELLEN, DA STECKT DAS GESAMTE SOZIALE GEFÜGE DRIN! UND DAS MACHT DEN WERT DIESES BOWLERS AUS!
VERSTEHE, SCHEISSE HAT AUCH IHREN WERT

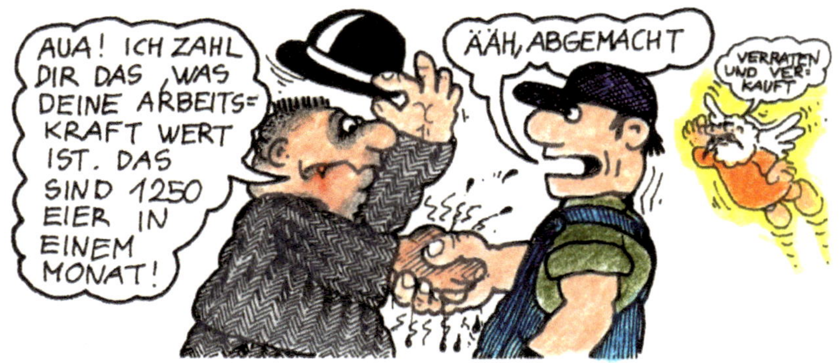

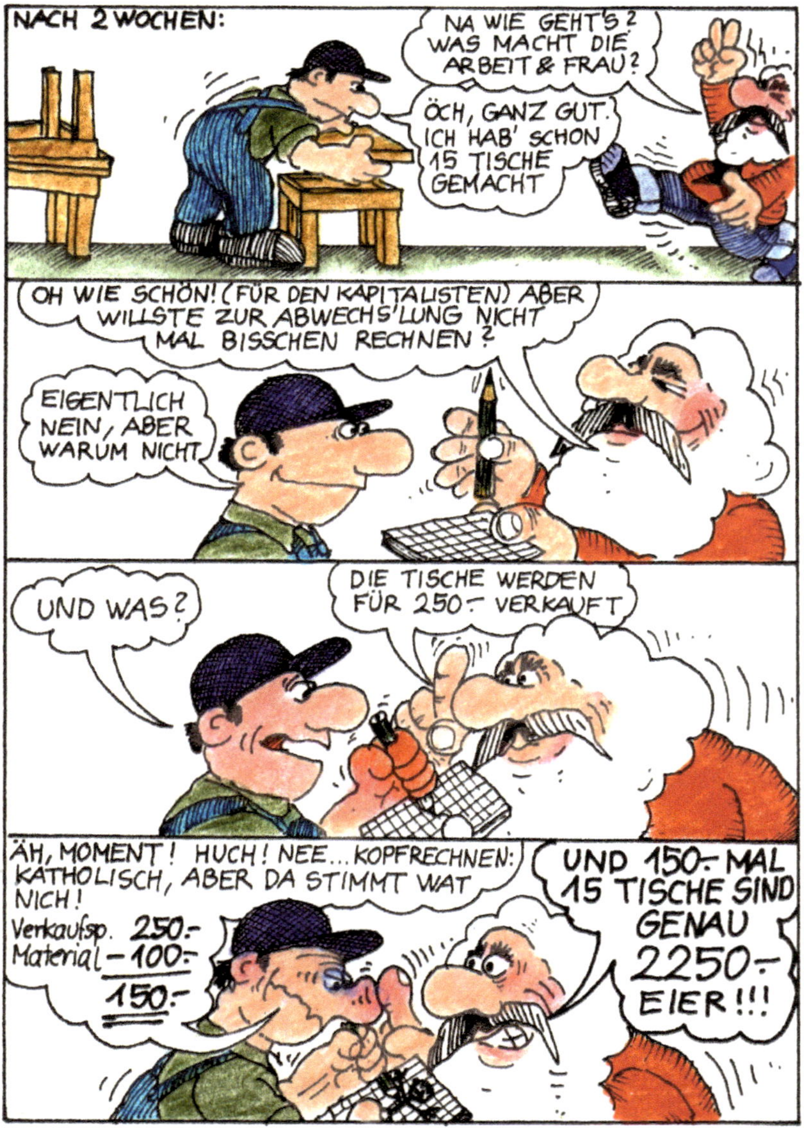

NACH 2 WOCHEN:

NA WIE GEHT'S? WAS MACHT DIE ARBEIT & FRAU?

ÖCH, GANZ GUT. ICH HAB' SCHON 15 TISCHE GEMACHT

OH WIE SCHÖN! (FÜR DEN KAPITALISTEN) ABER WILLSTE ZUR ABWECHS'LUNG NICHT MAL BISSCHEN RECHNEN?

EIGENTLICH NEIN, ABER WARUM NICHT

UND WAS?

DIE TISCHE WERDEN FÜR 250.- VERKAUFT

ÄH, MOMENT! HUCH! NEE... KOPFRECHNEN: KATHOLISCH, ABER DA STIMMT WAT NICH!

Verkaufsp. 250.-
Material – 100.-
150.-

UND 150.- MAL 15 TISCHE SIND GENAU 2250.- EIER!!!

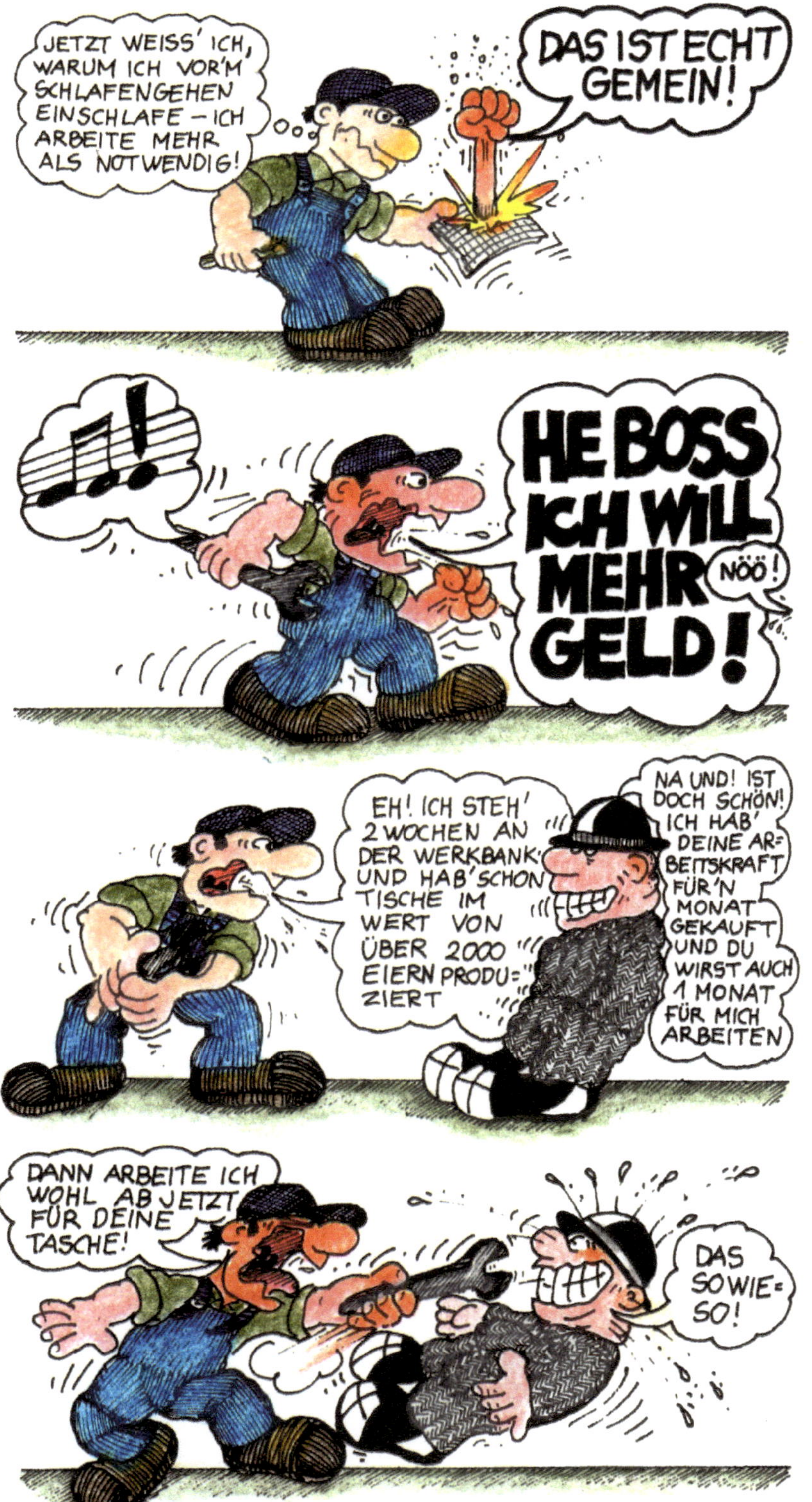
JETZT WEISS' ICH, WARUM ICH VOR'M SCHLAFENGEHEN EINSCHLAFE – ICH ARBEITE MEHR ALS NOTWENDIG!
DAS IST ECHT GEMEIN!
HE BOSS ICH WILL MEHR GELD!
NÖÖ!
EH! ICH STEH' 2 WOCHEN AN DER WERKBANK UND HAB' SCHON TISCHE IM WERT VON ÜBER 2000 EIERN PRODU= ZIERT
NA UND! IST DOCH SCHÖN! ICH HAB' DEINE AR= BEITSKRAFT FÜR'N MONAT GEKAUFT UND DU WIRST AUCH 1 MONAT FÜR MICH ARBEITEN
DANN ARBEITE ICH WOHL AB JETZT FÜR DEINE TASCHE!
DAS SOWIE= SO!

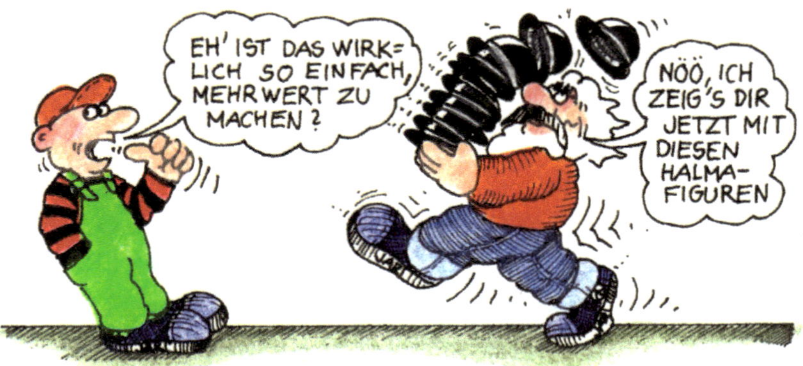

DER VERWERTUNGS-PROZESS

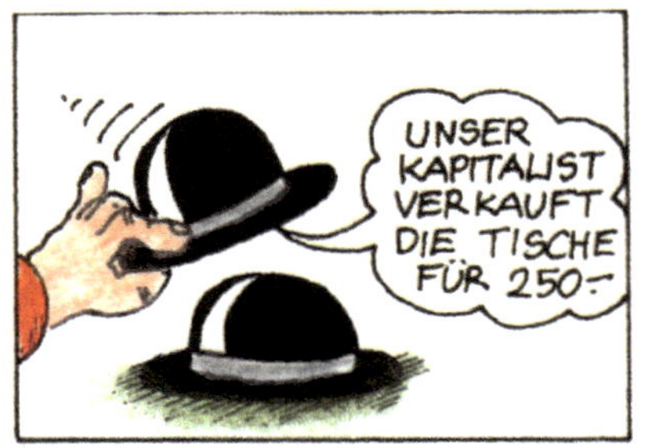

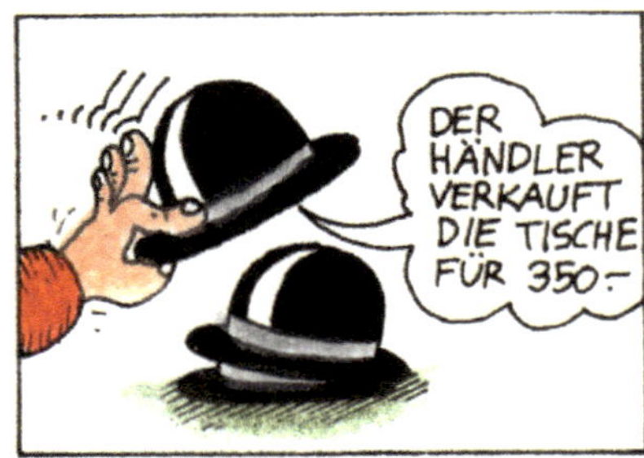

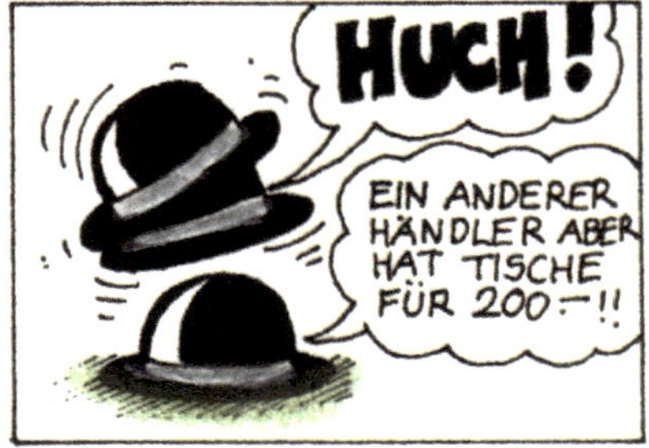

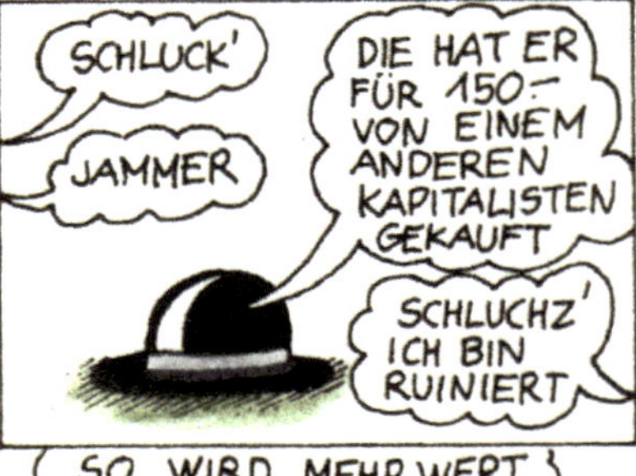

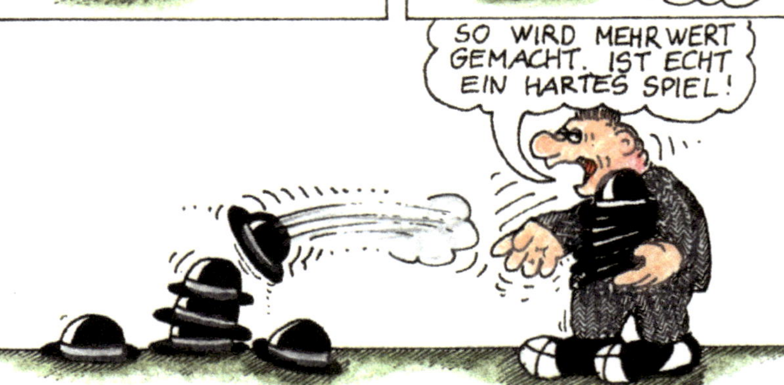

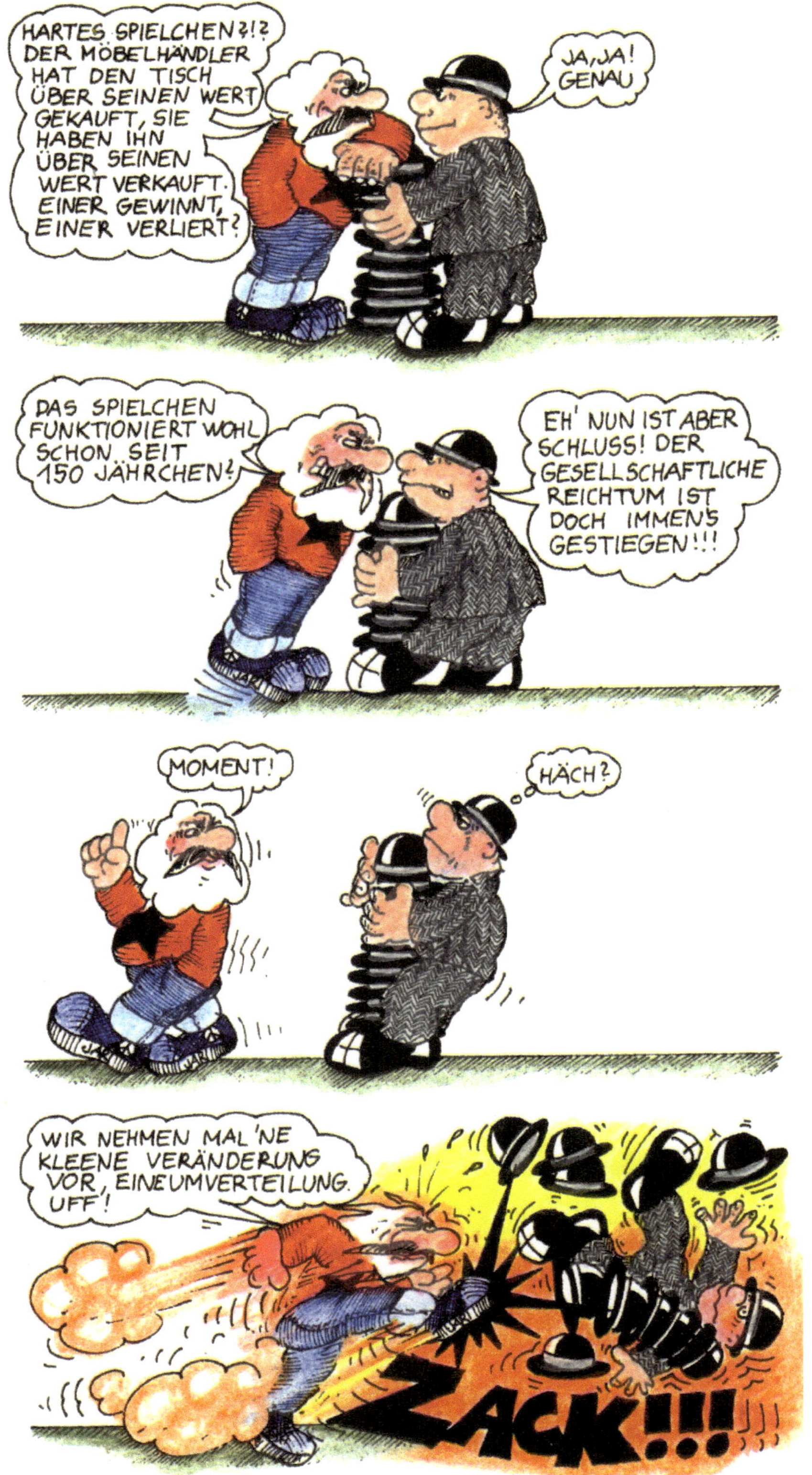
HARTES SPIELCHEN?!? DER MÖBELHÄNDLER HAT DEN TISCH ÜBER SEINEN WERT GEKAUFT, SIE HABEN IHN ÜBER SEINEN WERT VERKAUFT. EINER GEWINNT, EINER VERLIERT?
JA, JA! GENAU
DAS SPIELCHEN FUNKTIONIERT WOHL SCHON SEIT 150 JÄHRCHEN?
EH' NUN IST ABER SCHLUSS! DER GESELLSCHAFTLICHE REICHTUM IST DOCH IMMENS GESTIEGEN!!!
MOMENT!
HÄCH?
WIR NEHMEN MAL 'NE KLEENE VERÄNDERUNG VOR, EINE UMVERTEILUNG. UFF!
ZACK!!!

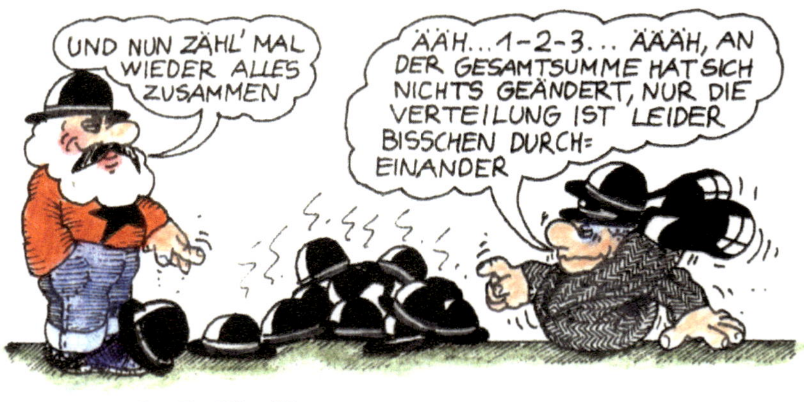

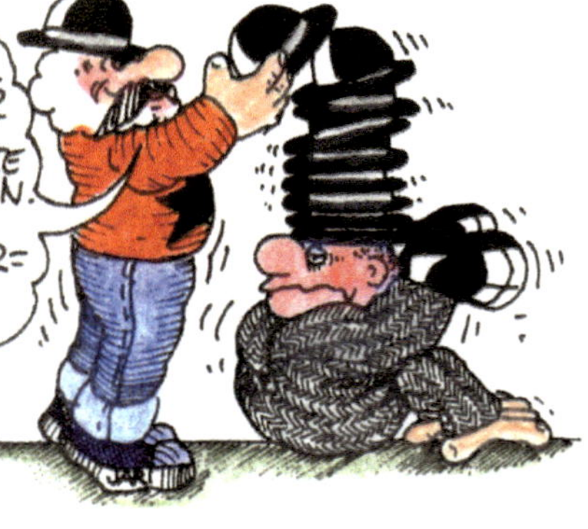

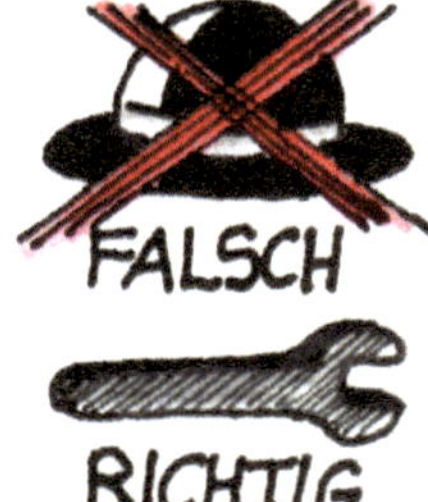

DER MEHRWERT ENTSTEHT ALSO NICHT WÄHREND DES KAUFES ODER VERKAUFES, SONDERN SCHON FRÜHER, NÄMLICH IN DER PRODUKTION!!! DIE WARE WIRD GENAU ZU IHREM WERT GEHANDELT UND ZWAR JENACHDEM WIEVIEL ARBEITS=ZEIT IN IHR STECKT!!! DAFÜR SORGT SCHON DIE KONKURRENZ

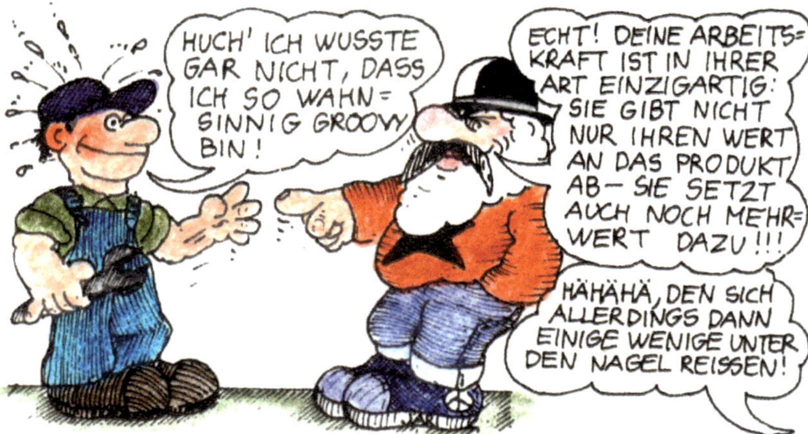

MASCHINEN-ARBEIT

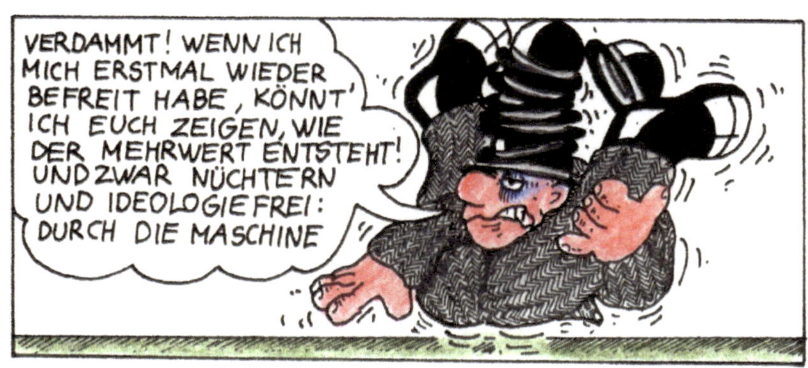

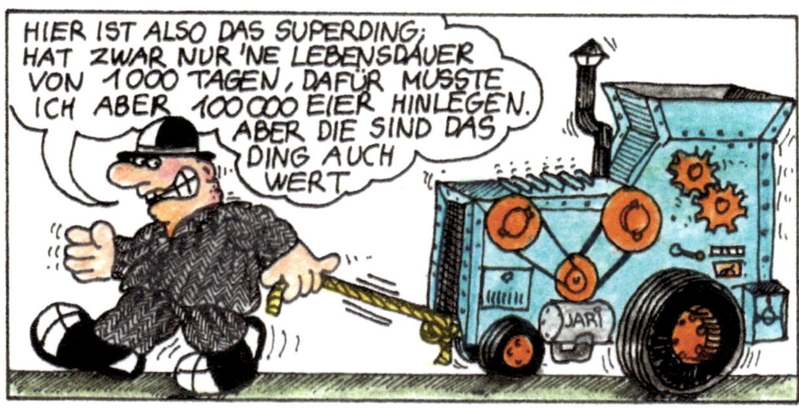

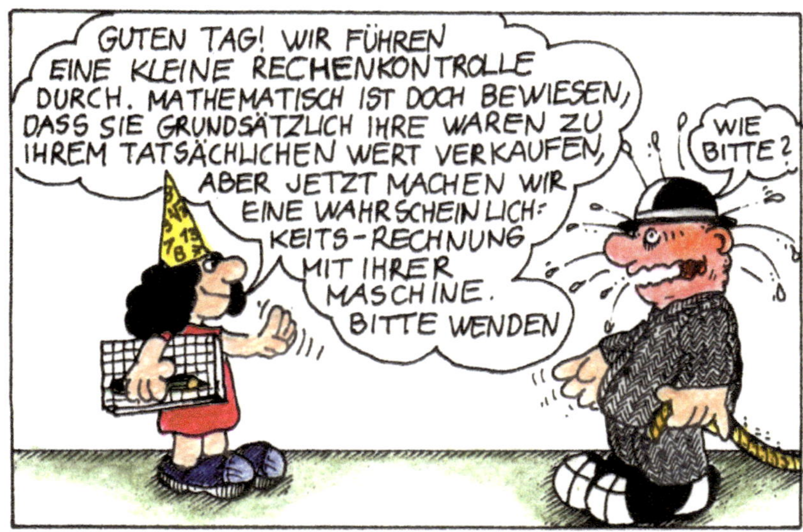

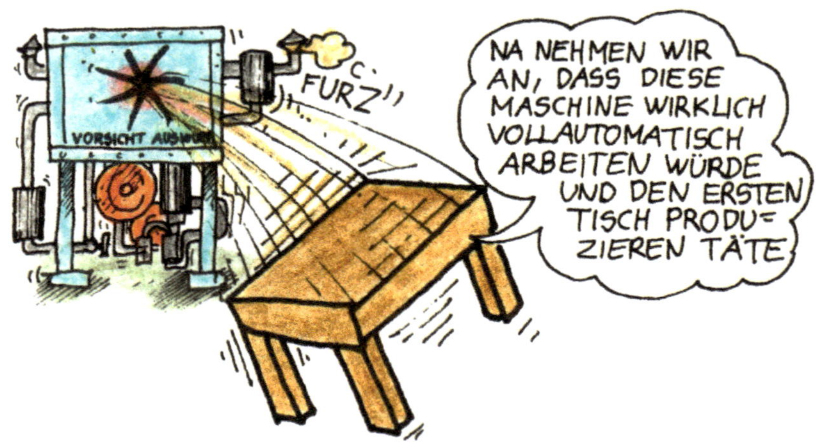

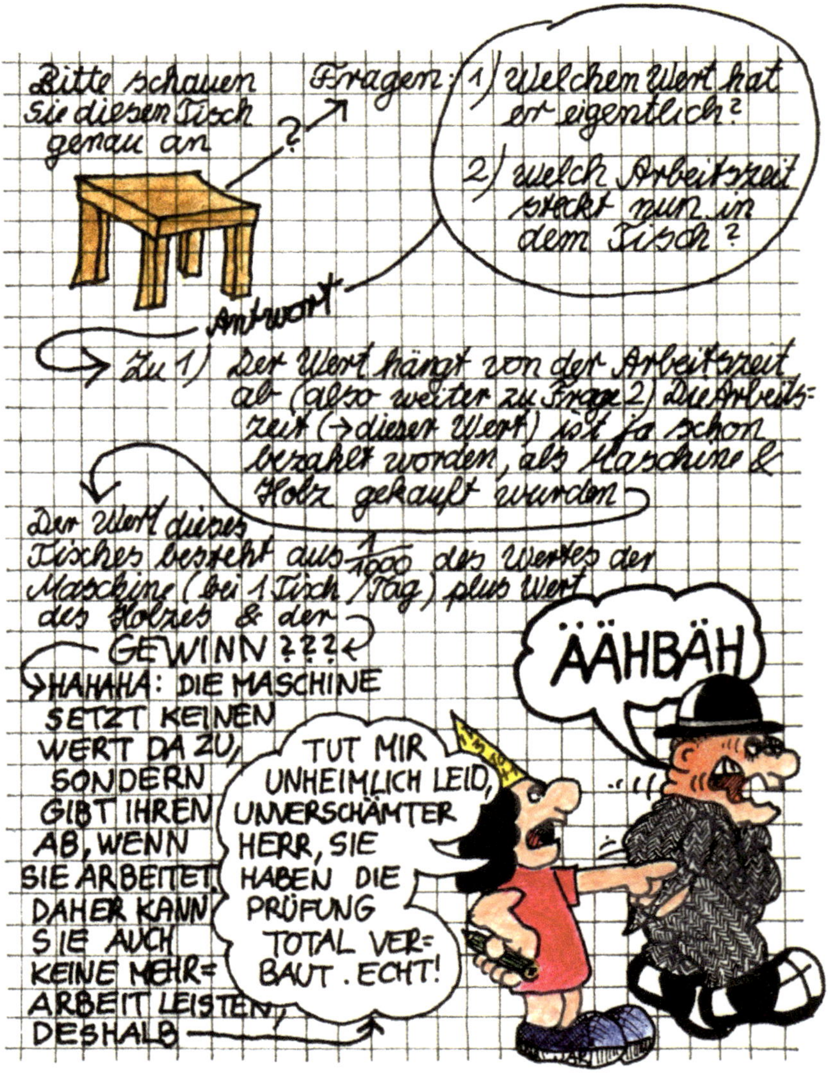

Bitte schauen Sie diesen Tisch genau an ? → Fragen: 1) Welchen Wert hat er eigentlich?

2) welch Arbeitszeit steckt nun in dem Tisch?

Antwort

→ Zu 1) Der Wert hängt von der Arbeitszeit ab (also weiter zu Frage 2) Die Arbeits= zeit (→ dieser Wert) ist ja schon bezahlt worden, als Maschine & Holz gekauft wurden

Der Wert dieses Tisches besteht aus $\frac{1}{1000}$ des Wertes der Maschine (bei 1 Tisch / Tag) plus Wert des Holzes & der GEWINN ???

→ HAHAHA: DIE MASCHINE SETZT KEINEN WERT DAZU, SONDERN GIBT IHREN AB, WENN SIE ARBEITET. DAHER KANN SIE AUCH KEINE MEHR= ARBEIT LEISTEN, DESHALB →

TUT MIR UNHEIMLICH LEID, UNVERSCHÄMTER HERR, SIE HABEN DIE PRÜFUNG TOTAL VER= BAUT. ECHT!

ÄÄHBÄH

DAS UNTERNEHMER-RISIKO

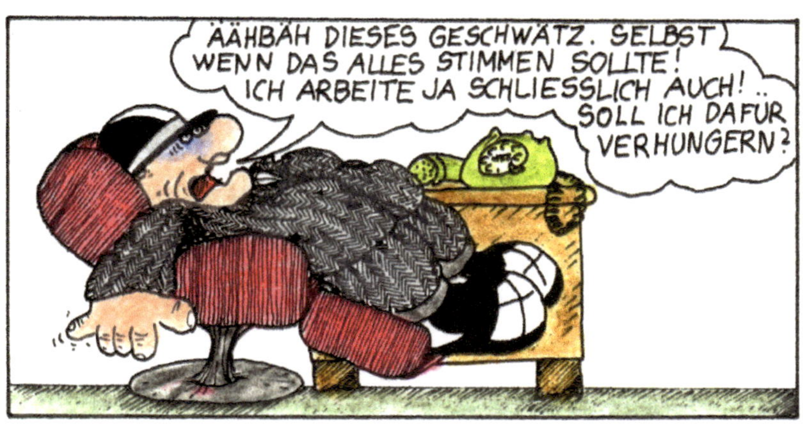

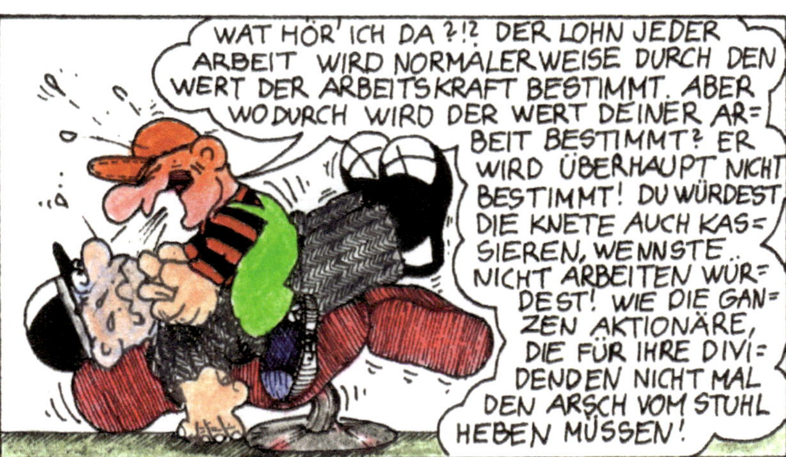

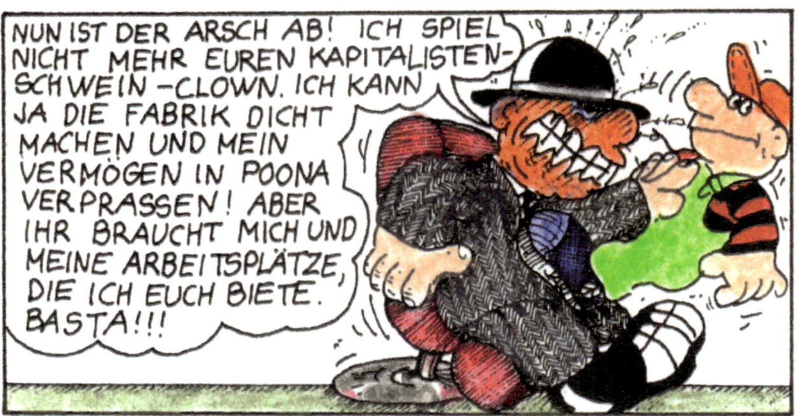

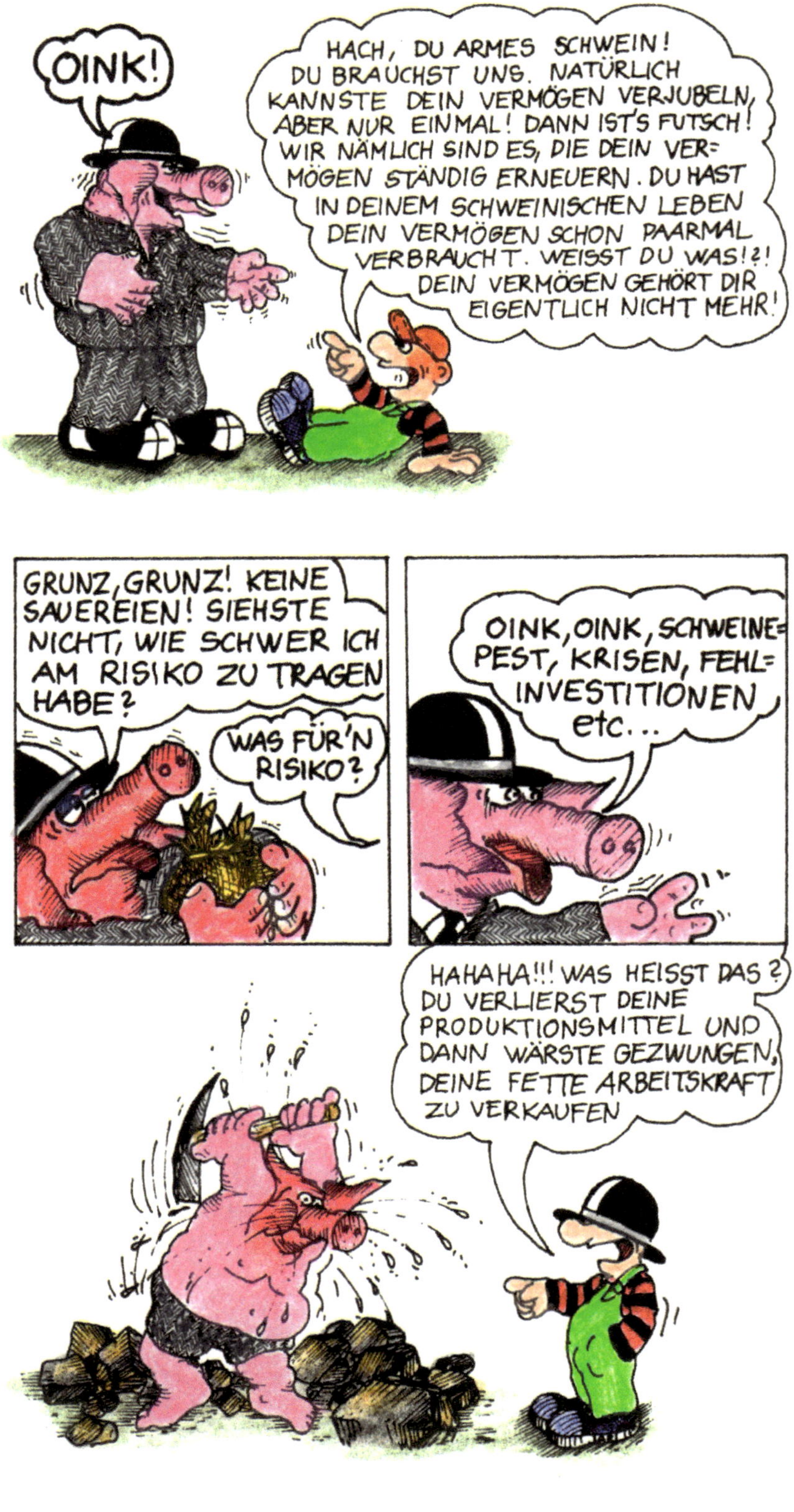

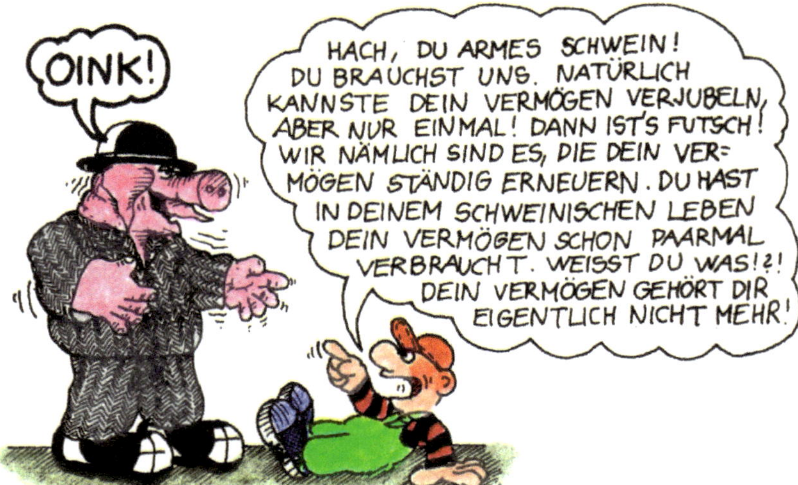

GRUNZ, GRUNZ! KEINE SAUEREIEN! SIEHSTE NICHT, WIE SCHWER ICH AM RISIKO ZU TRAGEN HABE?

WAS FÜR'N RISIKO?

OINK, OINK, SCHWEINE= PEST, KRISEN, FEHL= INVESTITIONEN etc...

HAHAHA!!! WAS HEISST DAS? DU VERLIERST DEINE PRODUKTIONSMITTEL UND DANN WÄRSTE GEZWUNGEN, DEINE FETTE ARBEITSKRAFT ZU VERKAUFEN

DIE LOHN-PREIS-SPIRALE

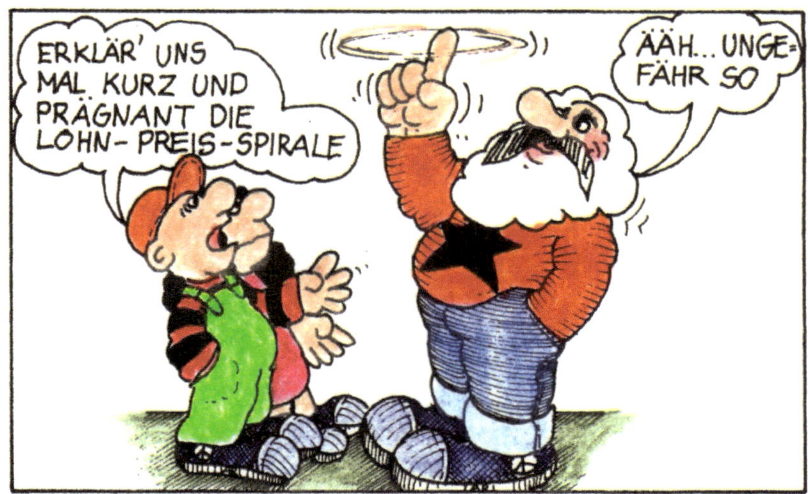

↑ OBEN DIE THEORETISCHE ERLÄUTERUNG, UNTEN PRAKTISCHES BEISPIEL → LOHN-PREIS-POLONAISE ↓

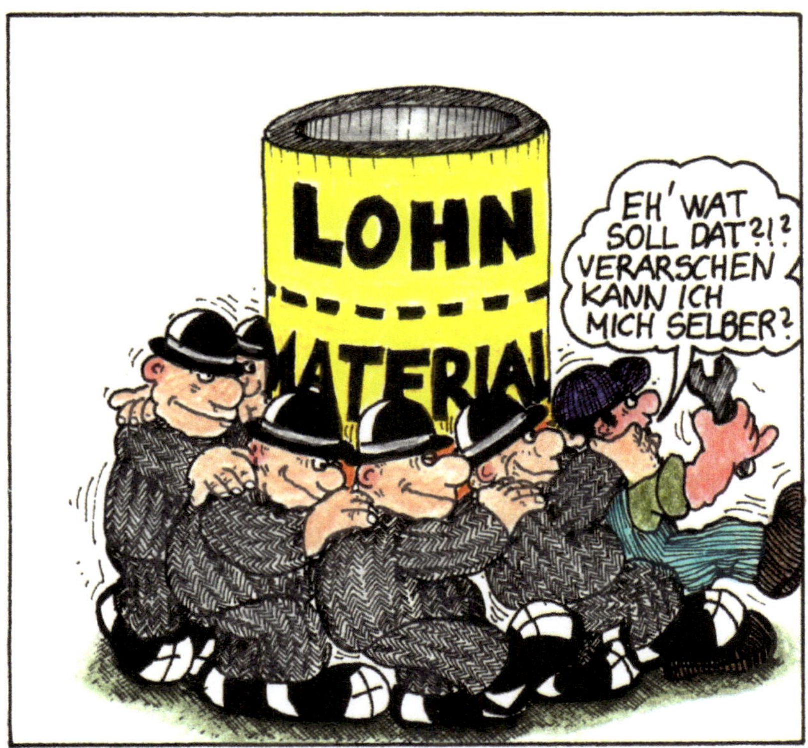

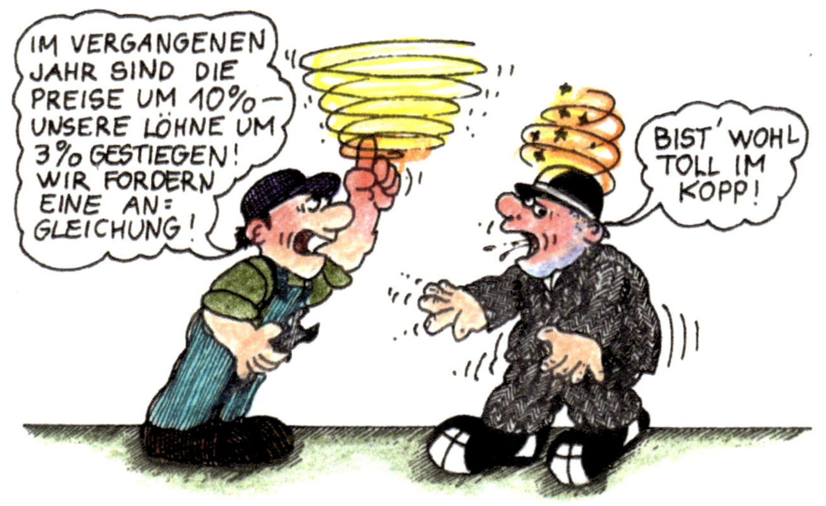
IM VERGANGENEN JAHR SIND DIE PREISE UM 10% – UNSERE LÖHNE UM 3% GESTIEGEN! WIR FORDERN EINE AN= GLEICHUNG!
BIST' WOHL TOLL IM KOPP!

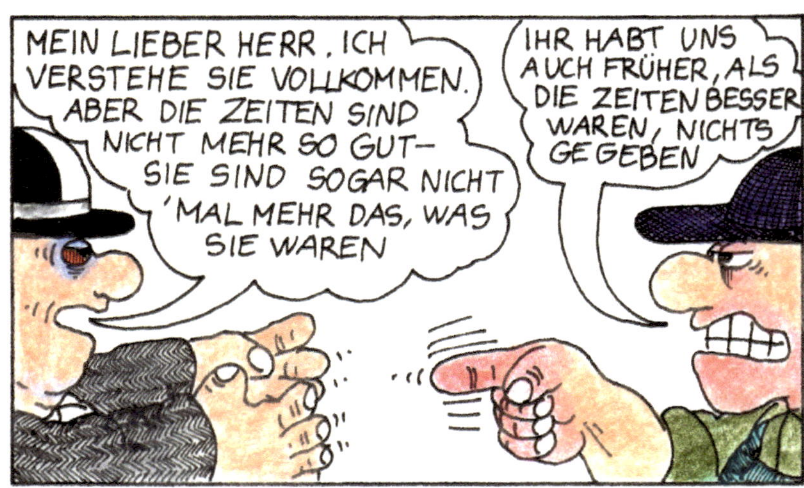
MEIN LIEBER HERR, ICH VERSTEHE SIE VOLLKOMMEN. ABER DIE ZEITEN SIND NICHT MEHR SO GUT – SIE SIND SOGAR NICHT 'MAL MEHR DAS, WAS SIE WAREN
IHR HABT UNS AUCH FRÜHER, ALS DIE ZEITEN BESSER WAREN, NICHTS GEGEBEN

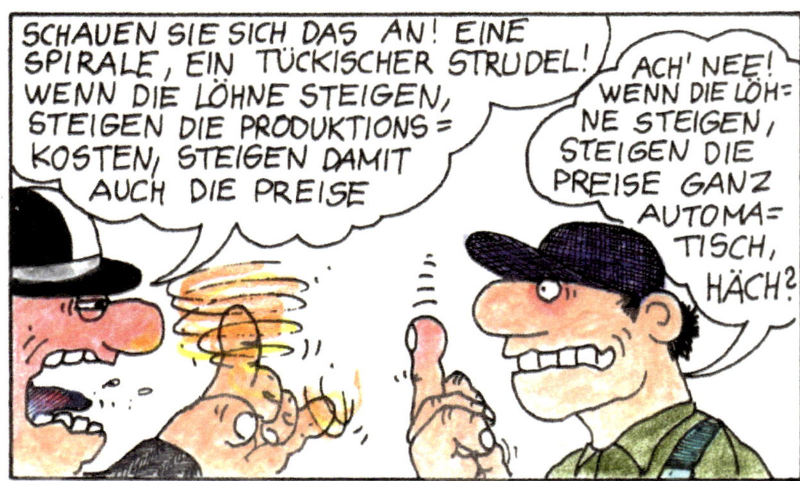
SCHAUEN SIE SICH DAS AN! EINE SPIRALE, EIN TÜCKISCHER STRUDEL! WENN DIE LÖHNE STEIGEN, STEIGEN DIE PRODUKTIONS= KOSTEN, STEIGEN DAMIT AUCH DIE PREISE
ACH' NEE! WENN DIE LÖH= NE STEIGEN, STEIGEN DIE PREISE GANZ AUTOMA= TISCH, HÄCH?

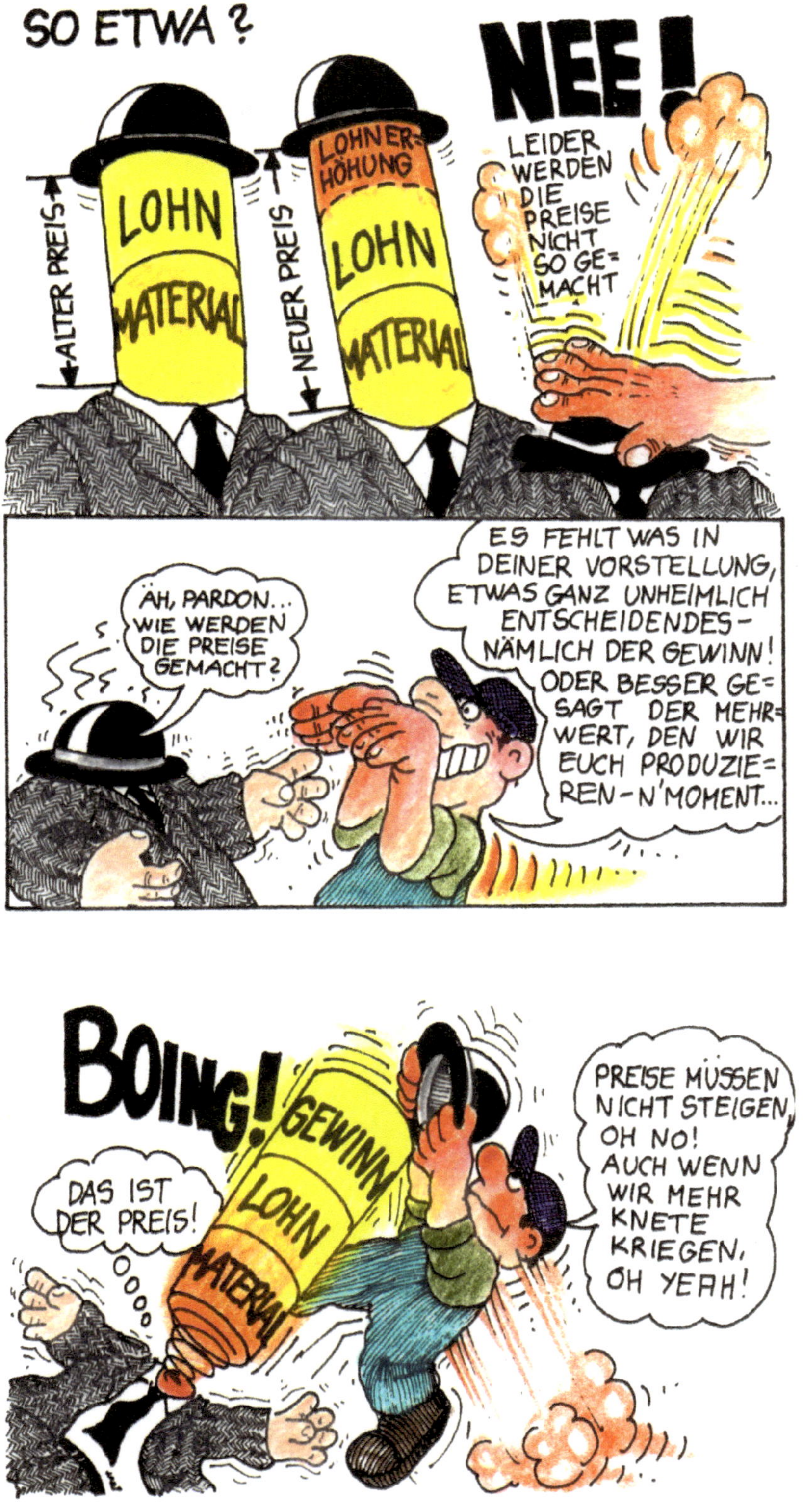

SO ETWA?

NEE!

ALTER PREIS

LOHN

MATERIAL

NEUER PREIS

LOHNERHÖHUNG

LOHN

MATERIAL

LEIDER WERDEN DIE PREISE NICHT SO GEMACHT

AH, PARDON... WIE WERDEN DIE PREISE GEMACHT?

ES FEHLT WAS IN DEINER VORSTELLUNG, ETWAS GANZ UNHEIMLICH ENTSCHEIDENDES – NÄMLICH DER GEWINN! ODER BESSER GESAGT DER MEHRWERT, DEN WIR EUCH PRODUZIEREN – N'MOMENT...

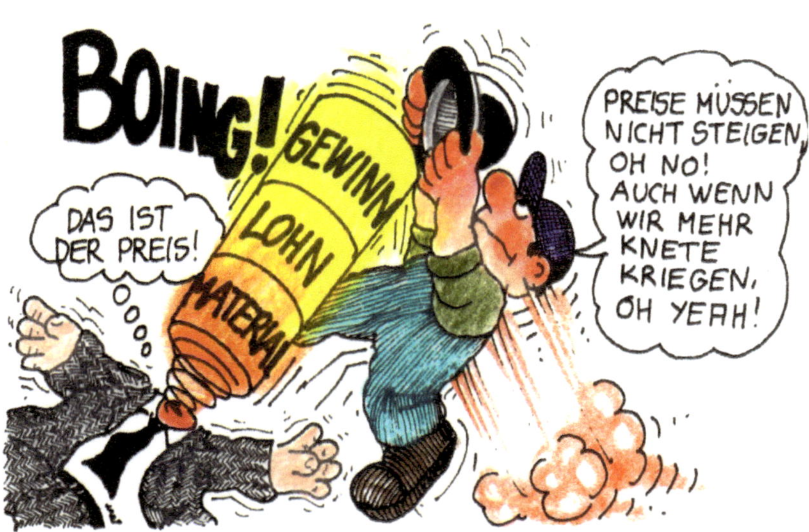

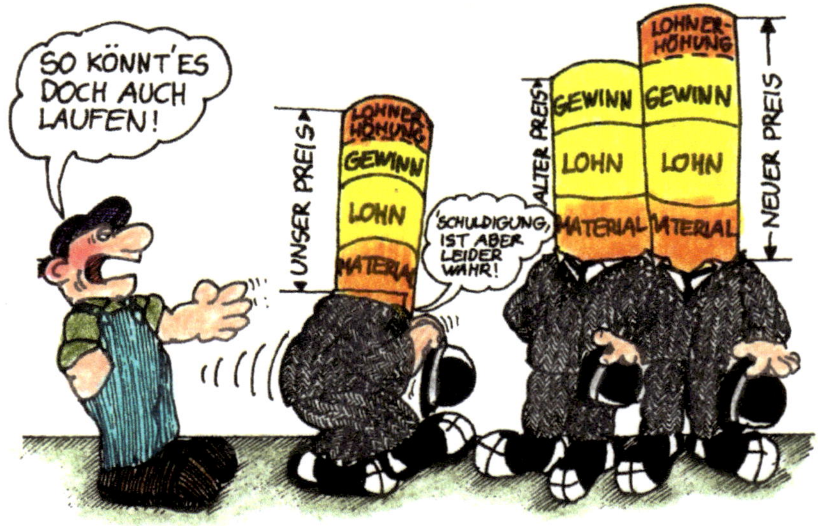
SO KÖNNT'ES DOCH AUCH LAUFEN!
LOHNERHÖHUNG
GEWINN
LOHN
MATERIAL
UNSER PREIS
'SCHULDIGUNG, IST ABER LEIDER WAHR!
ALTER PREIS
NEUER PREIS

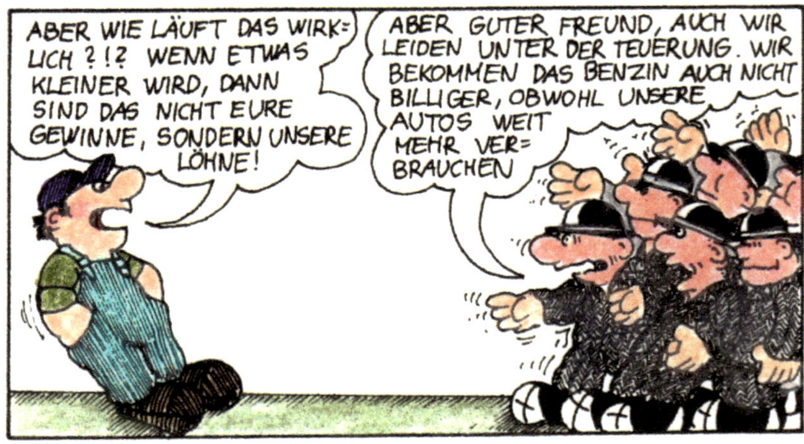
ABER WIE LÄUFT DAS WIRKLICH ?!? WENN ETWAS KLEINER WIRD, DANN SIND DAS NICHT EURE GEWINNE, SONDERN UNSERE LÖHNE!
ABER GUTER FREUND, AUCH WIR LEIDEN UNTER DER TEUERUNG. WIR BEKOMMEN DAS BENZIN AUCH NICHT BILLIGER, OBWOHL UNSERE AUTOS WEIT MEHR VERBRAUCHEN

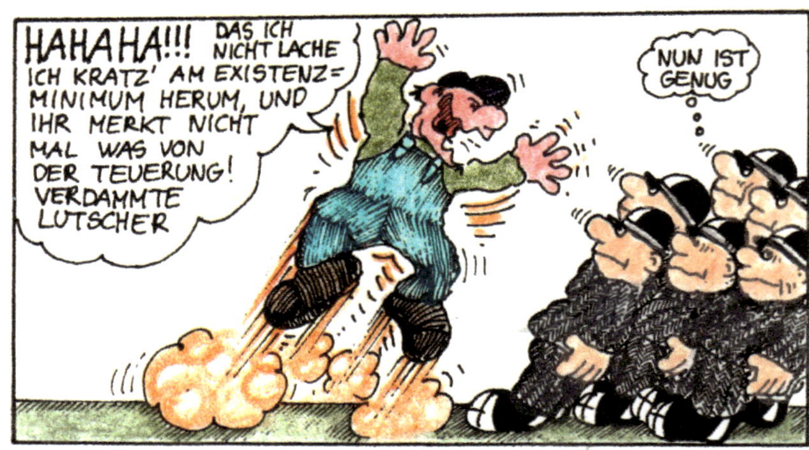
HAHAHA!!! DAS ICH NICHT LACHE ICH KRATZ' AM EXISTENZMINIMUM HERUM, UND IHR MERKT NICHT MAL WAS VON DER TEUERUNG! VERDAMMTE LUTSCHER
NUN IST GENUG

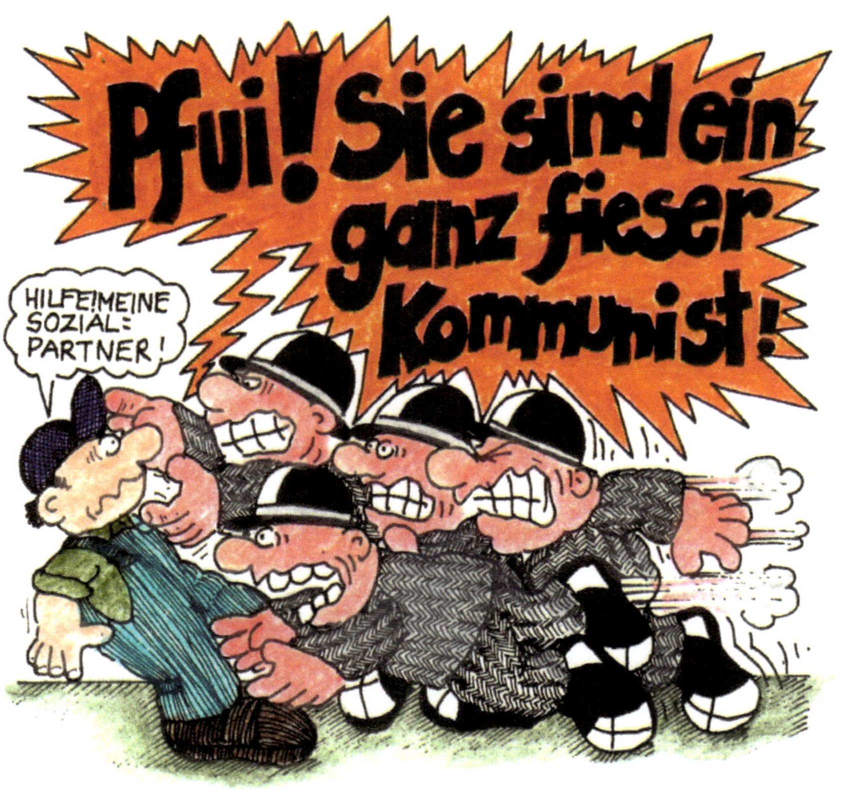
Pfui! Sie sind ein ganz fieser Kommunist!
HILFE! MEINE SOZIAL= PARTNER!

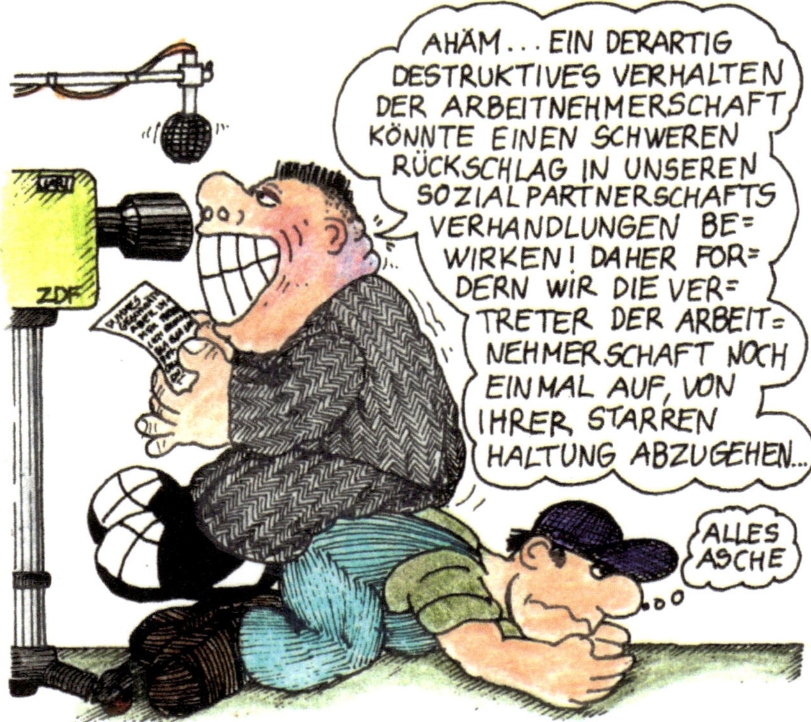
AHÄM ... EIN DERARTIG DESTRUKTIVES VERHALTEN DER ARBEITNEHMERSCHAFT KÖNNTE EINEN SCHWEREN RÜCKSCHLAG IN UNSEREN SOZIALPARTNERSCHAFTS VERHANDLUNGEN BE= WIRKEN! DAHER FOR= DERN WIR DIE VER= TRETER DER ARBEIT= NEHMERSCHAFT NOCH EINMAL AUF, VON IHRER STARREN HALTUNG ABZUGEHEN...
ZDF
ALLES ASCHE

DER EXTRA-MEHRWERT

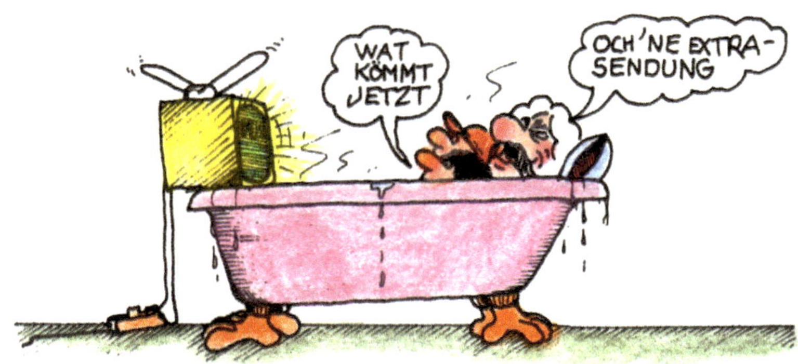

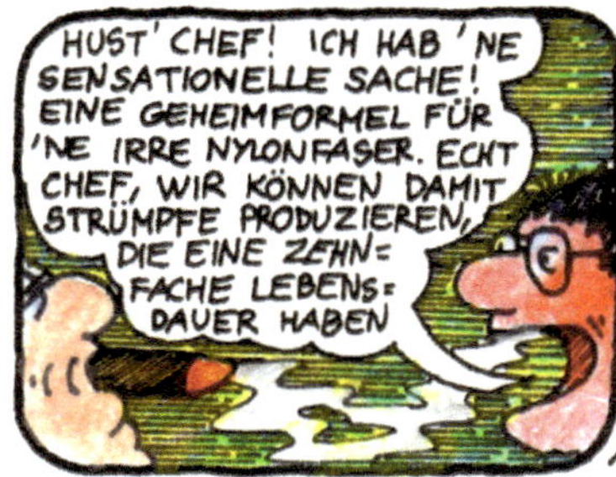

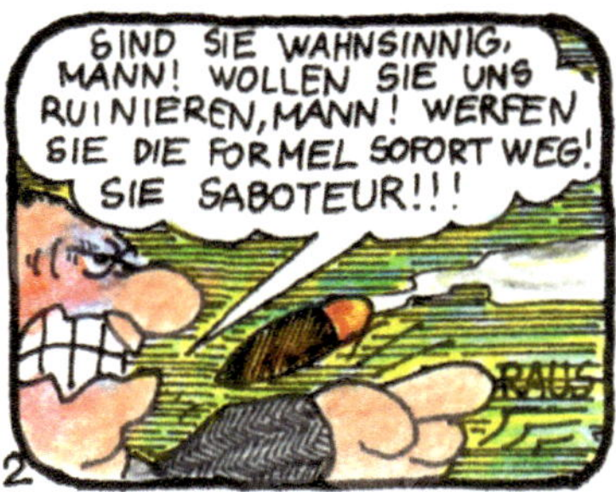

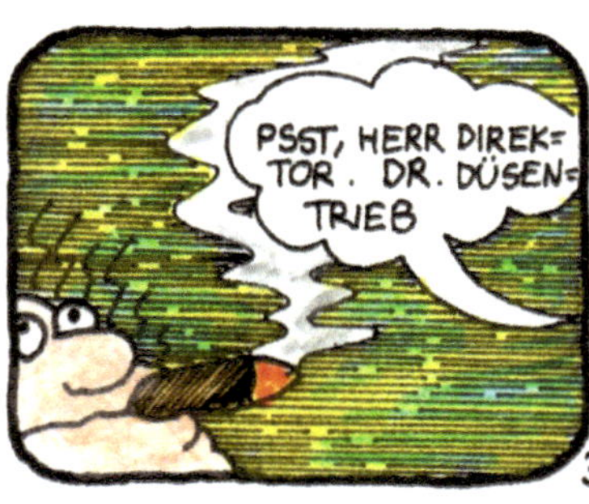

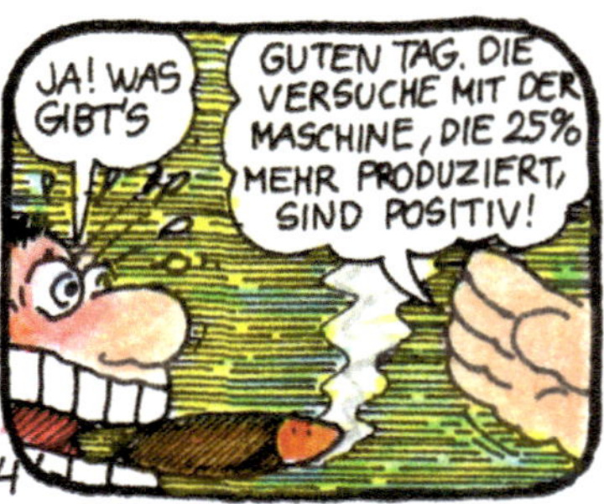

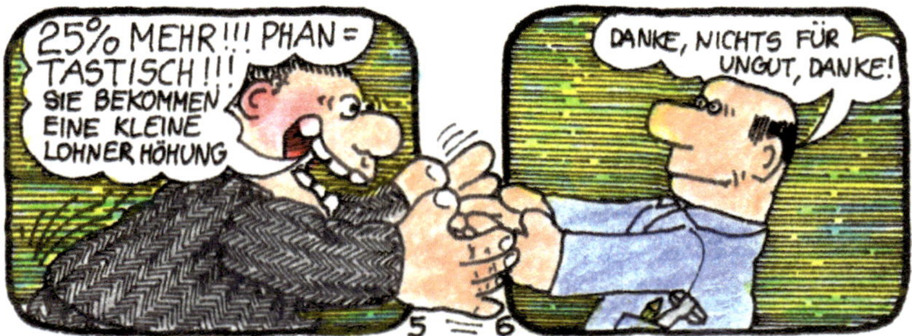

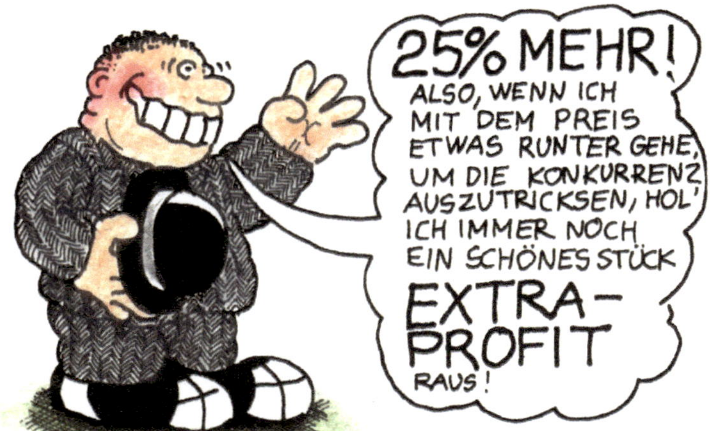

DIE NOTWENDIGE ARBEITSZEIT ZUR HERSTELLUNG EINES PRODUKTES – UND SOMIT ZUR BESTIMMUNG DES PREISES – IST DIE GESELLSCHAFTLICH-DURCHSCHNITTLICHE ARBEITSZEIT!!! WENN EIN UNTERNEHMER AUFGRUND EINER NEUEN MASCHINE ZUM BEISPIEL UNTER DEM GESELLSCHAFTLICHEN DURCHSCHNITT PRODUZIEREN KANN, JEDOCH ZU DIESEM PREIS VERKAUFT, SO KANN ER EXTRAPROFIT MACHEN!!! ALLERDINGS NUR SO LANGE, WIE ER UNTER DEM DURCHSCHNITTLICHEN WERT PRODUZIEREN KANN! – DAS HEISST ALSO, SO LANGE NICHT AUCH SEINE UNTERNEHMER-KOLLEGEN ÜBER DIE MASCHINE VERFÜGEN.

DIE MASCHINE WIRD ALSO GEBAUT – EINGESETZT – UND: FUNKTIONIERT!!! UNSER UNTERNEHMER KANN BILLIGER PRODUZIEREN – DAS HEISST, DASS WENIGER ARBEITSZEIT ZUR HERSTELLUNG EINES PRODUKTES NOTWENDIG IST. ALLERDINGS VERKAUFT ER ES NUR EIN GANZ KLEIN WENIG BILLIGER ALS DIE KONKURRENZ. ER KANN SIE AUSSTECHEN. KASSIERT ZUSÄTZLICH ZUM MEHRWERT BISSCHEN EXTRAPROFIT. DAS LÄSST DIE KONKURRENZ SCHLECHT bzw NICHT SCHLAFEN:

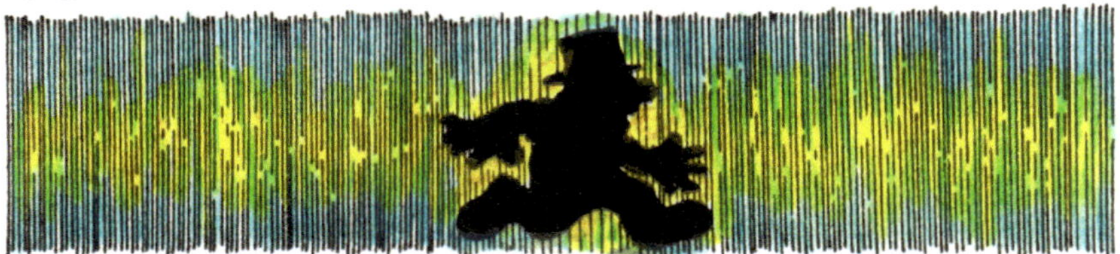

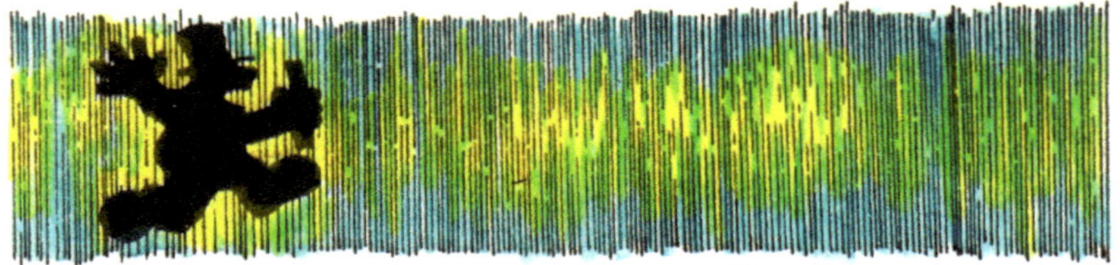

UND ES DAUERT NICHT LANGE, BIS DR. DÜSENTRIEB'S WUNDER=MASCHINE KEIN GEHEIMNIS MEHR IST...

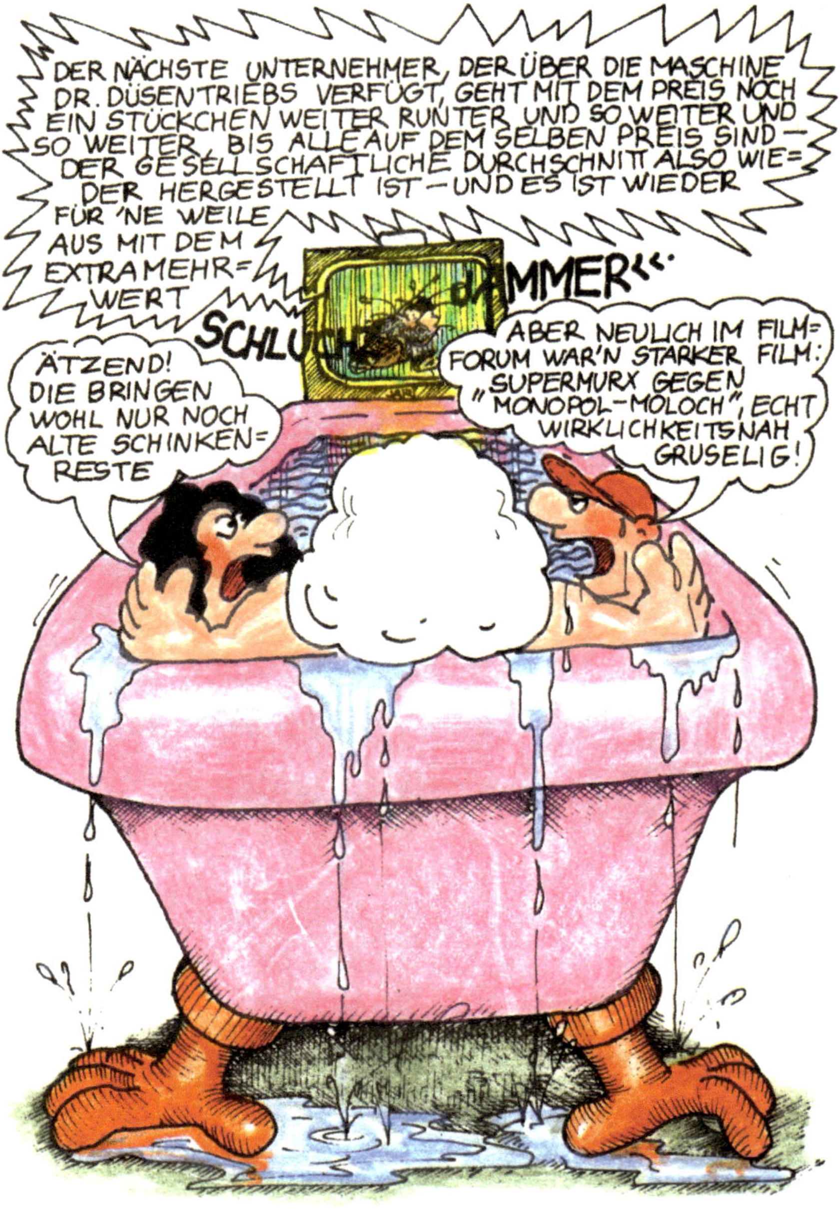

DER NÄCHSTE UNTERNEHMER, DER ÜBER DIE MASCHINE DR. DÜSENTRIEBS VERFÜGT, GEHT MIT DEM PREIS NOCH EIN STÜCKCHEN WEITER RUNTER UND SO WEITER UND SO WEITER, BIS ALLE AUF DEM SELBEN PREIS SIND – DER GESELLSCHAFTLICHE DURCHSCHNITT ALSO WIEDER HERGESTELLT IST – UND ES IST WIEDER FÜR 'NE WEILE AUS MIT DEM EXTRAMEHR=WERT

SCHLUCH... JAMMER"

ÄTZEND! DIE BRINGEN WOHL NUR NOCH ALTE SCHINKEN=RESTE

ABER NEULICH IM FILM=FORUM WAR'N STARKER FILM: „SUPERMURX GEGEN "MONOPOL-MOLOCH", ECHT WIRKLICHKEITSNAH GRUSELIG!

DIE AUSBEUTUNG

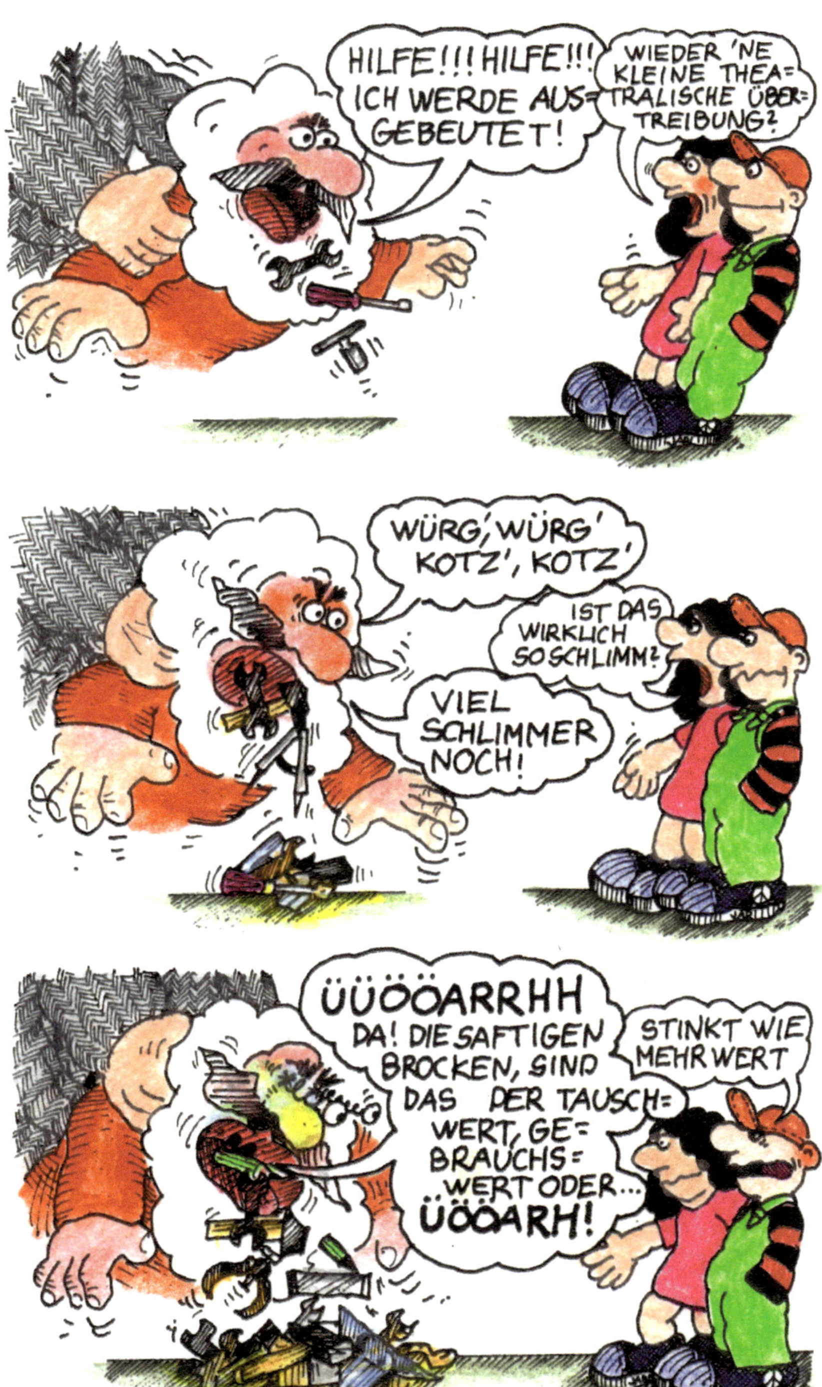

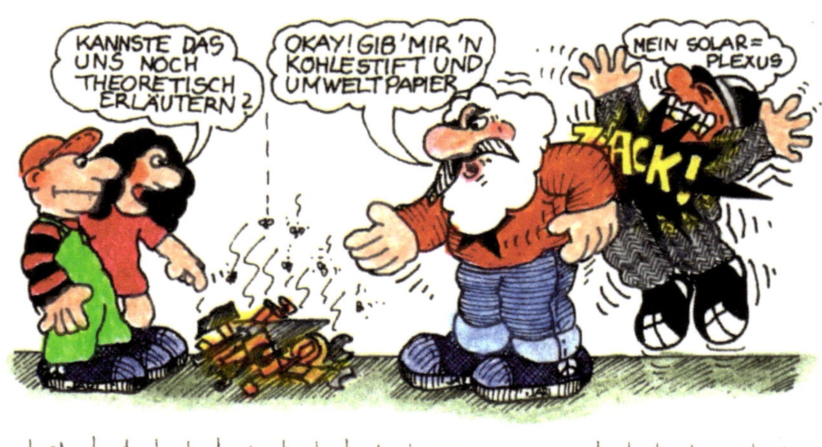
KANNSTE DAS UNS NOCH THEORETISCH ERLÄUTERN?
OKAY! GIB' MIR 'N KOHLESTIFT UND UMWELTPAPIER
ZACK!
MEIN SOLAR=PLEXUS

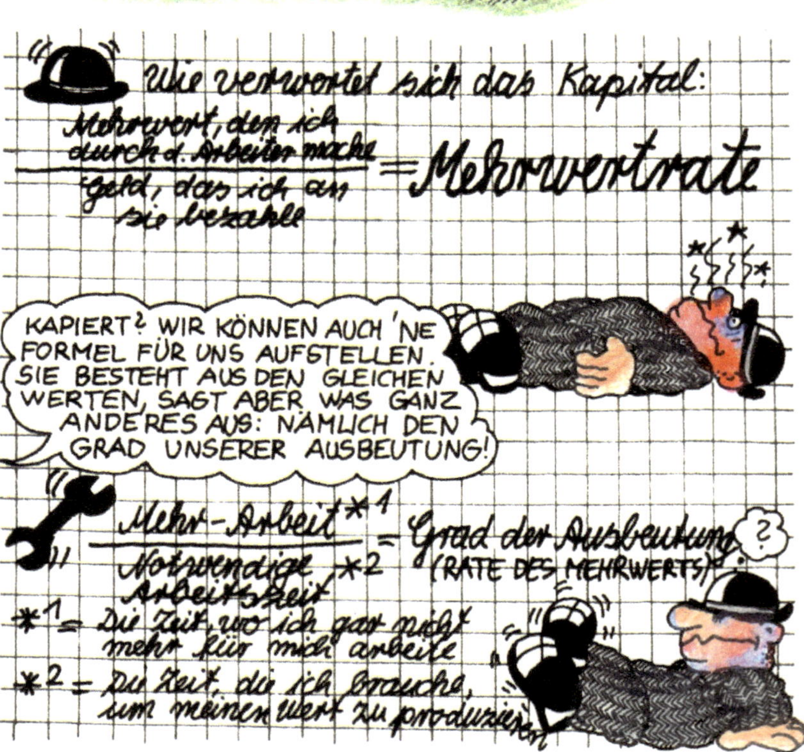
Wie verwertet sich das Kapital:
Mehrwert, den ich durch d. Arbeiter mache / Geld, das ich an sie bezahle = Mehrwertrate
KAPIERT? WIR KÖNNEN AUCH 'NE FORMEL FÜR UNS AUFSTELLEN. SIE BESTEHT AUS DEN GLEICHEN WERTEN, SAGT ABER WAS GANZ ANDERES AUS: NÄMLICH DEN GRAD UNSERER AUSBEUTUNG!
Mehr-Arbeit *1 / Notwendige Arbeitszeit *2 = Grad der Ausbeutung (RATE DES MEHRWERTS)
?
*1 = Die Zeit, wo ich gar nicht mehr für mich arbeite
*2 = Die Zeit, die ich brauche, um meinen Wert zu produzieren

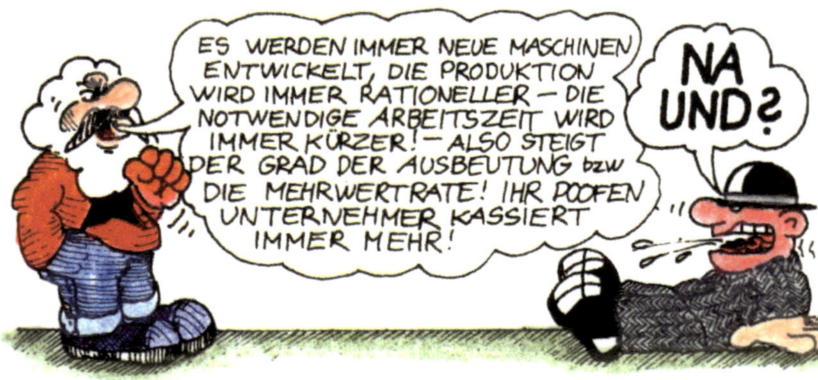
ES WERDEN IMMER NEUE MASCHINEN ENTWICKELT, DIE PRODUKTION WIRD IMMER RATIONELLER – DIE NOTWENDIGE ARBEITSZEIT WIRD IMMER KÜRZER! – ALSO STEIGT DER GRAD DER AUSBEUTUNG bzw DIE MEHRWERTRATE! IHR DOOFEN UNTERNEHMER KASSIERT IMMER MEHR!
NA UND?

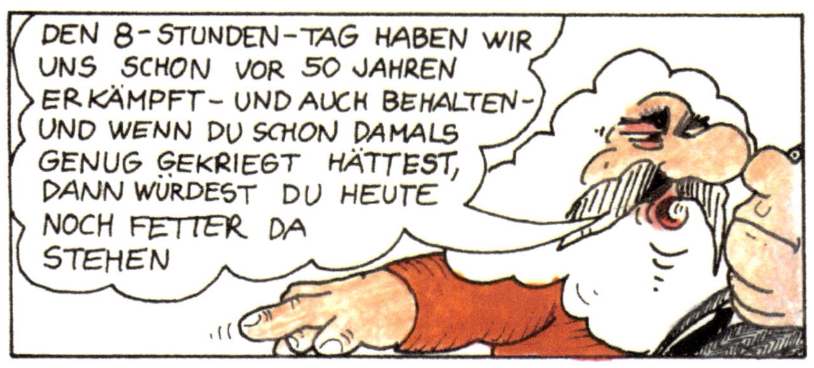
DEN 8-STUNDEN-TAG HABEN WIR UNS SCHON VOR 50 JAHREN ERKÄMPFT - UND AUCH BEHALTEN - UND WENN DU SCHON DAMALS GENUG GEKRIEGT HÄTTEST, DANN WÜRDEST DU HEUTE NOCH FETTER DA STEHEN

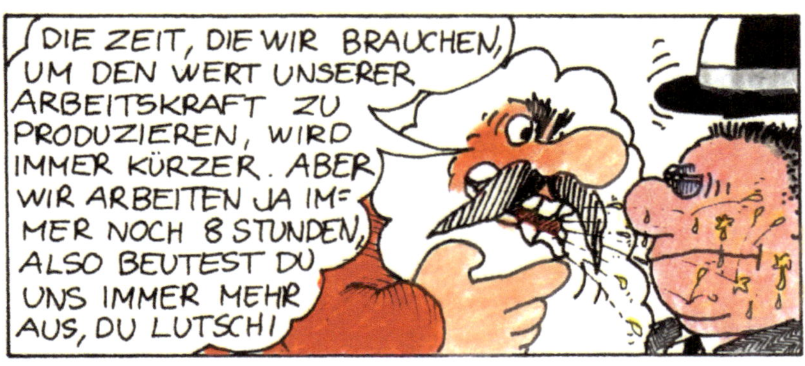
DIE ZEIT, DIE WIR BRAUCHEN, UM DEN WERT UNSERER ARBEITSKRAFT ZU PRODUZIEREN, WIRD IMMER KÜRZER. ABER WIR ARBEITEN JA IMMER NOCH 8 STUNDEN, ALSO BEUTEST DU UNS IMMER MEHR AUS, DU LUTSCH!

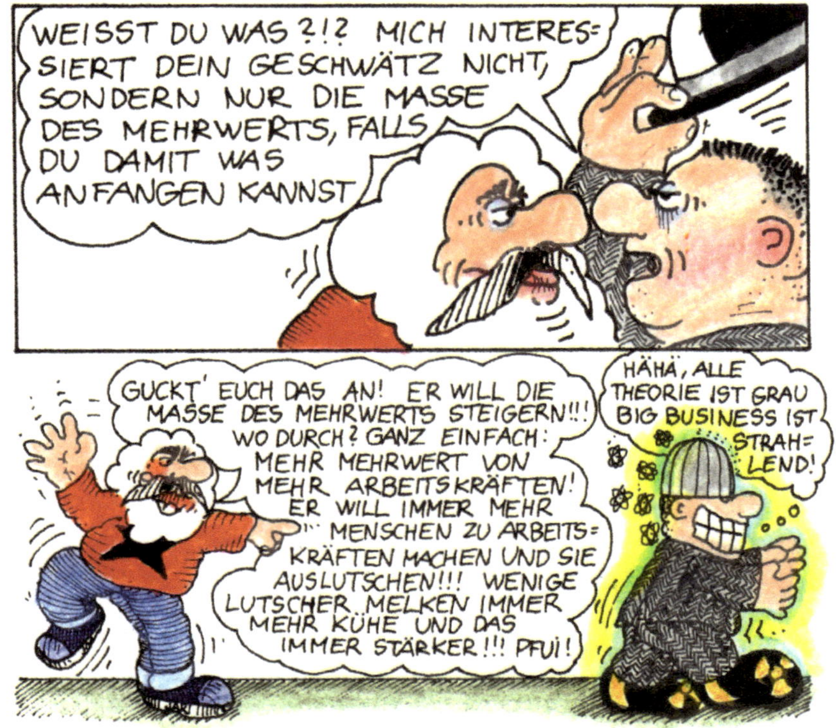
WEISST DU WAS ?!? MICH INTERESSIERT DEIN GESCHWÄTZ NICHT, SONDERN NUR DIE MASSE DES MEHRWERTS, FALLS DU DAMIT WAS ANFANGEN KANNST
GUCKT' EUCH DAS AN! ER WILL DIE MASSE DES MEHRWERTS STEIGERN!!! WODURCH? GANZ EINFACH: MEHR MEHRWERT VON MEHR ARBEITSKRÄFTEN! ER WILL IMMER MEHR MENSCHEN ZU ARBEITSKRÄFTEN MACHEN UND SIE AUSLUTSCHEN!!! WENIGE LUTSCHER MELKEN IMMER MEHR KÜHE UND DAS IMMER STÄRKER!!! PFUI!
HÄHÄ, ALLE THEORIE IST GRAU BIG BUSINESS IST STRAHLEND!

ARBEITSTAG UND PROFIT

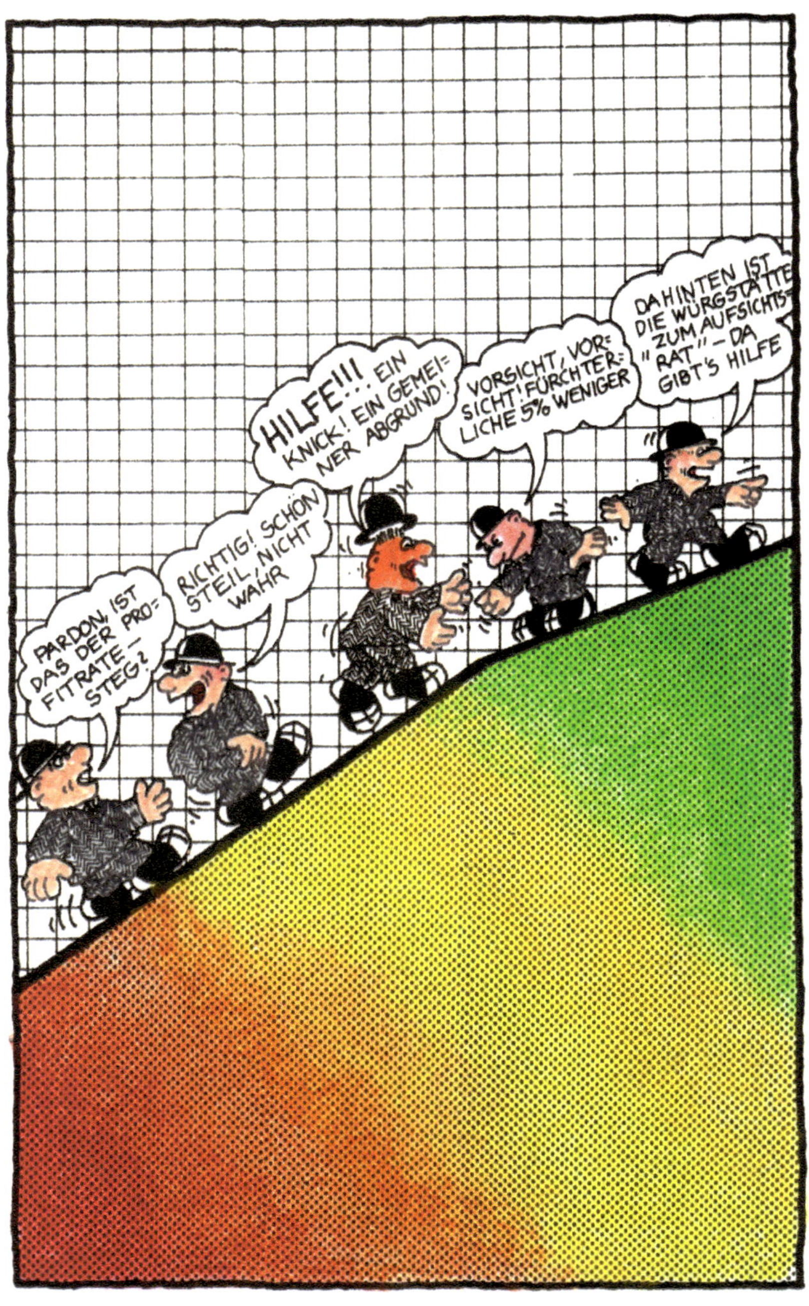

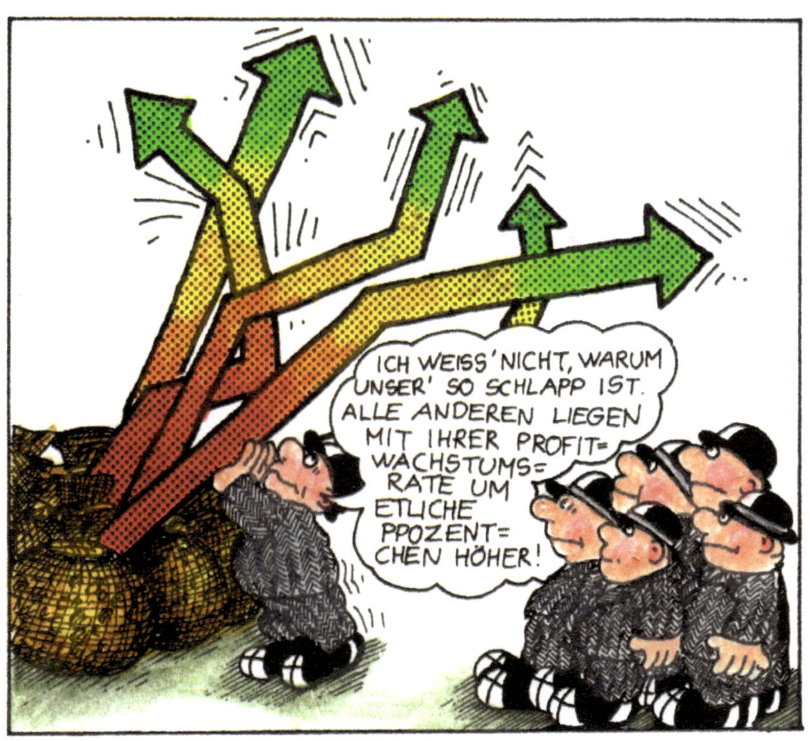
ICH WEISS' NICHT, WARUM
UNSER' SO SCHLAPP IST.
ALLE ANDEREN LIEGEN
MIT IHRER PROFIT=
WACHSTUMS=
RATE UM
ETLICHE
PPOZENT=
CHEN HÖHER!

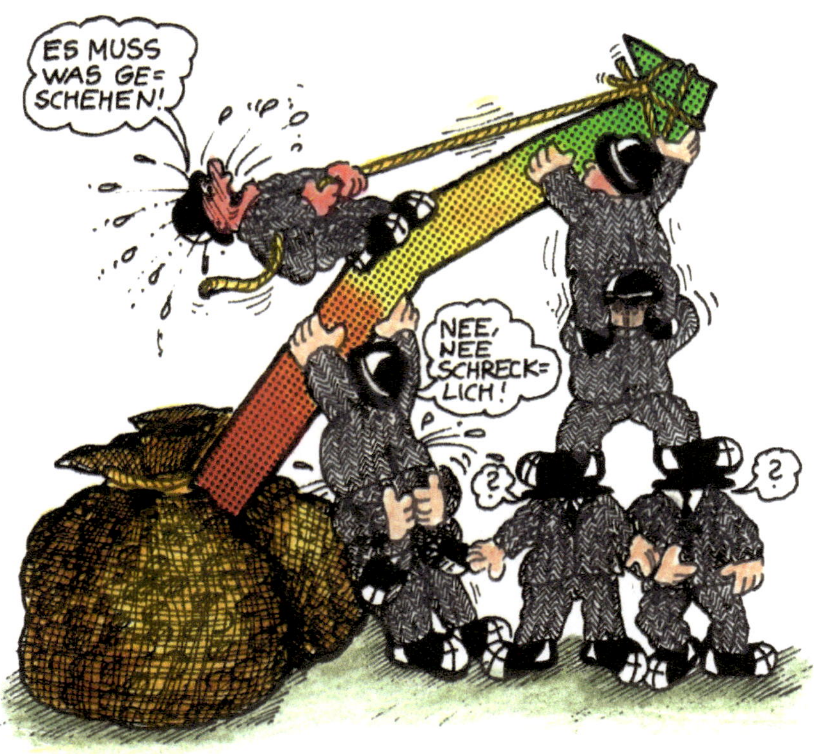
ES MUSS
WAS GE=
SCHEHEN!
NEE,
NEE
SCHRECK=
LICH!
?
?

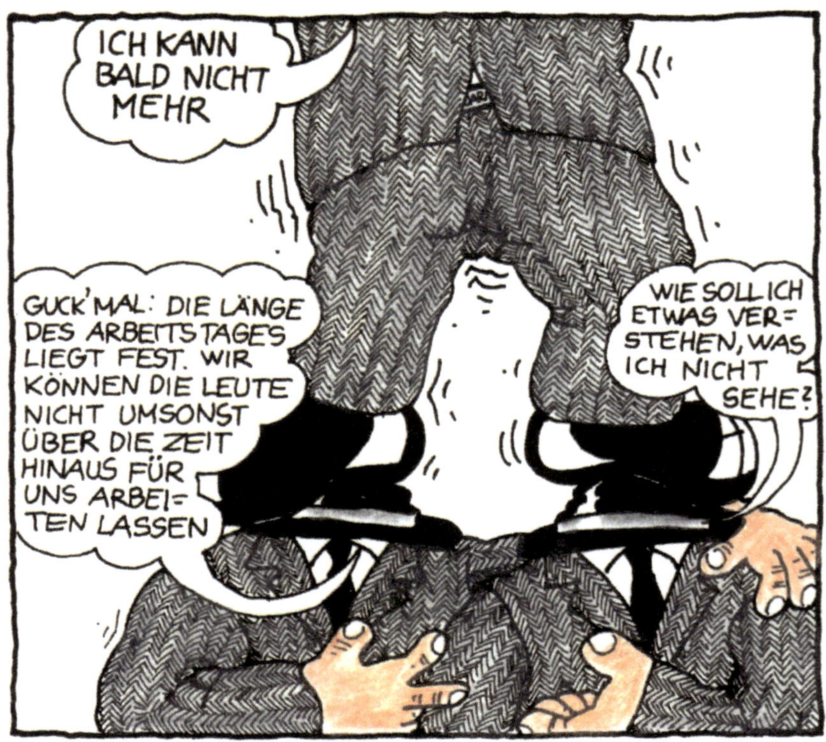
ICH KANN BALD NICHT MEHR
GUCK'MAL: DIE LÄNGE DES ARBEITSTAGES LIEGT FEST. WIR KÖNNEN DIE LEUTE NICHT UMSONST ÜBER DIE ZEIT HINAUS FÜR UNS ARBEI= TEN LASSEN
WIE SOLL ICH ETWAS VER= STEHEN, WAS ICH NICHT SEHE?

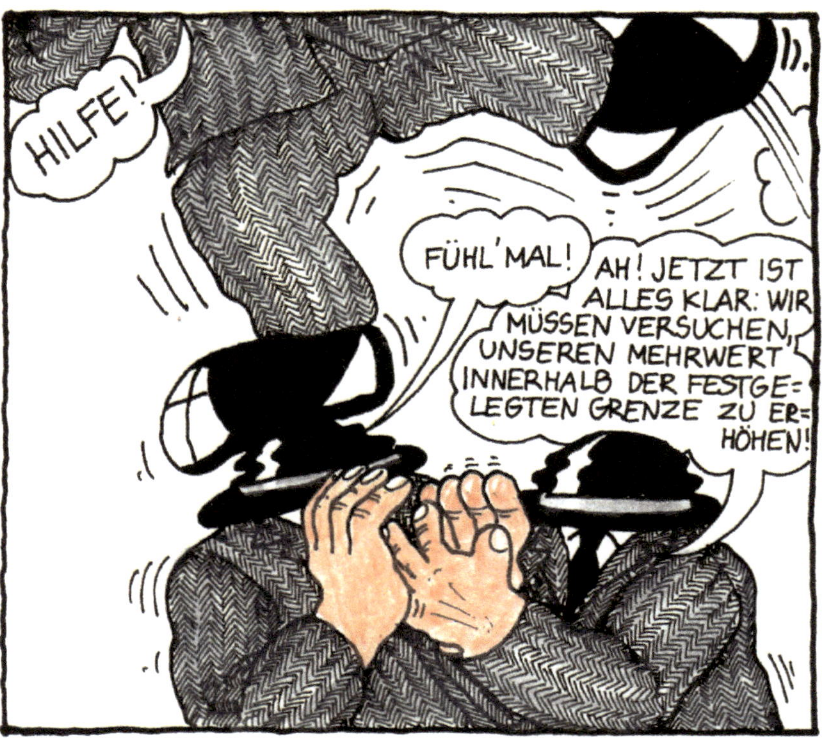
HILFE!
FÜHL'MAL!
AH! JETZT IST ALLES KLAR: WIR MÜSSEN VERSUCHEN, UNSEREN MEHRWERT INNERHALB DER FESTGE= LEGTEN GRENZE ZU ER= HÖHEN!

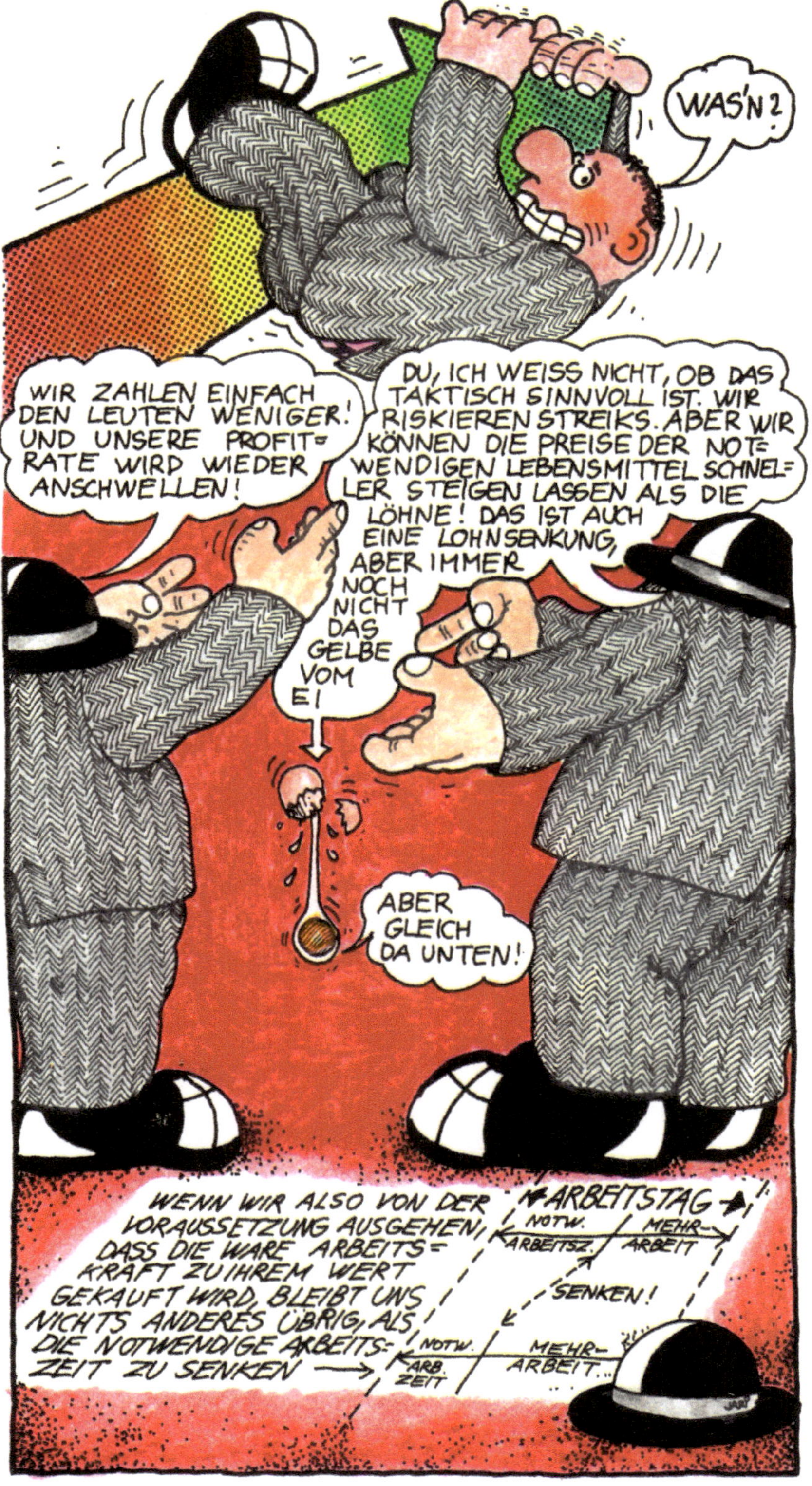
WAS'N ?
WIR ZAHLEN EINFACH DEN LEUTEN WENIGER! UND UNSERE PROFIT-RATE WIRD WIEDER ANSCHWELLEN!
DU, ICH WEISS NICHT, OB DAS TAKTISCH SINNVOLL IST. WIR RISKIEREN STREIKS. ABER WIR KÖNNEN DIE PREISE DER NOTWENDIGEN LEBENSMITTEL SCHNELLER STEIGEN LASSEN ALS DIE LÖHNE! DAS IST AUCH EINE LOHNSENKUNG, ABER IMMER NOCH NICHT DAS GELBE VOM EI
ABER GLEICH DA UNTEN!
WENN WIR ALSO VON DER VORAUSSETZUNG AUSGEHEN, DASS DIE WARE ARBEITSKRAFT ZU IHREM WERT GEKAUFT WIRD, BLEIBT UNS NICHTS ANDERES ÜBRIG, ALS DIE NOTWENDIGE ARBEITSZEIT ZU SENKEN →
ARBEITSTAG
NOTW. ARBEITSZ.
MEHR-ARBEIT
SENKEN!
NOTW. ARB. ZEIT
MEHR-ARBEIT
JARI

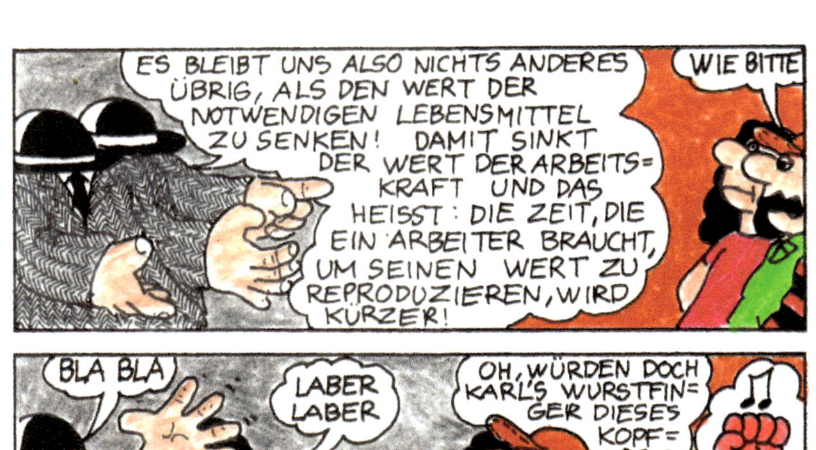
ES BLEIBT UNS ALSO NICHTS ANDERES ÜBRIG, ALS DEN WERT DER NOTWENDIGEN LEBENSMITTEL ZU SENKEN! DAMIT SINKT DER WERT DER ARBEITS= KRAFT UND DAS HEISST: DIE ZEIT, DIE EIN ARBEITER BRAUCHT, UM SEINEN WERT ZU REPRODUZIEREN, WIRD KÜRZER!
WIE BITTE

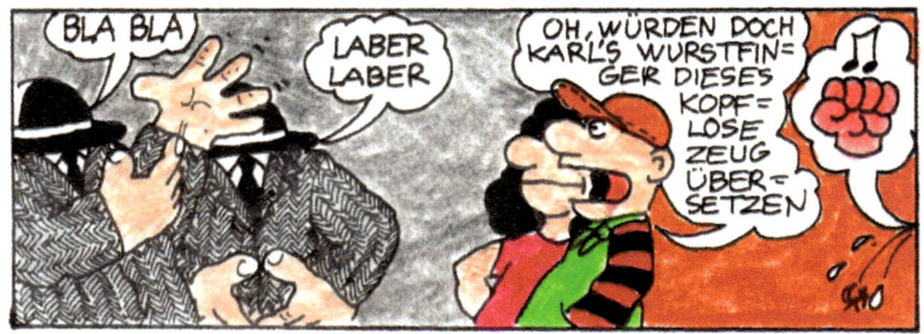
BLA BLA
LABER LABER
OH, WÜRDEN DOCH KARL'S WURSTFIN= GER DIESES KOPF= LOSE ZEUG ÜBER= SETZEN

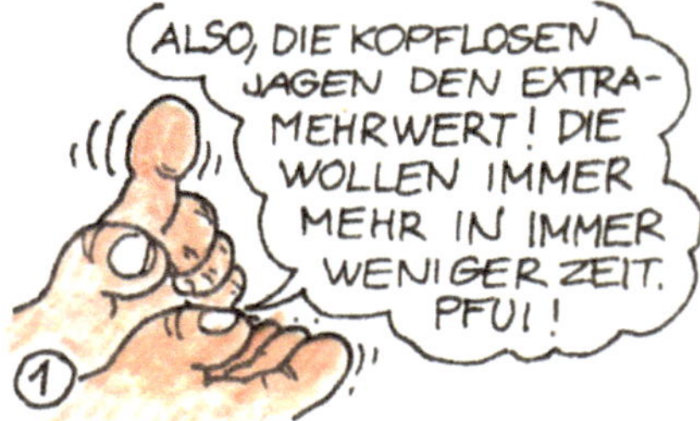
ALSO, DIE KOPFLOSEN JAGEN DEN EXTRA-MEHRWERT! DIE WOLLEN IMMER MEHR IN IMMER WENIGER ZEIT. PFUI!
1

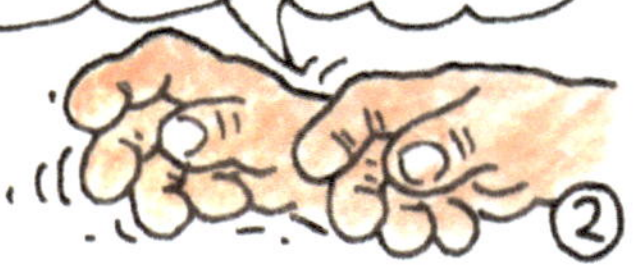
PLÖTZLICH IST DIE ARBEI= TERIN GEZWUNGEN, STATT 5 MÄNTELN 10 MÄNTEL HERZUSTELLEN. UFF!
2

WEIL WENIGER ARBEITSZEIT DRIN STECKT, IST DER MANTEL WENIGER WERT. ABER DIE PRODUKTIVKRAFT IST GRÖSSER
3
BESONDERS DIE KONSUMGÜTER= BRANCHE BAUT AUF DIE STÄNDIGE ERHÖHUNG DES RELATIVEN MEHRWERTS!
4

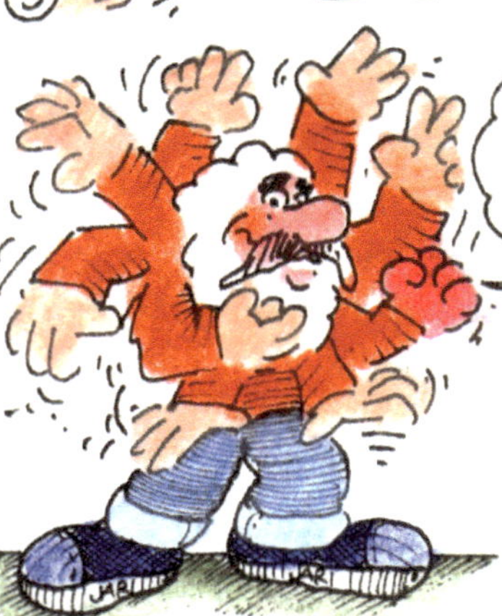
... UND DAVON LUTSCHEN ALLE ANDEREN UNTER= NEHMER-INDIREKT.

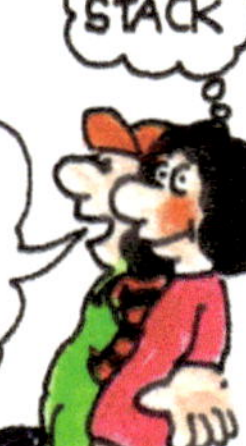
STACK
DIE WURSTFINGER SIND ECHT WAHN= SINNIG. DIE LASSEN VERGESSEN, DASS ICH MANCHES WOHL NIE VERSTEHEN WERDE...

DIE ARBEITSTEILUNG

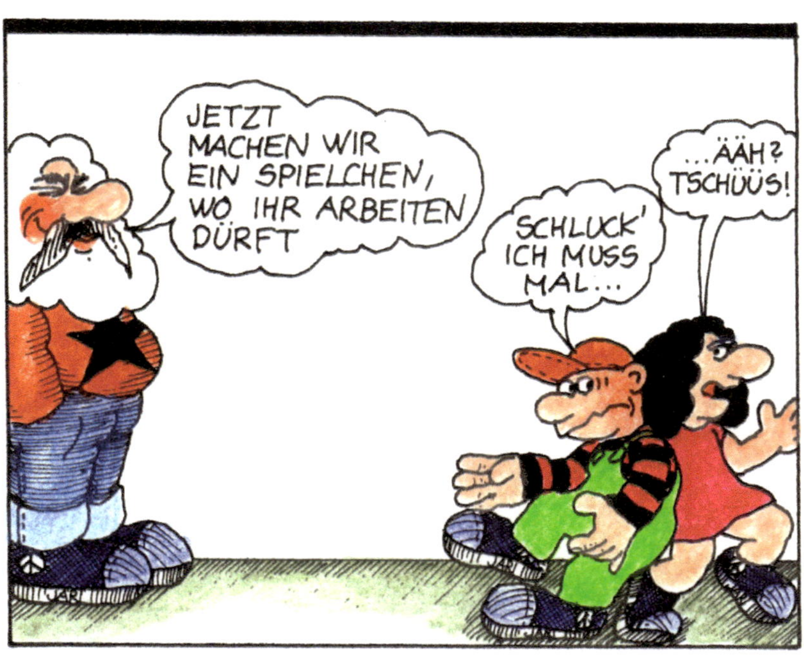

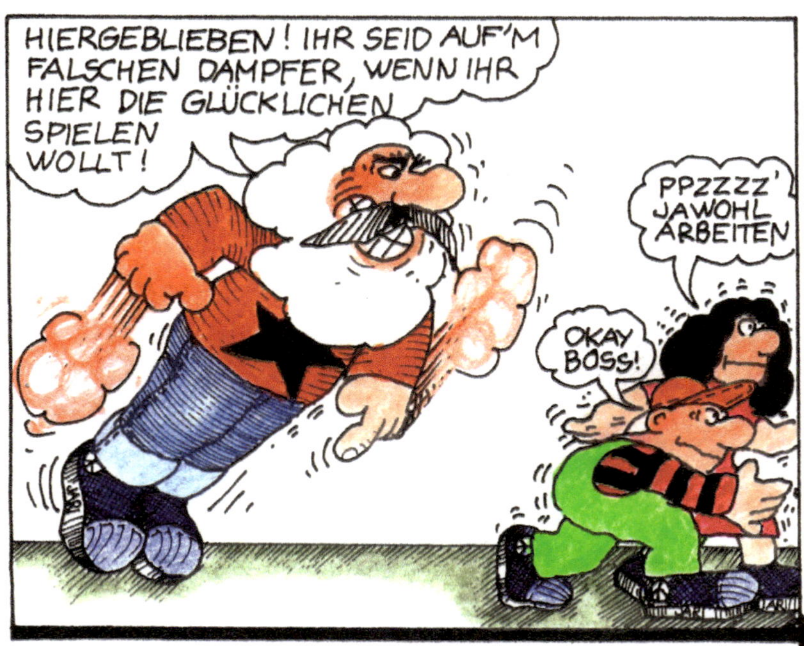

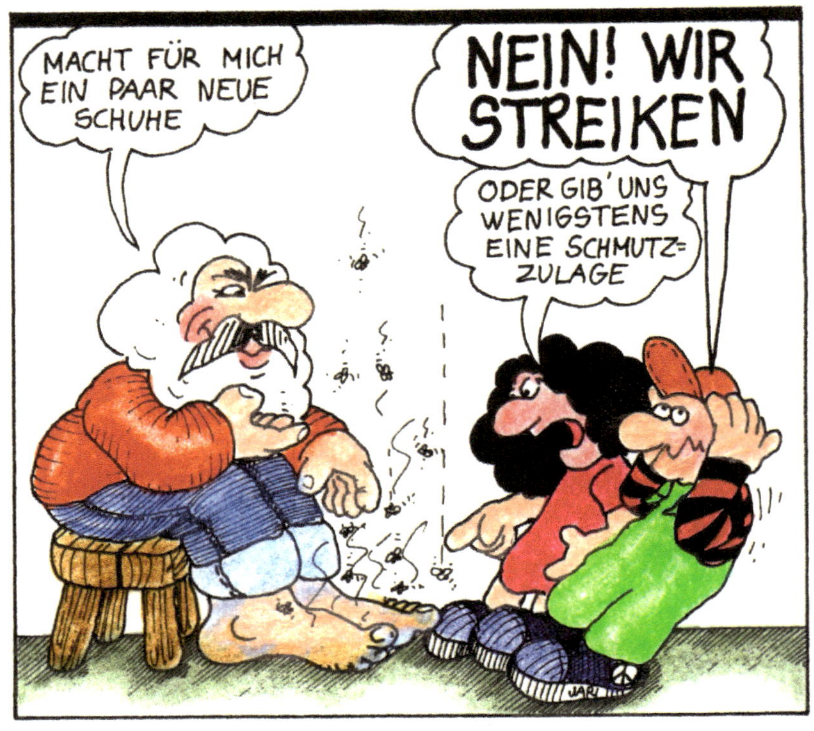
MACHT FÜR MICH EIN PAAR NEUE SCHUHE
NEIN! WIR STREIKEN
ODER GIB' UNS WENIGSTENS EINE SCHMUTZ= ZULAGE
JARI

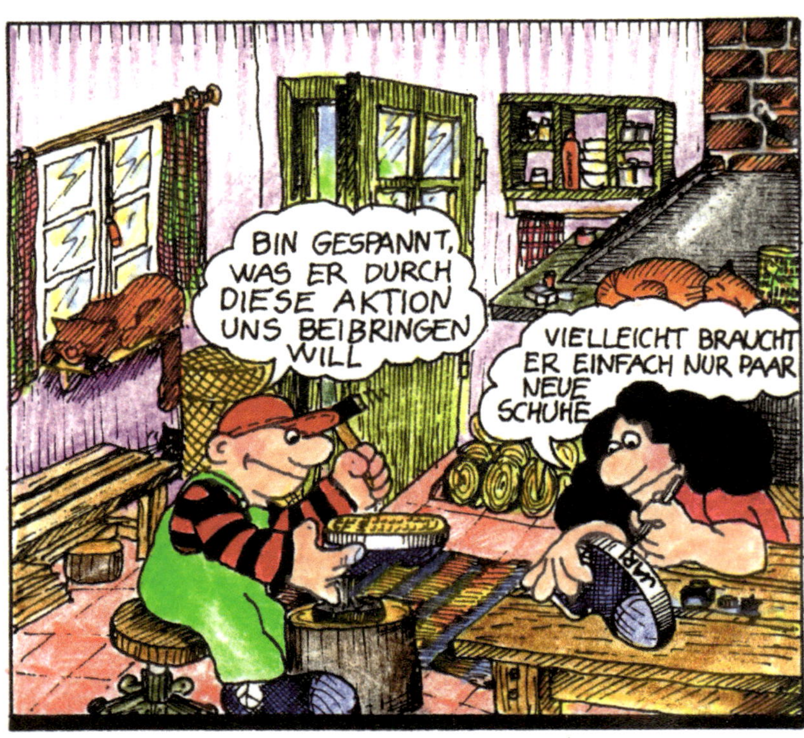
BIN GESPANNT, WAS ER DURCH DIESE AKTION UNS BEIBRINGEN WILL
VIELLEICHT BRAUCHT ER EINFACH NUR PAAR NEUE SCHUHE
JARI

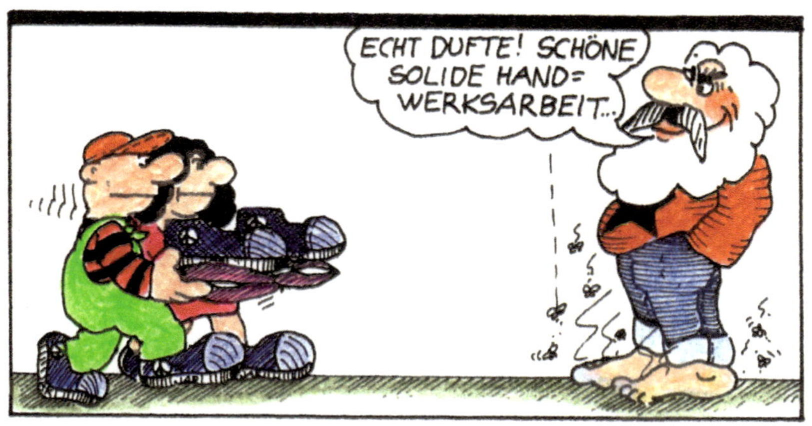
ECHT DUFTE! SCHÖNE SOLIDE HAND=WERKSARBEIT...

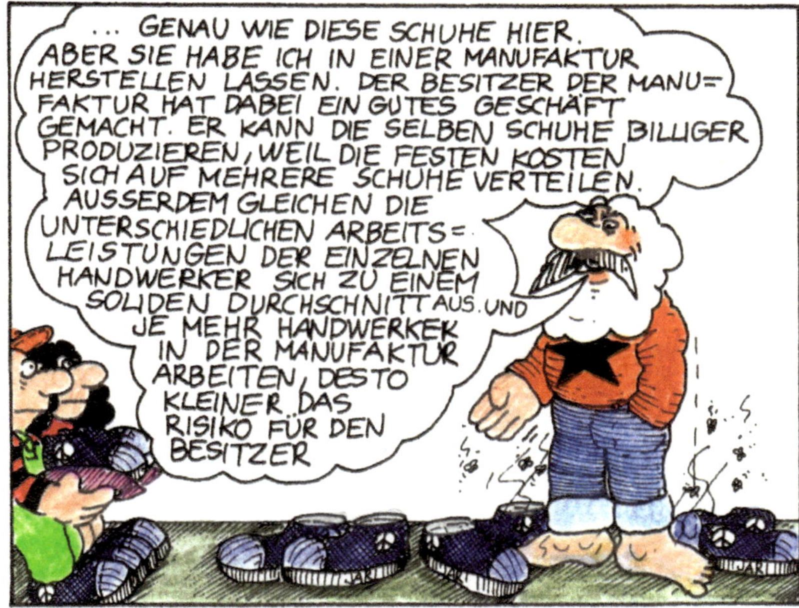
... GENAU WIE DIESE SCHUHE HIER. ABER SIE HABE ICH IN EINER MANUFAKTUR HERSTELLEN LASSEN. DER BESITZER DER MANU=FAKTUR HAT DABEI EIN GUTES GESCHÄFT GEMACHT. ER KANN DIE SELBEN SCHUHE BILLIGER PRODUZIEREN, WEIL DIE FESTEN KOSTEN SICH AUF MEHRERE SCHUHE VERTEILEN. AUSSERDEM GLEICHEN DIE UNTERSCHIEDLICHEN ARBEITS=LEISTUNGEN DER EINZELNEN HANDWERKER SICH ZU EINEM SOLIDEN DURCHSCHNITT AUS. UND JE MEHR HANDWERKER IN DER MANUFAKTUR ARBEITEN, DESTO KLEINER DAS RISIKO FÜR DEN BESITZER

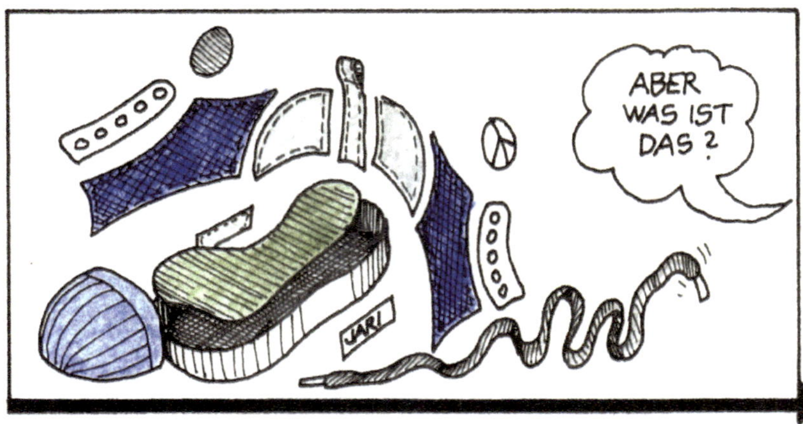
ABER WAS IST DAS?
JARI

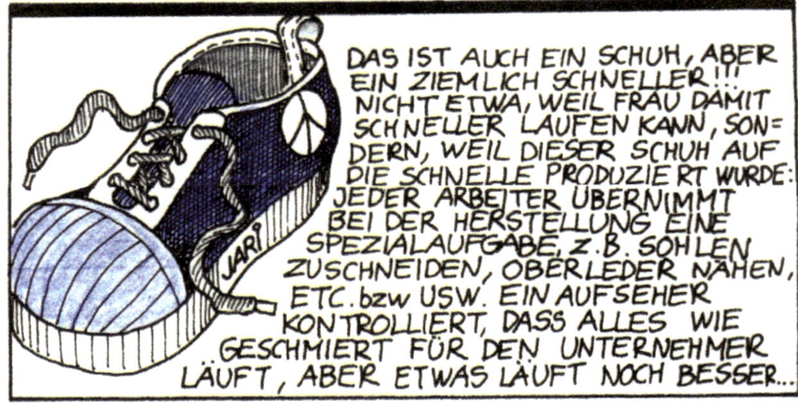
DAS IST AUCH EIN SCHUH, ABER EIN ZIEMLICH SCHNELLER!!! NICHT ETWA, WEIL FRAU DAMIT SCHNELLER LAUFEN KANN, SONDERN, WEIL DIESER SCHUH AUF DIE SCHNELLE PRODUZIERT WURDE: JEDER ARBEITER ÜBERNIMMT BEI DER HERSTELLUNG EINE SPEZIALAUFGABE, Z.B. SOHLEN ZUSCHNEIDEN, OBERLEDER NÄHEN, ETC. bzw USW. EIN AUFSEHER KONTROLLIERT, DASS ALLES WIE GESCHMIERT FÜR DEN UNTERNEHMER LÄUFT, ABER ETWAS LÄUFT NOCH BESSER...
JARI

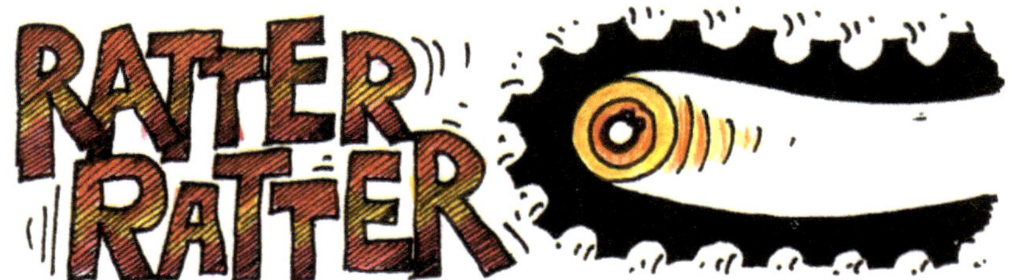
RATTER RATTER

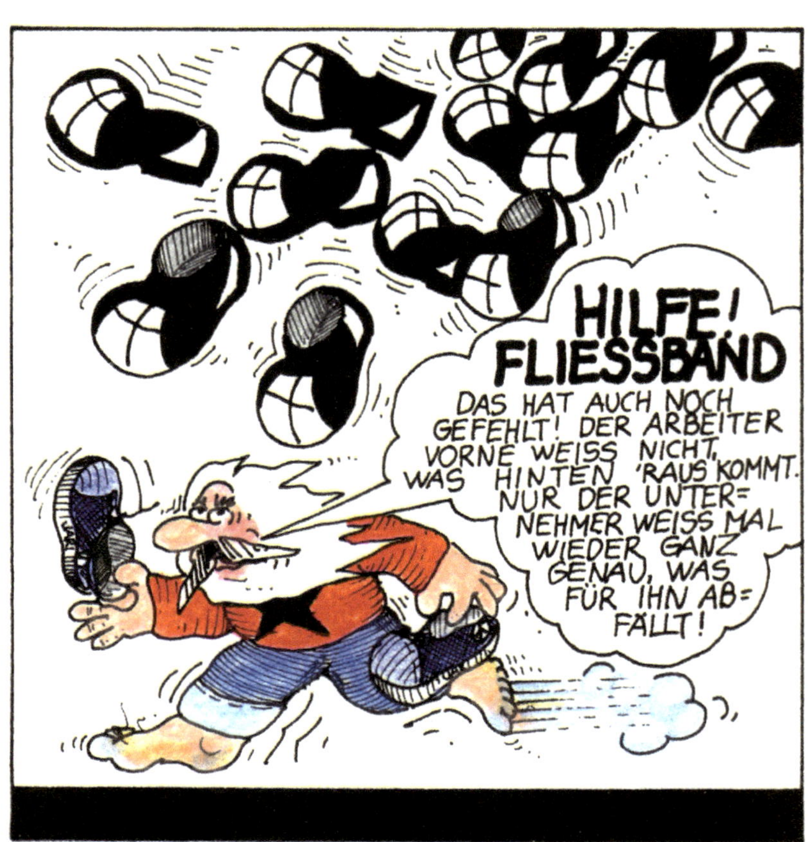
HILFE! FLIESSBAND
DAS HAT AUCH NOCH GEFEHLT! DER ARBEITER VORNE WEISS NICHT, WAS HINTEN 'RAUS KOMMT. NUR DER UNTERNEHMER WEISS MAL WIEDER GANZ GENAU, WAS FÜR IHN ABFÄLLT!

DIE MITBESTIMMUNG

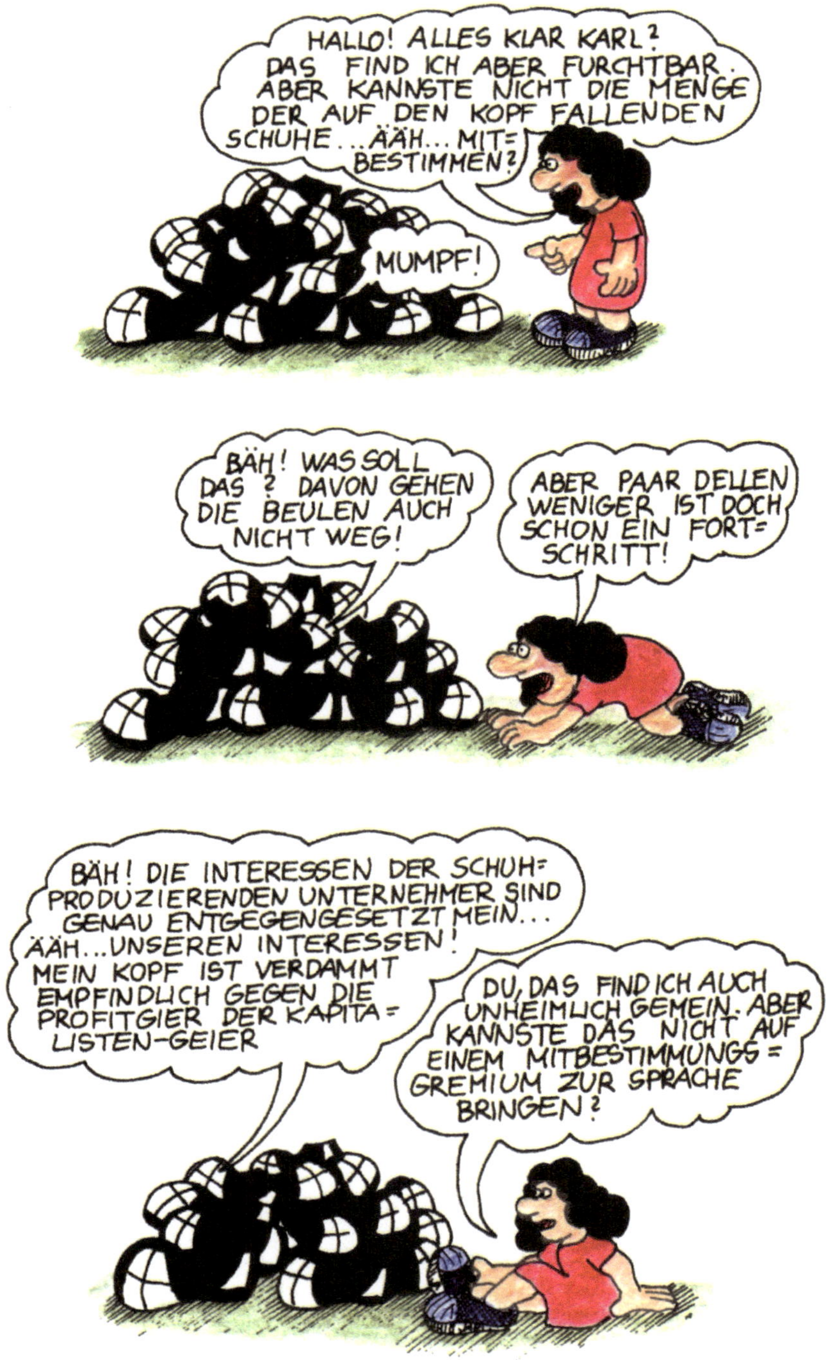

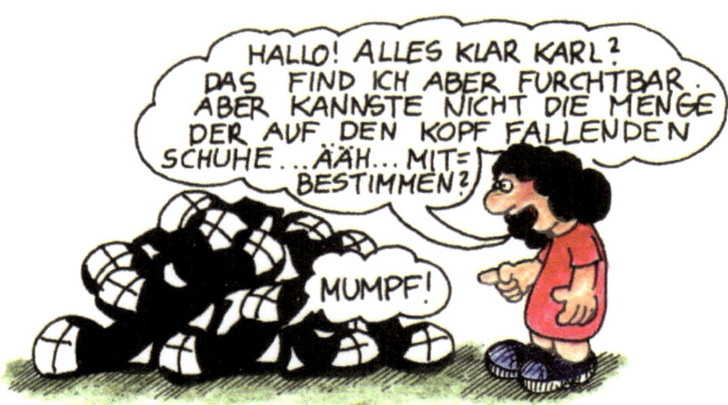

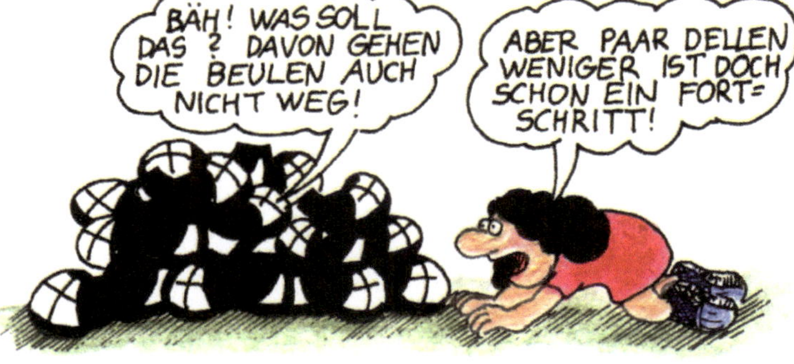

BÄH! DIE INTERESSEN DER SCHUH= PRODUZIERENDEN UNTERNEHMER SIND GENAU ENTGEGENGESETZT MEIN... ÄÄH... UNSEREN INTERESSEN! MEIN KOPF IST VERDAMMT EMPFINDLICH GEGEN DIE PROFITGIER DER KAPITA= LISTEN-GEIER

DU, DAS FIND ICH AUCH UNHEIMLICH GEMEIN. ABER KANNSTE DAS NICHT AUF EINEM MITBESTIMMUNGS= GREMIUM ZUR SPRACHE BRINGEN?

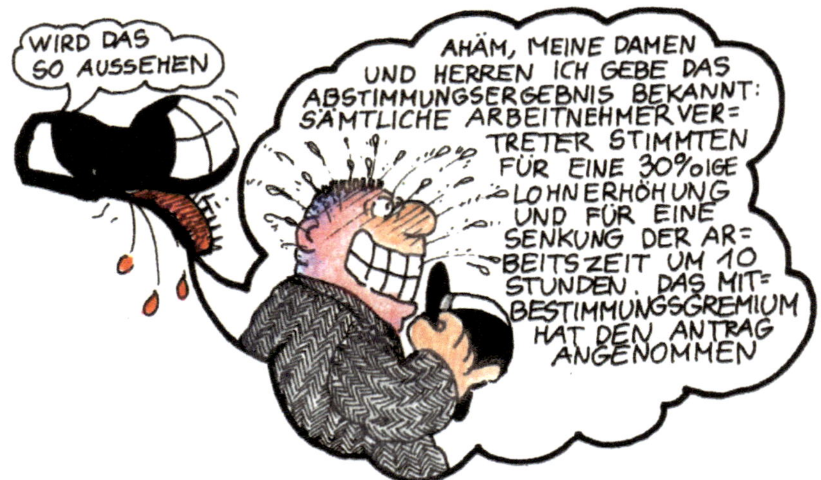

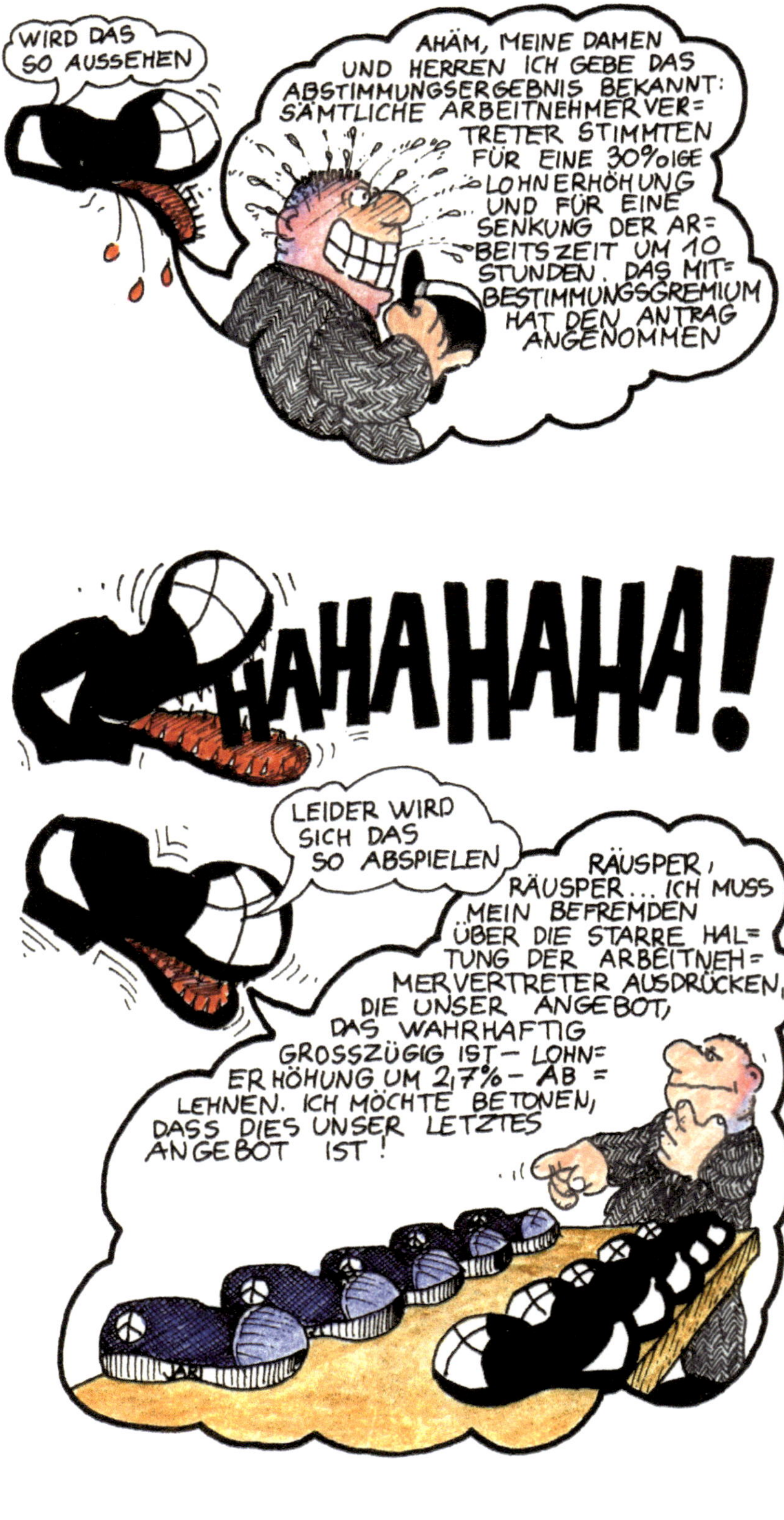

HAHAHAHAHA!

LEIDER WIRD SICH DAS SO ABSPIELEN

RÄUSPER, RÄUSPER... ICH MUSS MEIN BEFREMDEN ÜBER DIE STARRE HAL= TUNG DER ARBEITNEH= MERVERTRETER AUSDRÜCKEN, DIE UNSER ANGEBOT, DAS WAHRHAFTIG GROSSZÜGIG IST – LOHN= ERHÖHUNG UM 2,7% – AB = LEHNEN. ICH MÖCHTE BETONEN, DASS DIES UNSER LETZTES ANGEBOT IST!

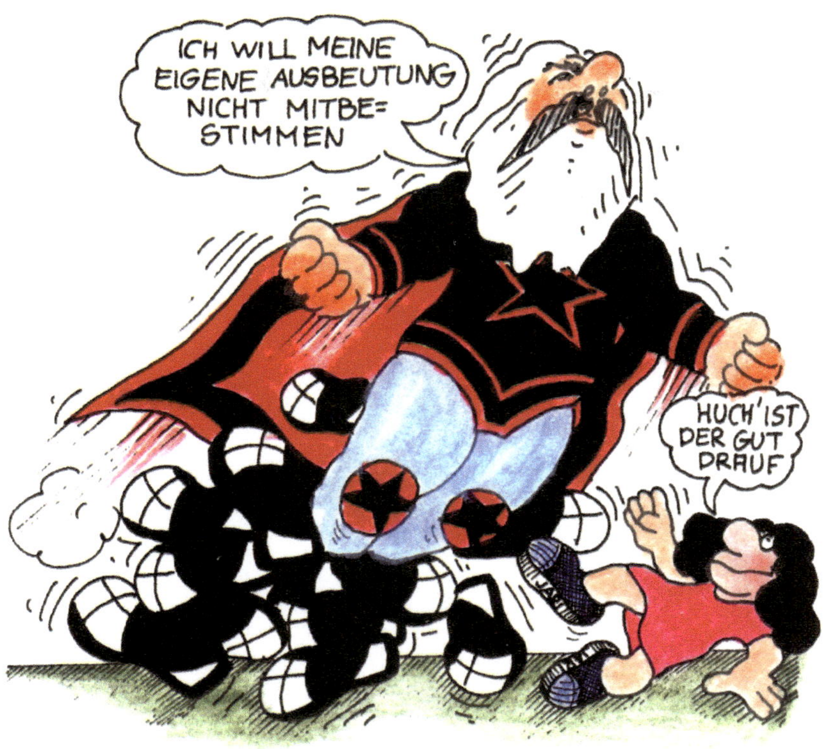
ICH WILL MEINE EIGENE AUSBEUTUNG NICHT MITBE= STIMMEN
HUCH IST DER GUT DRAUF

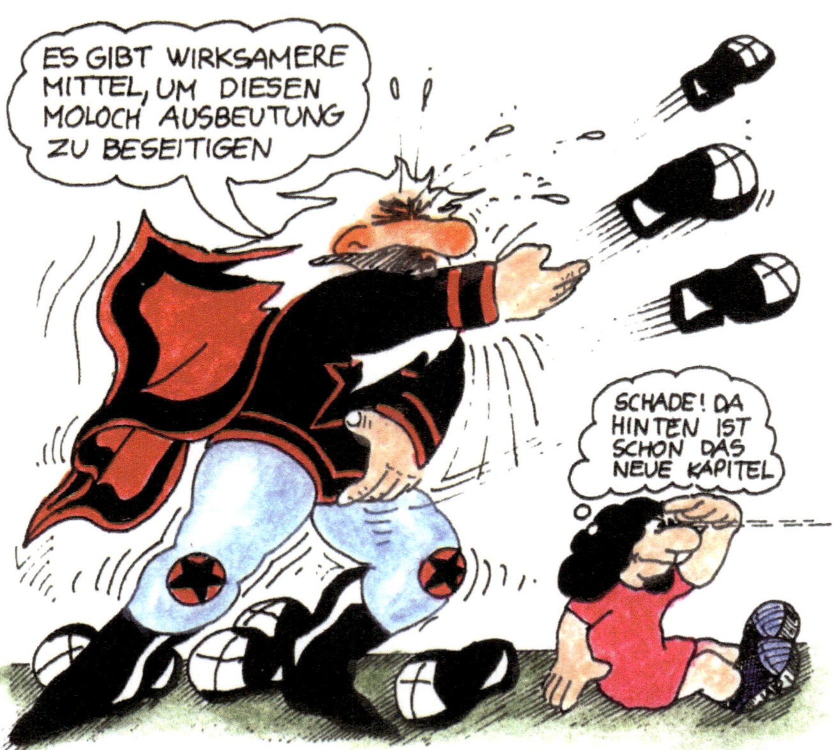
ES GIBT WIRKSAMERE MITTEL, UM DIESEN MOLOCH AUSBEUTUNG ZU BESEITIGEN
SCHADE! DA HINTEN IST SCHON DAS NEUE KAPITEL

WISSENSCHAFT UND PRODUKTIVKRAFT

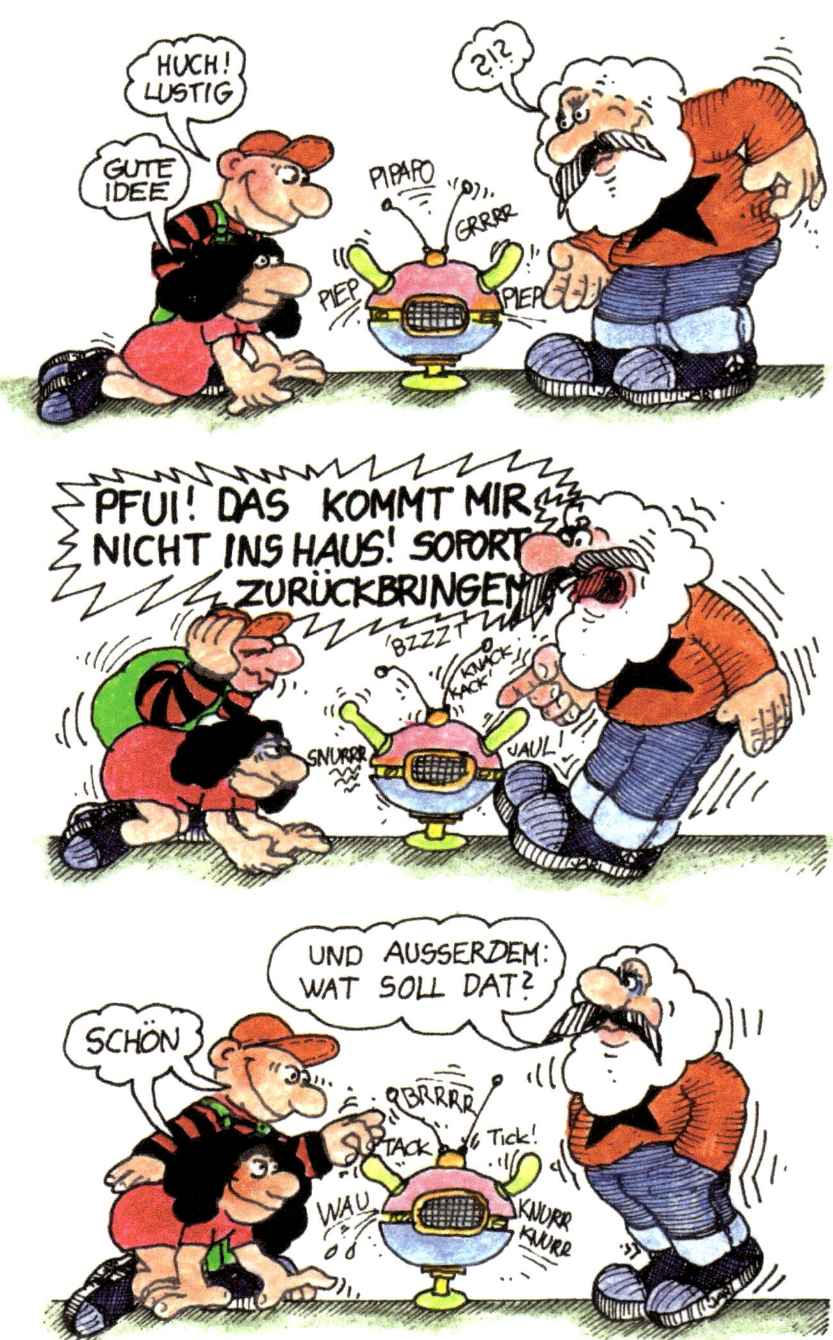

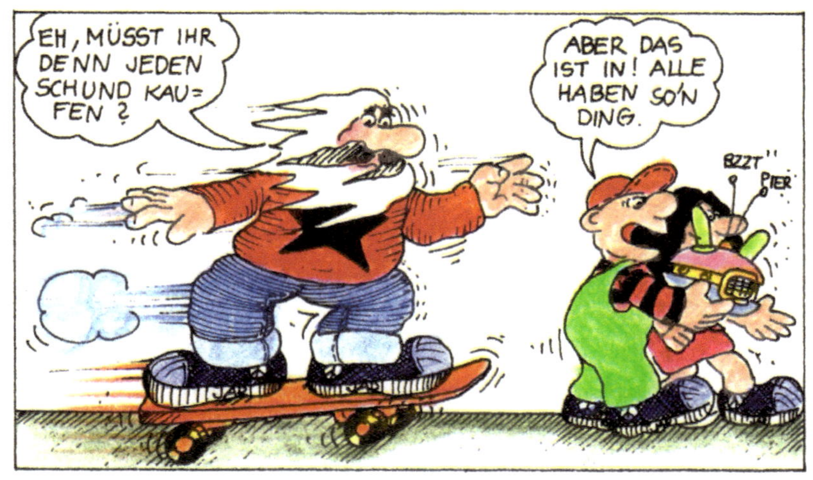
EH, MÜSST IHR DENN JEDEN SCHUND KAU= FEN ?
ABER DAS IST IN! ALLE HABEN SO'N DING.
BZZT
PIER

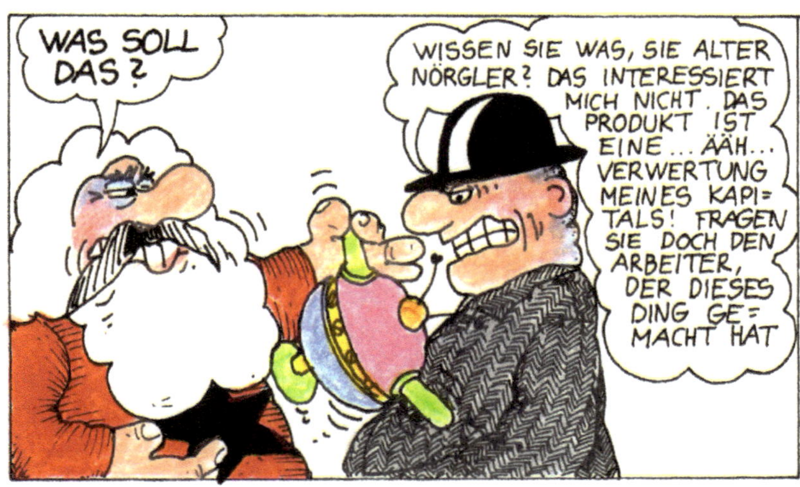
WAS SOLL DAS ?
WISSEN SIE WAS, SIE ALTER NÖRGLER? DAS INTERESSIERT MICH NICHT. DAS PRODUKT IST EINE ... ÄÄH... VERWERTUNG MEINES KAPI= TALS! FRAGEN SIE DOCH DEN ARBEITER, DER DIESES DING GE= MACHT HAT

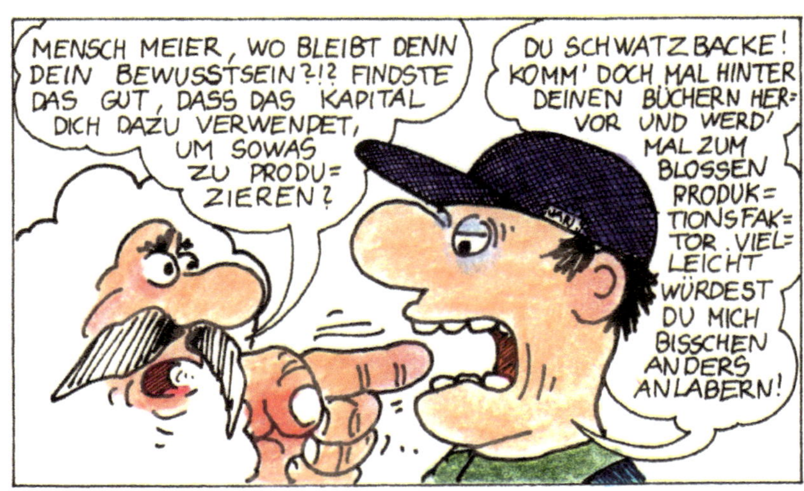
MENSCH MEIER, WO BLEIBT DENN DEIN BEWUSSTSEIN ?!? FINDSTE DAS GUT, DASS DAS KAPITAL DICH DAZU VERWENDET, UM SOWAS ZU PRODU= ZIEREN ?
DU SCHWATZBACKE! KOMM' DOCH MAL HINTER DEINEN BÜCHERN HER= VOR UND WERD' MAL ZUM BLOSSEN PRODUK= TIONSFAK= TOR. VIEL= LEICHT WÜRDEST DU MICH BISSCHEN ANDERS ANLABERN!

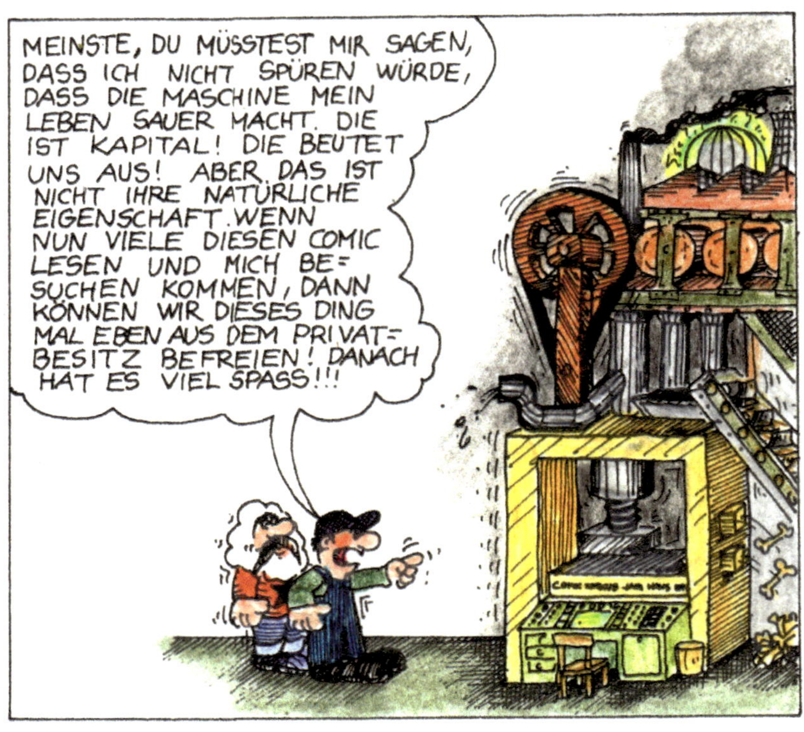
MEINSTE, DU MÜSSTEST MIR SAGEN, DASS ICH NICHT SPÜREN WÜRDE, DASS DIE MASCHINE MEIN LEBEN SAUER MACHT. DIE IST KAPITAL! DIE BEUTET UNS AUS! ABER DAS IST NICHT IHRE NATÜRLICHE EIGENSCHAFT. WENN NUN VIELE DIESEN COMIC LESEN UND MICH BE= SUCHEN KOMMEN, DANN KÖNNEN WIR DIESES DING MAL EBEN AUS DEM PRIVAT= BESITZ BEFREIEN! DANACH HAT ES VIEL SPASS!!!

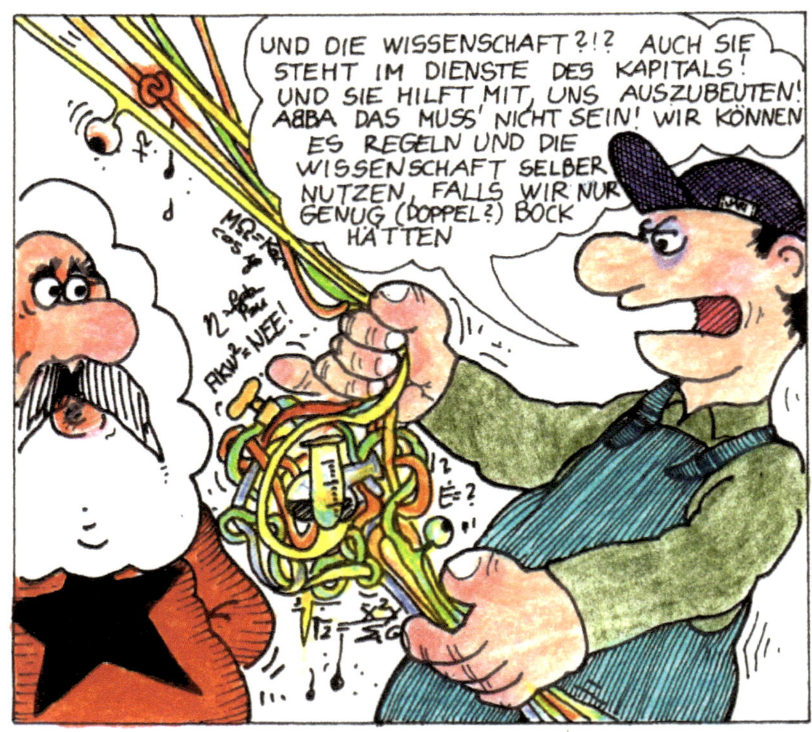
UND DIE WISSENSCHAFT?!? AUCH SIE STEHT IM DIENSTE DES KAPITALS! UND SIE HILFT MIT, UNS AUSZUBEUTEN! ABBA DAS MUSS' NICHT SEIN! WIR KÖNNEN ES REGELN UND DIE WISSENSCHAFT SELBER NUTZEN, FALLS WIR NUR GENUG (DOPPEL?) BOCK HÄTTEN
NEE!

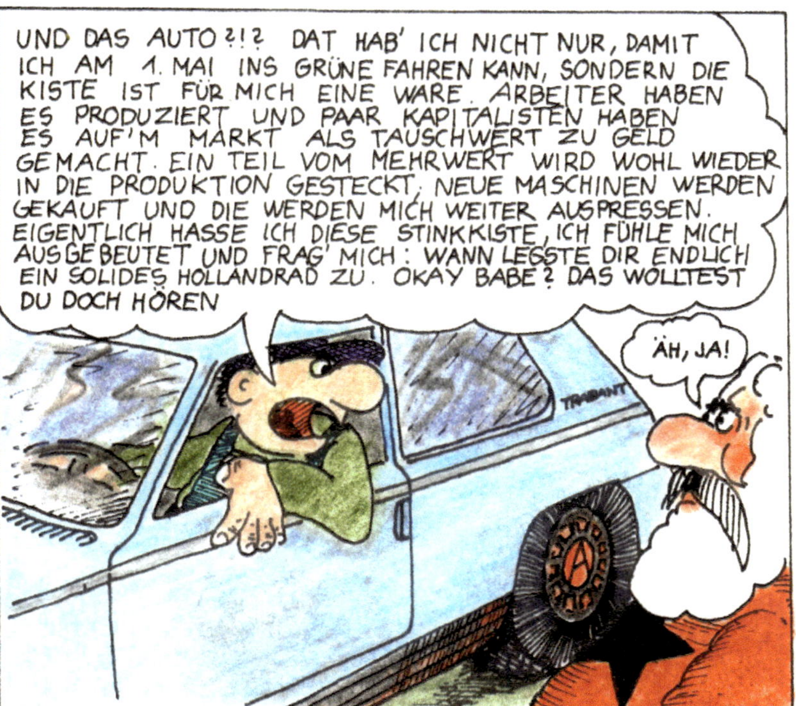

BITTE LESEN SIE DAZU NOCH „DIE NEUE TAGESZEITUNG":

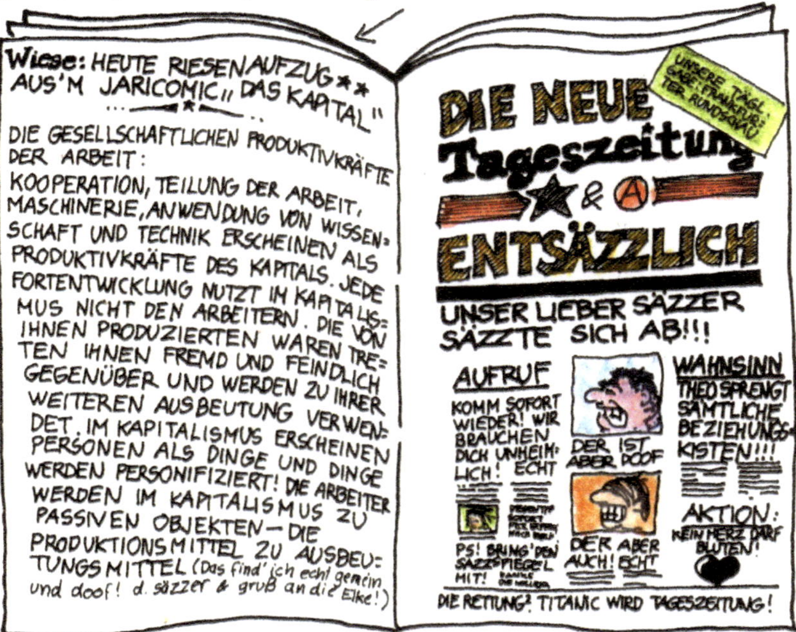

DIE AKKUMULATION

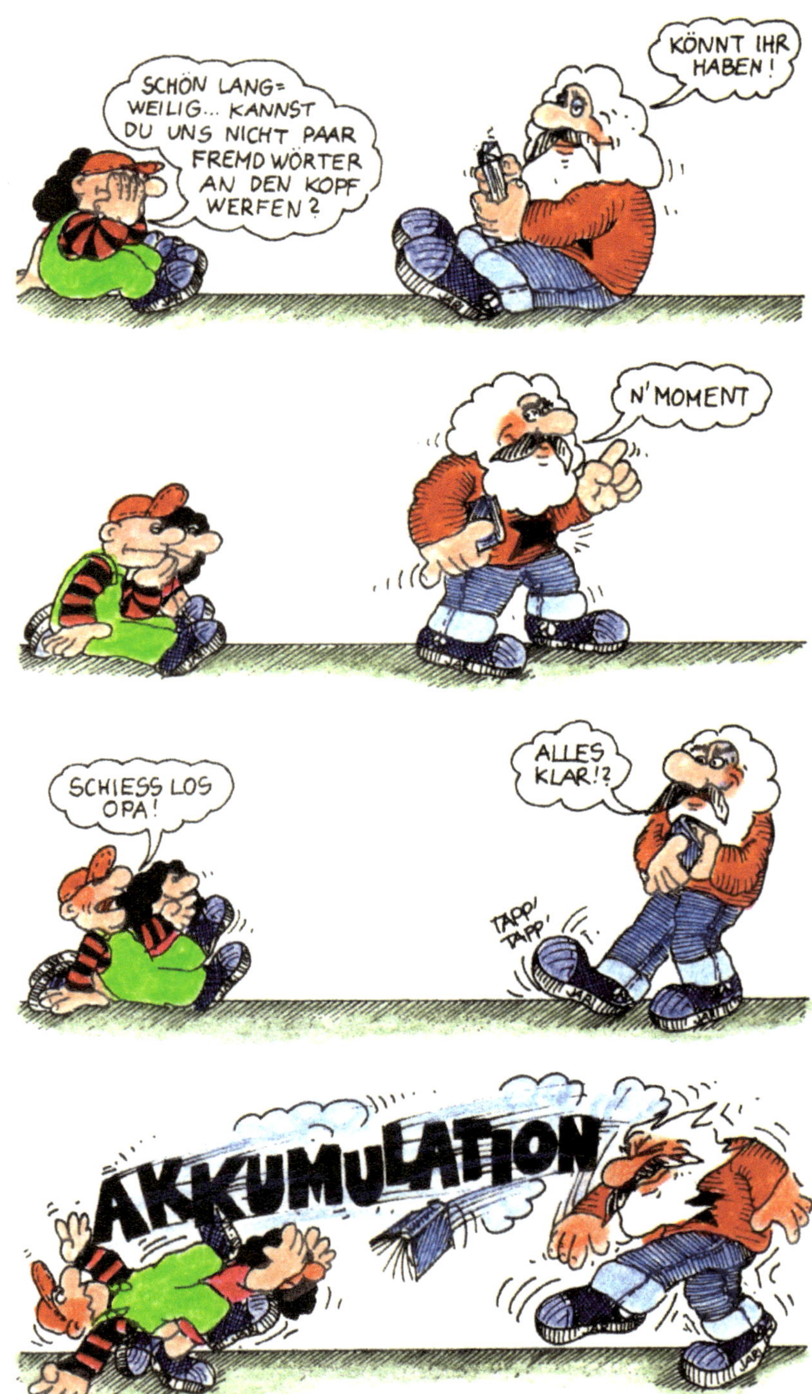

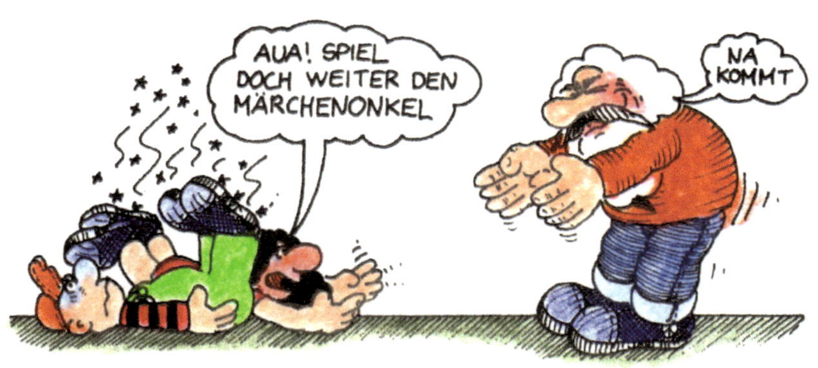
AUA! SPIEL DOCH WEITER DEN MÄRCHENONKEL
NA KOMMT

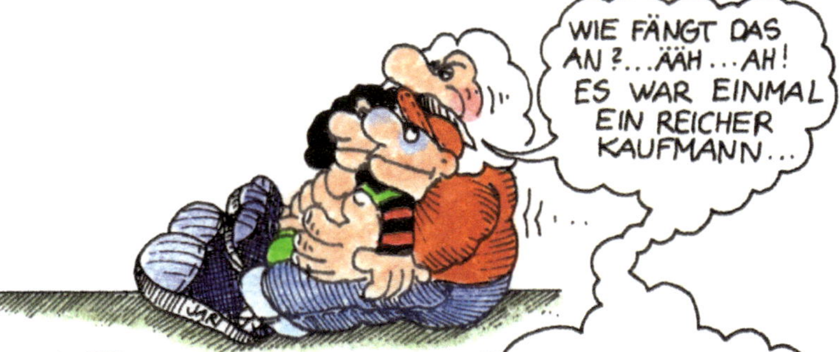
WIE FÄNGT DAS AN?... ÄÄH... AH! ES WAR EINMAL EIN REICHER KAUFMANN...

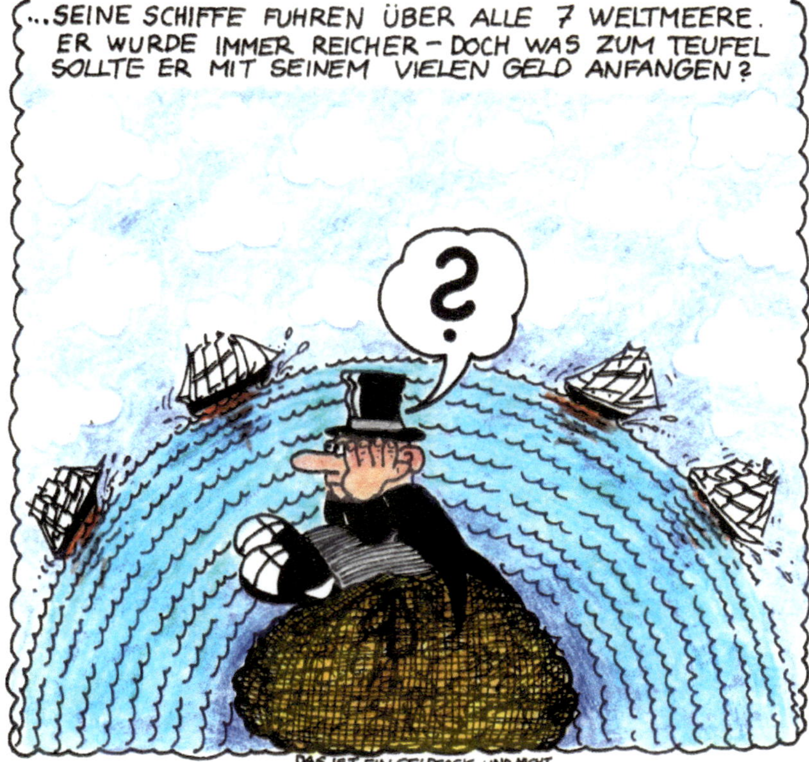
...SEINE SCHIFFE FUHREN ÜBER ALLE 7 WELTMEERE. ER WURDE IMMER REICHER – DOCH WAS ZUM TEUFEL SOLLTE ER MIT SEINEM VIELEN GELD ANFANGEN?
?
DAS IST EIN GELDSACK UND NICHT ETWA EIN KARTOFFELSACK!

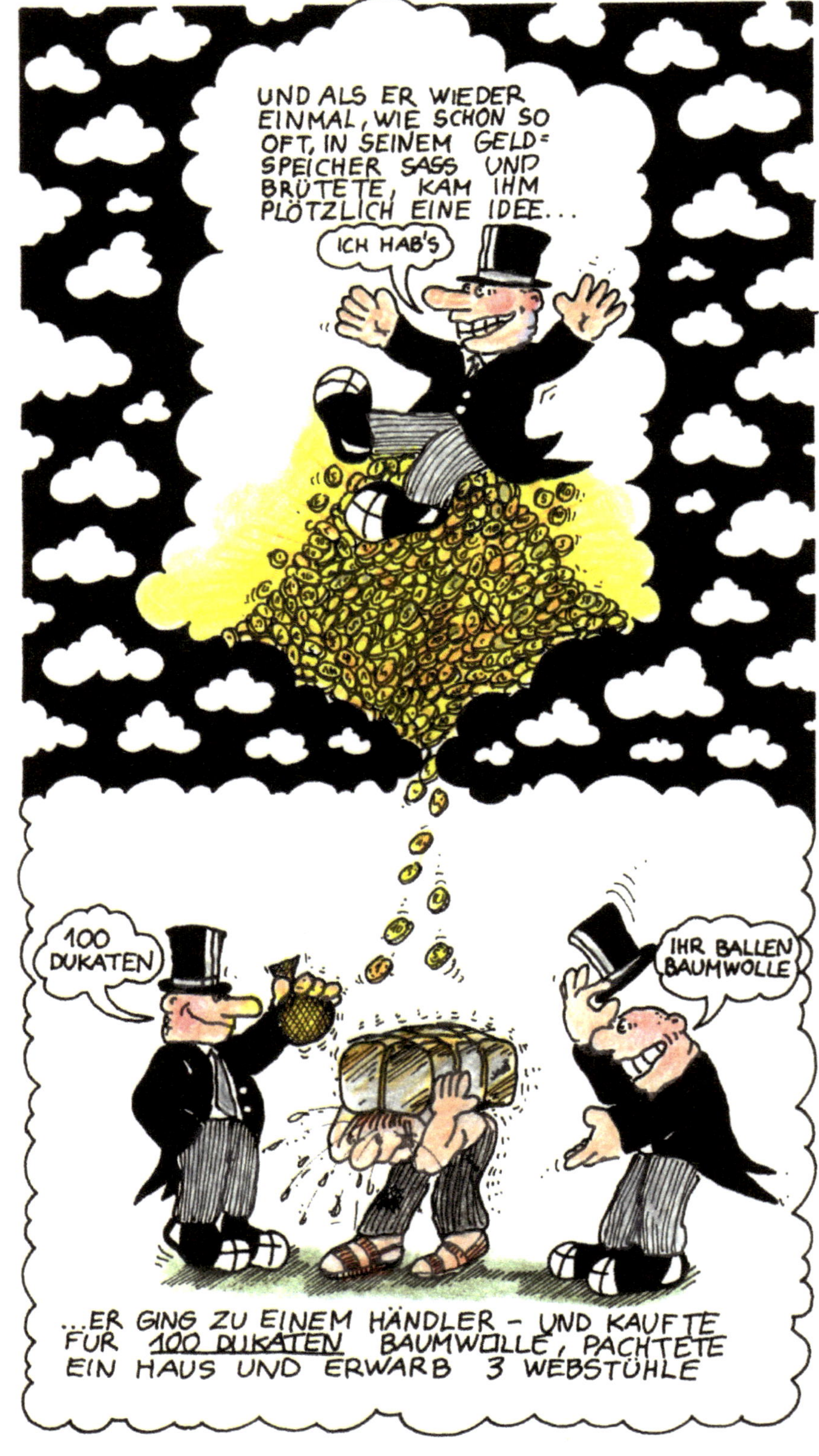
UND ALS ER WIEDER EINMAL, WIE SCHON SO OFT, IN SEINEM GELD=
SPEICHER SASS UND BRÜTETE, KAM IHM PLÖTZLICH EINE IDEE...
ICH HAB'S
100 DUKATEN
IHR BALLEN BAUMWOLLE
...ER GING ZU EINEM HÄNDLER – UND KAUFTE FÜR 100 DUKATEN BAUMWOLLE, PACHTETE EIN HAUS UND ERWARB 3 WEBSTÜHLE

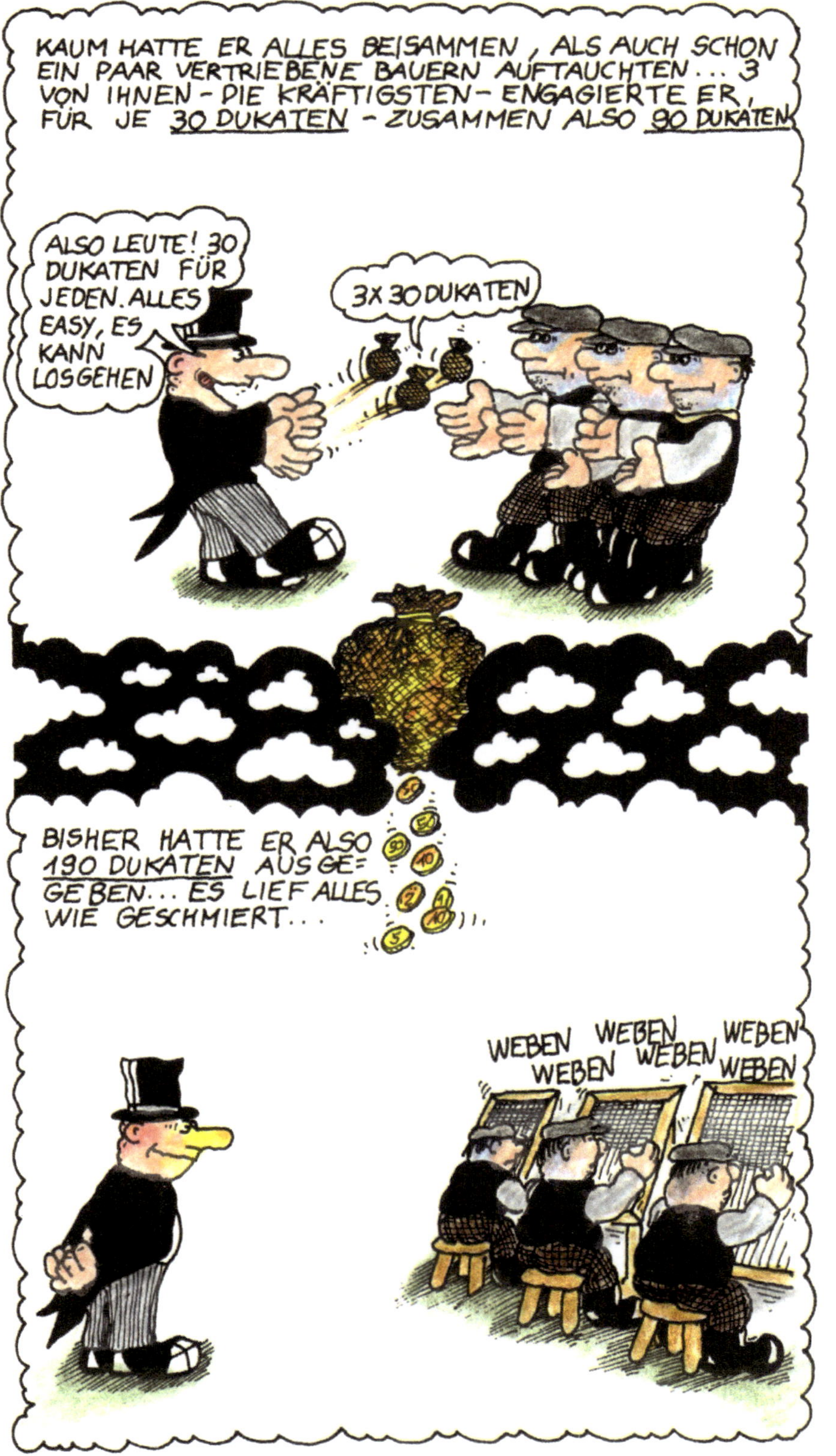
KAUM HATTE ER ALLES BEISAMMEN, ALS AUCH SCHON EIN PAAR VERTRIEBENE BAUERN AUFTAUCHTEN... 3 VON IHNEN - DIE KRÄFTIGSTEN - ENGAGIERTE ER, FÜR JE 30 DUKATEN - ZUSAMMEN ALSO 90 DUKATEN
ALSO LEUTE! 30 DUKATEN FÜR JEDEN. ALLES EASY, ES KANN LOSGEHEN
3X30 DUKATEN
BISHER HATTE ER ALSO 190 DUKATEN AUSGE-GEBEN... ES LIEF ALLES WIE GESCHMIERT...
WEBEN WEBEN WEBEN
WEBEN WEBEN WEBEN

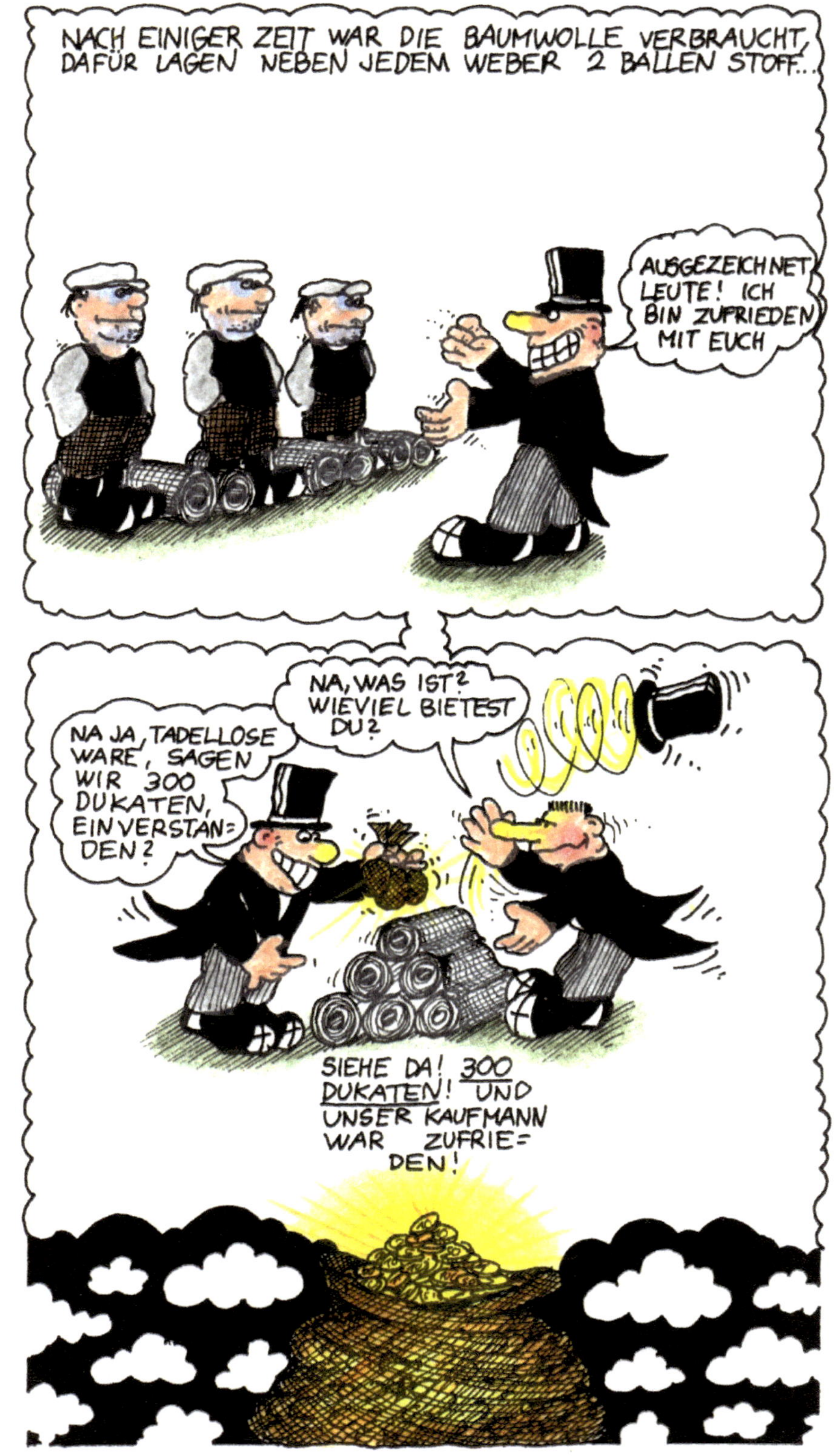
NACH EINIGER ZEIT WAR DIE BAUMWOLLE VERBRAUCHT, DAFÜR LAGEN NEBEN JEDEM WEBER 2 BALLEN STOFF...
AUSGEZEICHNET LEUTE! ICH BIN ZUFRIEDEN MIT EUCH
NA, WAS IST? WIEVIEL BIETEST DU?
NA JA, TADELLOSE WARE, SAGEN WIR 300 DUKATEN, EINVERSTAN= DEN?
SIEHE DA! 300 DUKATEN! UND UNSER KAUFMANN WAR ZUFRIE= DEN!

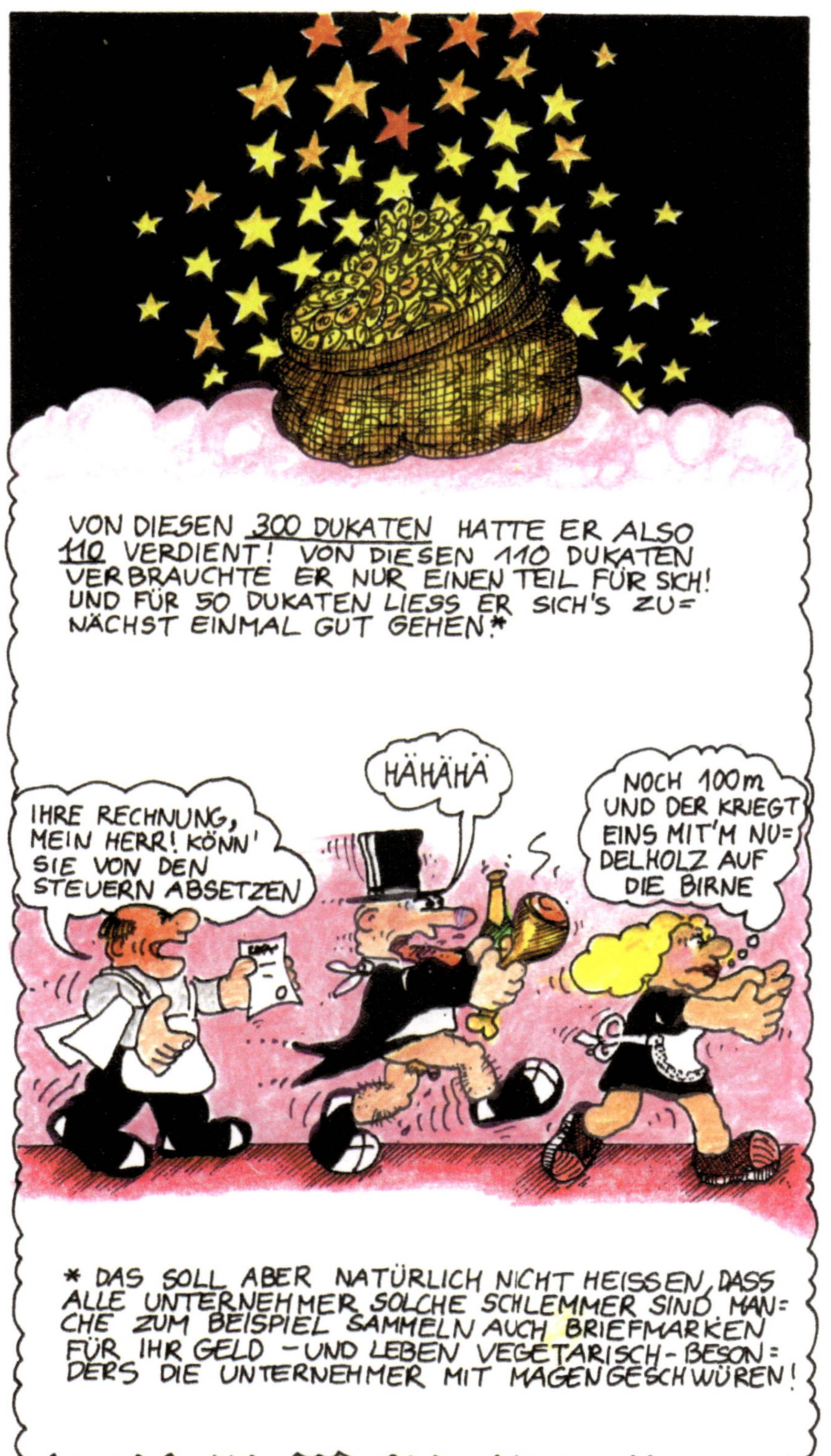
VON DIESEN 300 DUKATEN HATTE ER ALSO 110 VERDIENT! VON DIESEN 110 DUKATEN VERBRAUCHTE ER NUR EINEN TEIL FÜR SICH! UND FÜR 50 DUKATEN LIESS ER SICH'S ZU= NÄCHST EINMAL GUT GEHEN.*
IHRE RECHNUNG, MEIN HERR! KÖNN' SIE VON DEN STEUERN ABSETZEN
HÄHÄHÄ
NOCH 100m UND DER KRIEGT EINS MIT'M NU= DELHOLZ AUF DIE BIRNE
* DAS SOLL ABER NATÜRLICH NICHT HEISSEN, DASS ALLE UNTERNEHMER SOLCHE SCHLEMMER SIND. MAN= CHE ZUM BEISPIEL SAMMELN AUCH BRIEFMARKEN FÜR IHR GELD – UND LEBEN VEGETARISCH – BESON= DERS DIE UNTERNEHMER MIT MAGENGESCHWÜREN!

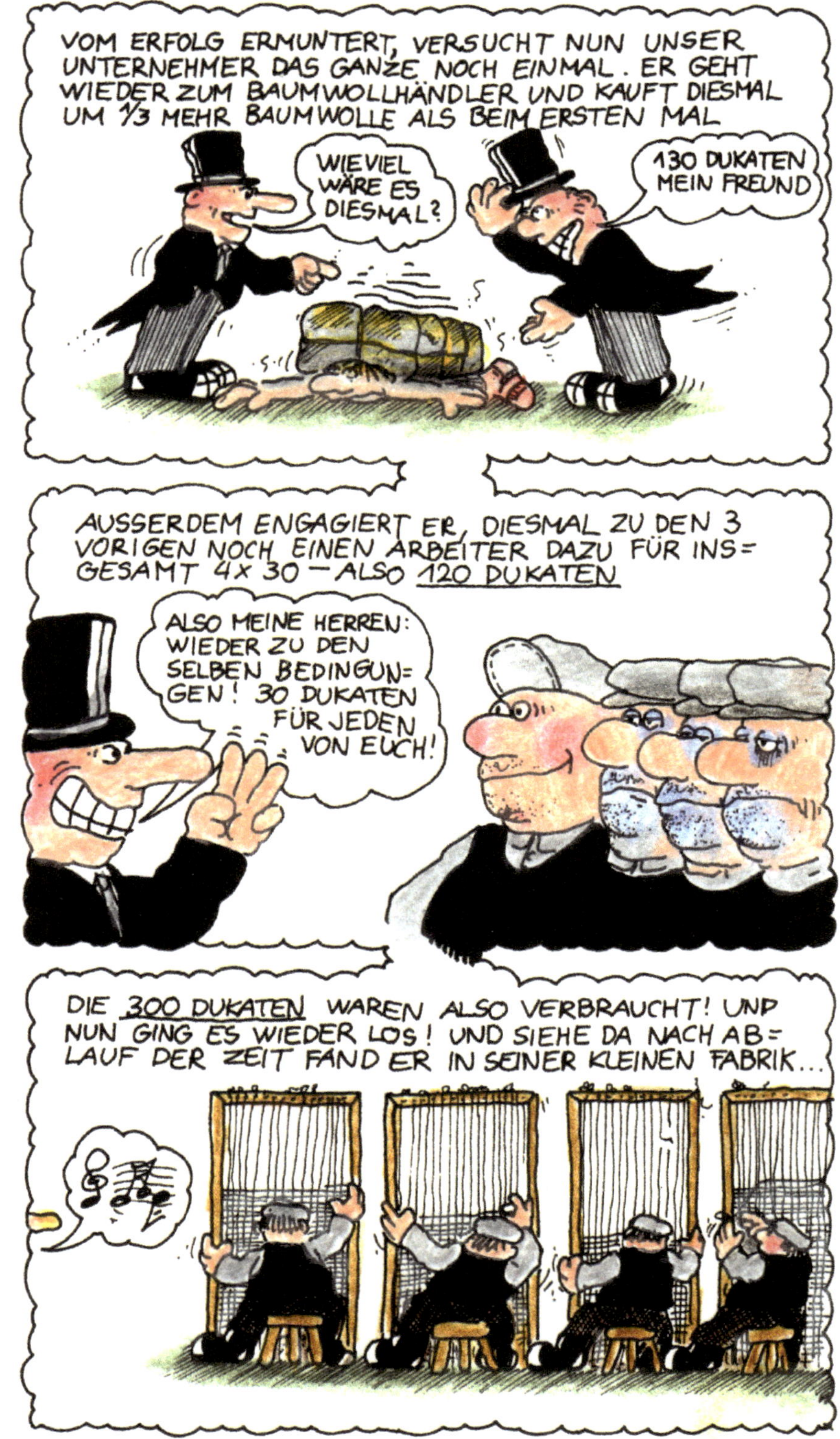
VOM ERFOLG ERMUNTERT, VERSUCHT NUN UNSER UNTERNEHMER DAS GANZE NOCH EINMAL. ER GEHT WIEDER ZUM BAUMWOLLHÄNDLER UND KAUFT DIESMAL UM 1/3 MEHR BAUMWOLLE ALS BEIM ERSTEN MAL
WIEVIEL WÄRE ES DIESMAL?
130 DUKATEN MEIN FREUND
AUSSERDEM ENGAGIERT ER, DIESMAL ZU DEN 3 VORIGEN NOCH EINEN ARBEITER DAZU FÜR INSGESAMT 4 x 30 – ALSO 120 DUKATEN
ALSO MEINE HERREN: WIEDER ZU DEN SELBEN BEDINGUNGEN! 30 DUKATEN FÜR JEDEN VON EUCH!
DIE 300 DUKATEN WAREN ALSO VERBRAUCHT! UND NUN GING ES WIEDER LOS! UND SIEHE DA NACH ABLAUF DER ZEIT FAND ER IN SEINER KLEINEN FABRIK...

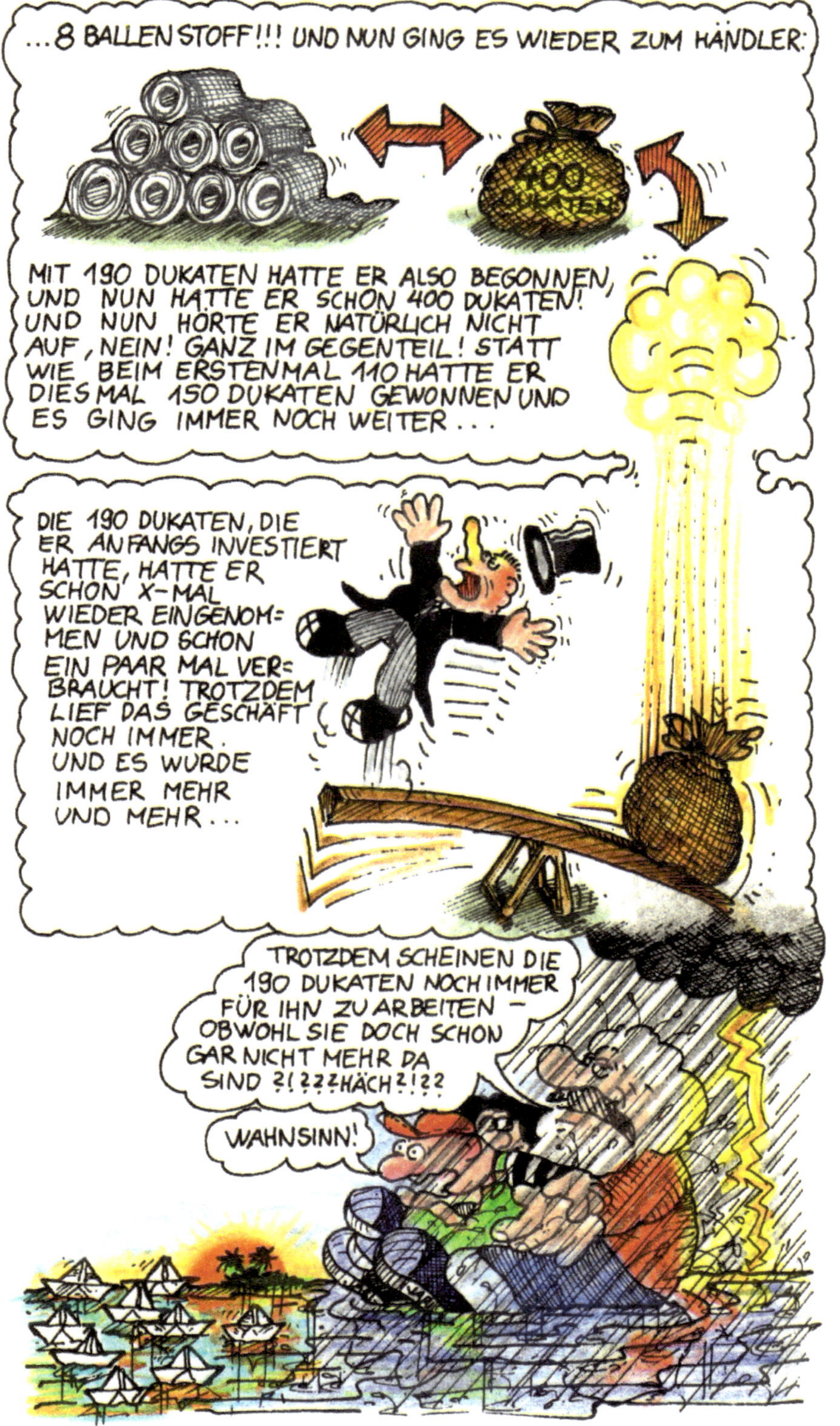
...8 BALLEN STOFF!!! UND NUN GING ES WIEDER ZUM HÄNDLER:
400 DUKATEN
MIT 190 DUKATEN HATTE ER ALSO BEGONNEN, UND NUN HATTE ER SCHON 400 DUKATEN! UND NUN HÖRTE ER NATÜRLICH NICHT AUF, NEIN! GANZ IM GEGENTEIL! STATT WIE BEIM ERSTENMAL 110 HATTE ER DIESMAL 150 DUKATEN GEWONNEN UND ES GING IMMER NOCH WEITER...
DIE 190 DUKATEN, DIE ER ANFANGS INVESTIERT HATTE, HATTE ER SCHON X-MAL WIEDER EINGENOM= MEN UND SCHON EIN PAAR MAL VER= BRAUCHT! TROTZDEM LIEF DAS GESCHÄFT NOCH IMMER. UND ES WURDE IMMER MEHR UND MEHR...
TROTZDEM SCHEINEN DIE 190 DUKATEN NOCH IMMER FÜR IHN ZU ARBEITEN – OBWOHL SIE DOCH SCHON GAR NICHT MEHR DA SIND ?!???HÄCH?!??
WAHNSINN!

DIE SOGENANNTE URSPRÜNGLICHE AKKUMULATION

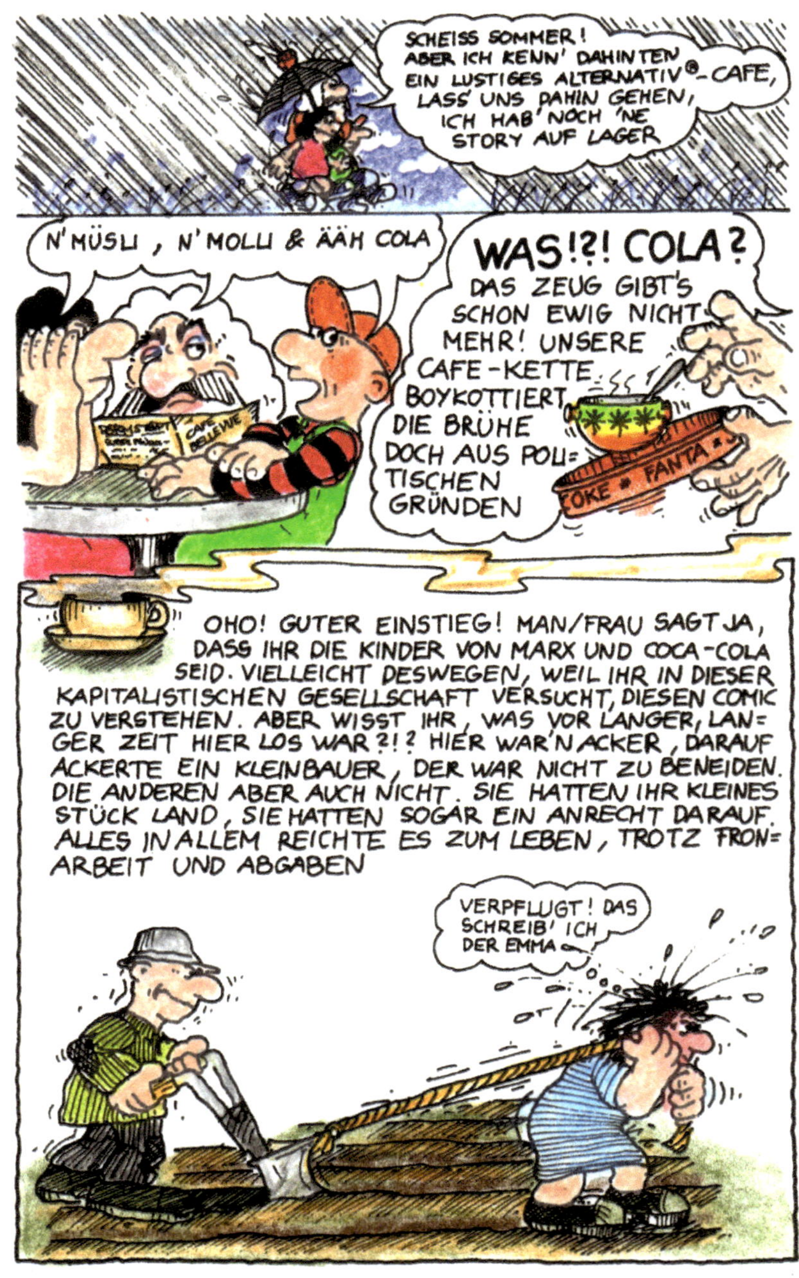

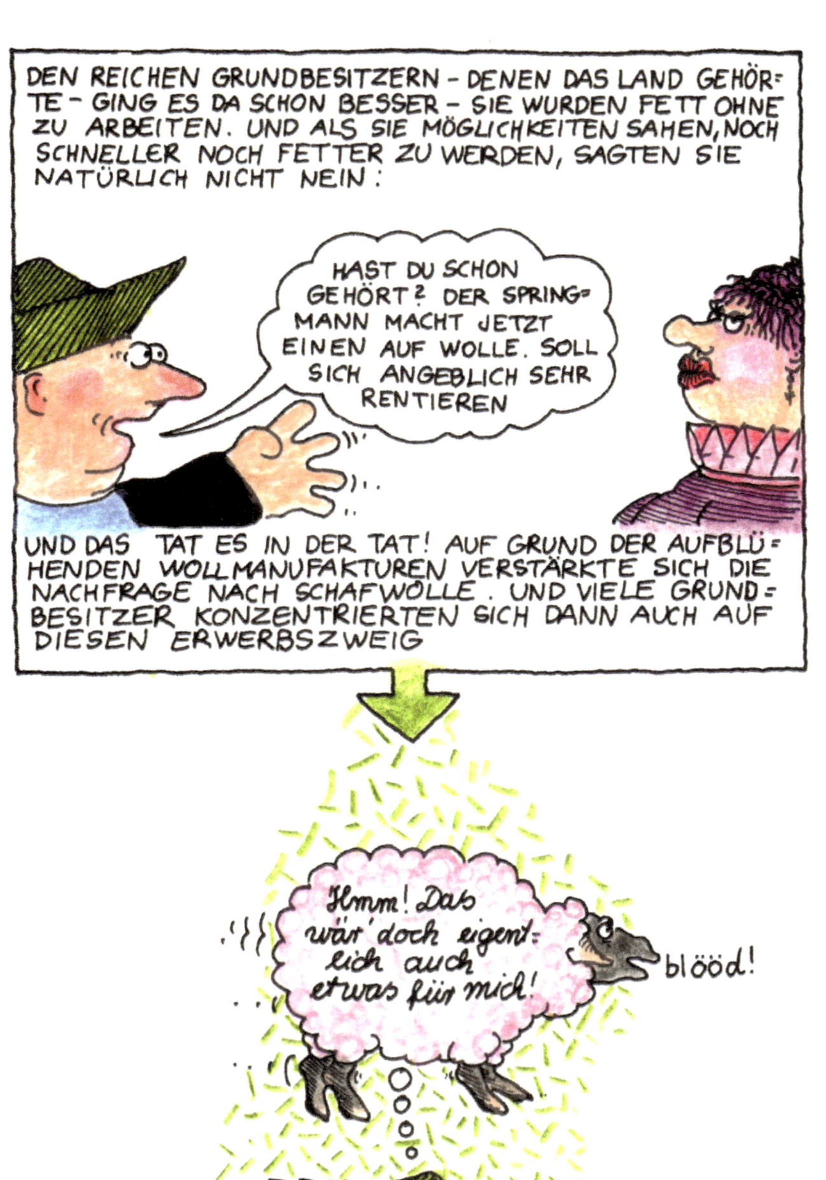
DEN REICHEN GRUNDBESITZERN – DENEN DAS LAND GEHÖRTE – GING ES DA SCHON BESSER – SIE WURDEN FETT OHNE ZU ARBEITEN. UND ALS SIE MÖGLICHKEITEN SAHEN, NOCH SCHNELLER NOCH FETTER ZU WERDEN, SAGTEN SIE NATÜRLICH NICHT NEIN:
HAST DU SCHON GEHÖRT? DER SPRINGMANN MACHT JETZT EINEN AUF WOLLE. SOLL SICH ANGEBLICH SEHR RENTIEREN
UND DAS TAT ES IN DER TAT! AUF GRUND DER AUFBLÜHENDEN WOLLMANUFAKTUREN VERSTÄRKTE SICH DIE NACHFRAGE NACH SCHAFWOLLE. UND VIELE GRUNDBESITZER KONZENTRIERTEN SICH DANN AUCH AUF DIESEN ERWERBSZWEIG
Hmm! Das wär' doch eigentlich auch etwas für mich!
blööd!

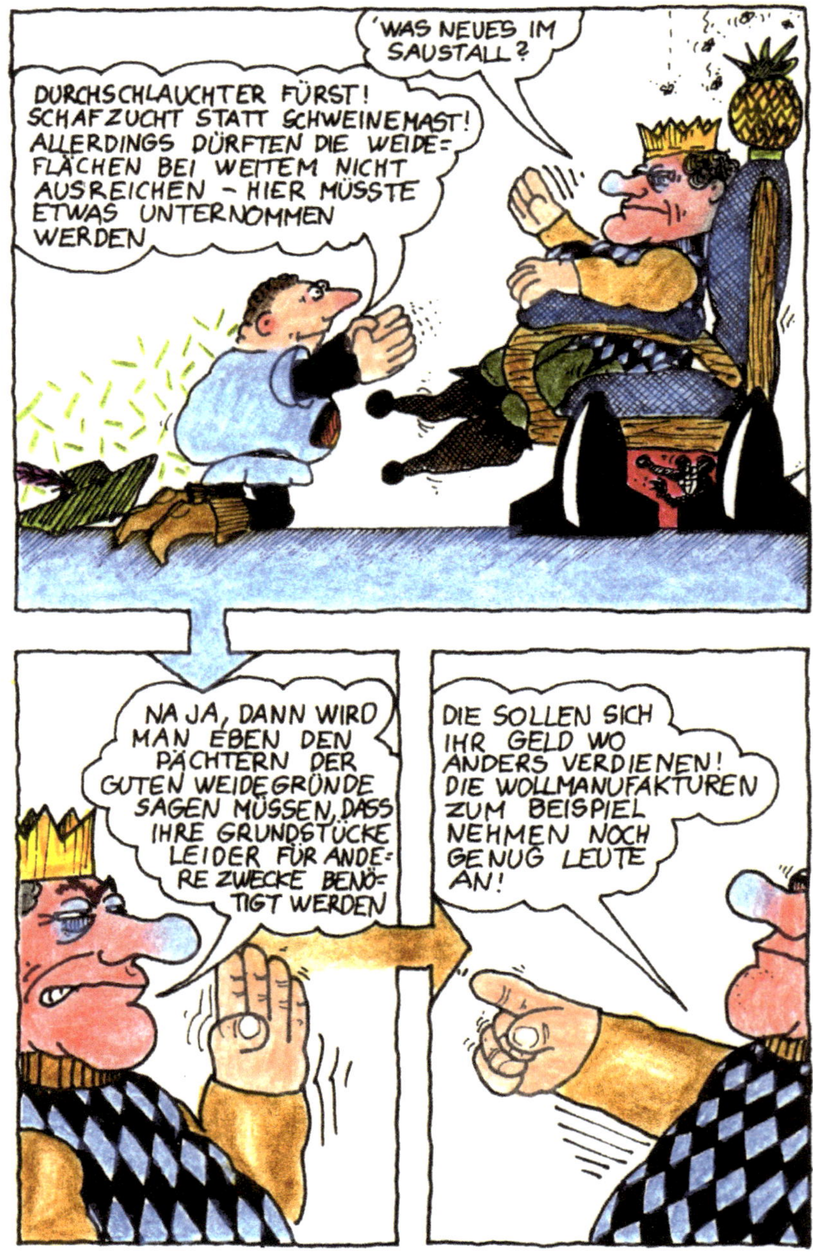

UND SO KAM ES DANN SCHLIESSLICH AUCH. DIE BAUERN, DIE DIESE FELDER UND WIESEN SCHON SEIT IHRER UR= GROSSVÄTER'S (U. URGROSSMUTTER'S?) ZEITEN FÜR DEN GRUNDHERREN BEARBEITET HATTEN (DENN DAS MEISTE MUSS= TEN SIE JA OHNEDIES WIEDER ABLIEFERN), WURDEN ENTEIGNET, WAS NATÜRLICH NICHT IMMER IN DER FEINEN ENGLISCHEN ART ABLIEF, DA DIE MEISTEN DIESER BAUERN JA SOGAR EIN GESETZLICHES ANRECHT AUF DIESE GRÜNDE HATTEN!

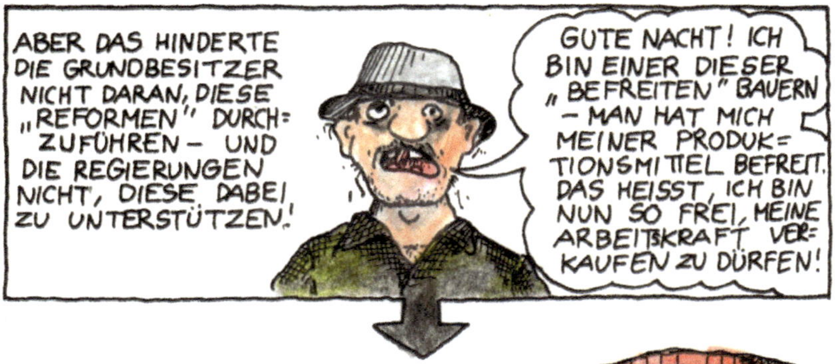

ABER DAS HINDERTE DIE GRUNDBESITZER NICHT DARAN, DIESE „REFORMEN" DURCH- ZUFÜHREN – UND DIE REGIERUNGEN NICHT, DIESE DABEI ZU UNTERSTÜTZEN!

GUTE NACHT! ICH BIN EINER DIESER „BEFREITEN" BAUERN – MAN HAT MICH MEINER PRODUK- TIONSMITTEL BEFREIT. DAS HEISST, ICH BIN NUN SO FREI, MEINE ARBEITSKRAFT VER- KAUFEN ZU DÜRFEN!

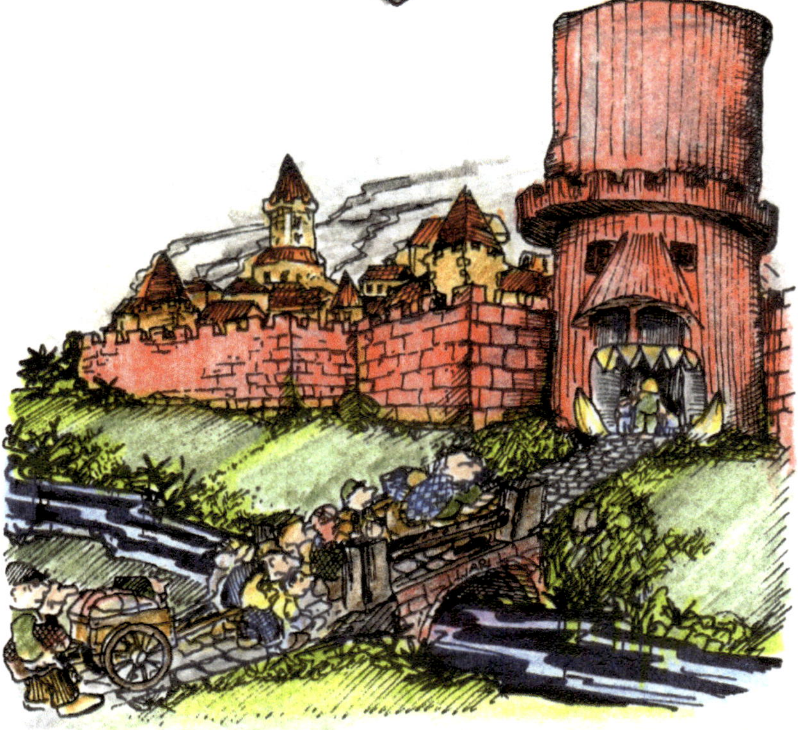

DAS GANZE UNTERNEHMEN GING NICHT IMMER UNBLUTIG AB UND WAR GEKENNZEICHNET VON GEWALT! DIE SO „BEFREITEN" WANDERTEN AUS DEN LANDGEBIETEN IN DIE STÄDTE, UM IHRE ARBEITSKRAFT IN DEN MANUFAKTUREN ZU VERKAUFEN. ABER WAS ERWARTETE SIE DA? – EINE WAHRE ARMEE VON STÄDTERN, DIE EBENSO WIE SIE IHRER PRODUKTIONSMITTEL BERAUBT WORDEN WAREN.
ES WAREN DIES ZUMEIST HANDWERKER, DIE NEBEN DEN ENTSTEHENDEN MANUFAKTUREN NICHT MEHR EXIS- TIEREN KONNTEN – UND MEHR ODER WENIGER FREIWIL- LIG SICH AUFKAUFEN LIESSEN! SIE MUSSTEN NUN GE- NAU SO WIE DIE BAUERN IHRE ARBEITSKRAFT IN DEN MANUFAKTUREN VERKAUFEN UND MEIST NICHT NUR DIE IHRE, SONDERN AUCH DIE IHRER KINDER, IHRER FRAUEN...

ALL DIESE MENSCHEN WAREN FREI: FREI VON PRODUKTIONSMITTELN – UND FREI, IHRE ARBEITSKRAFT VERKAUFEN ZU KÖNNEN – UND – FREI GENUG, UM AUSGEBEUTET WERDEN ZU KÖNNEN ...

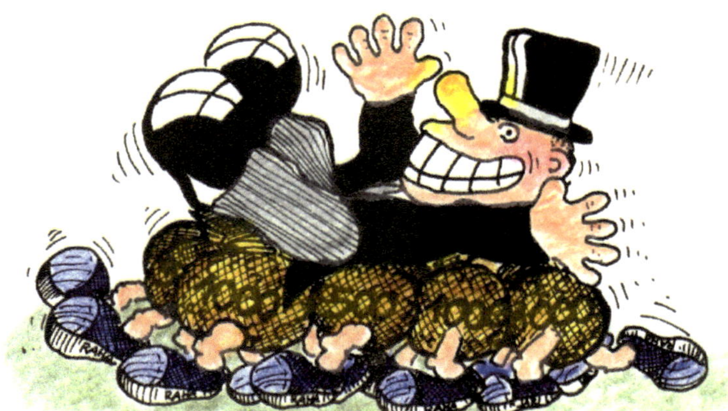

MIT DIESER ERSTEN, URSPRÜNGLICHEN AKKUMULATION HATTE SICH DER EBEN GEBORENE KAPITALISMUS SEINE BEIDEN PRODUKTIONSMITTEL: („FREIE") ARBEITSKRAFT UND KAPITAL VERSCHAFT!!!

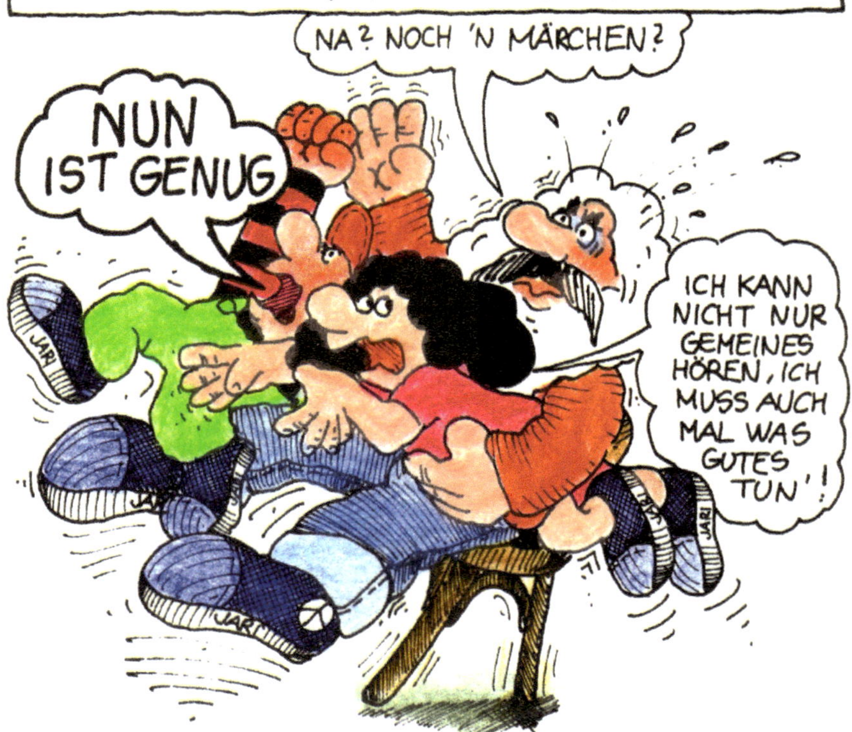

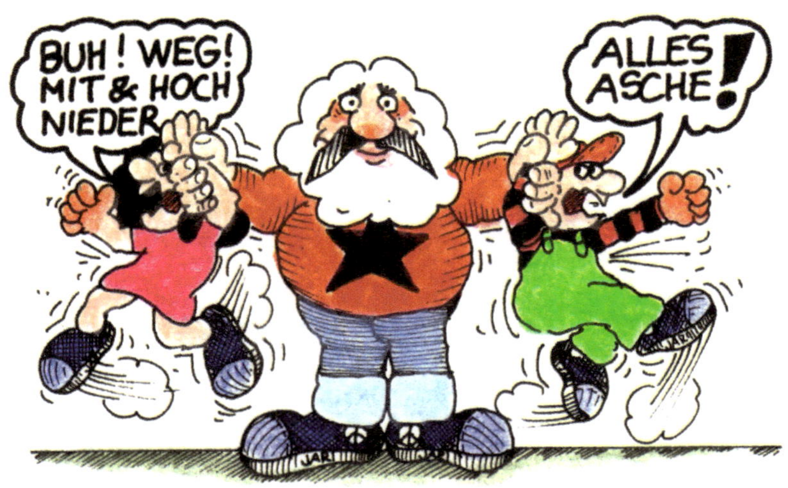
BUH! WEG! MIT & HOCH NIEDER
ALLES ASCHE!

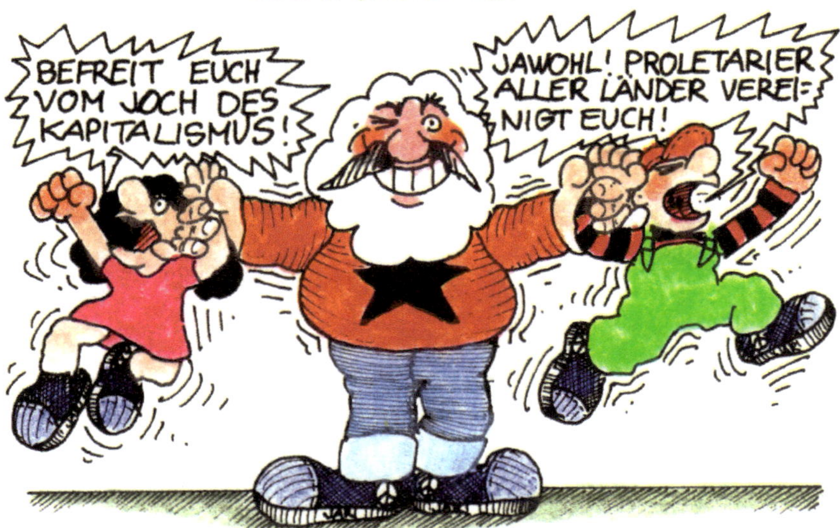
BEFREIT EUCH VOM JOCH DES KAPITALISMUS!
JAWOHL! PROLETARIER ALLER LÄNDER VEREI-NIGT EUCH!

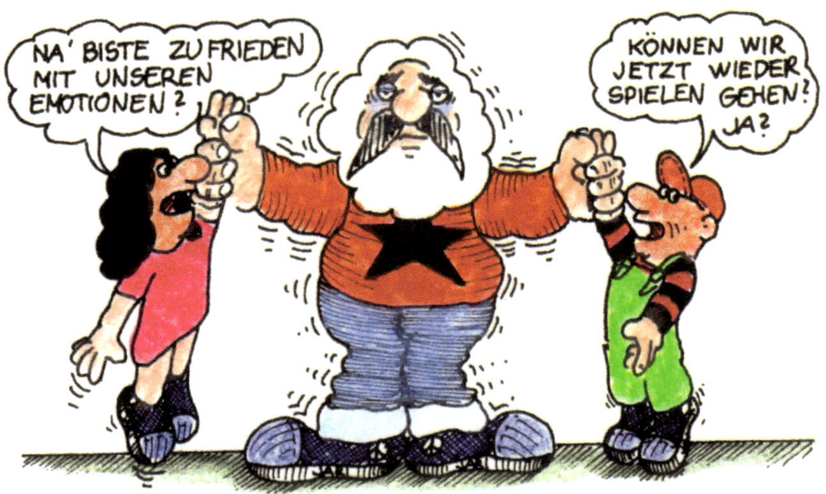
NA' BISTE ZUFRIEDEN MIT UNSEREN EMOTIONEN?
KÖNNEN WIR JETZT WIEDER SPIELEN GEHEN? JA?

DER ARBEITS-LOHN

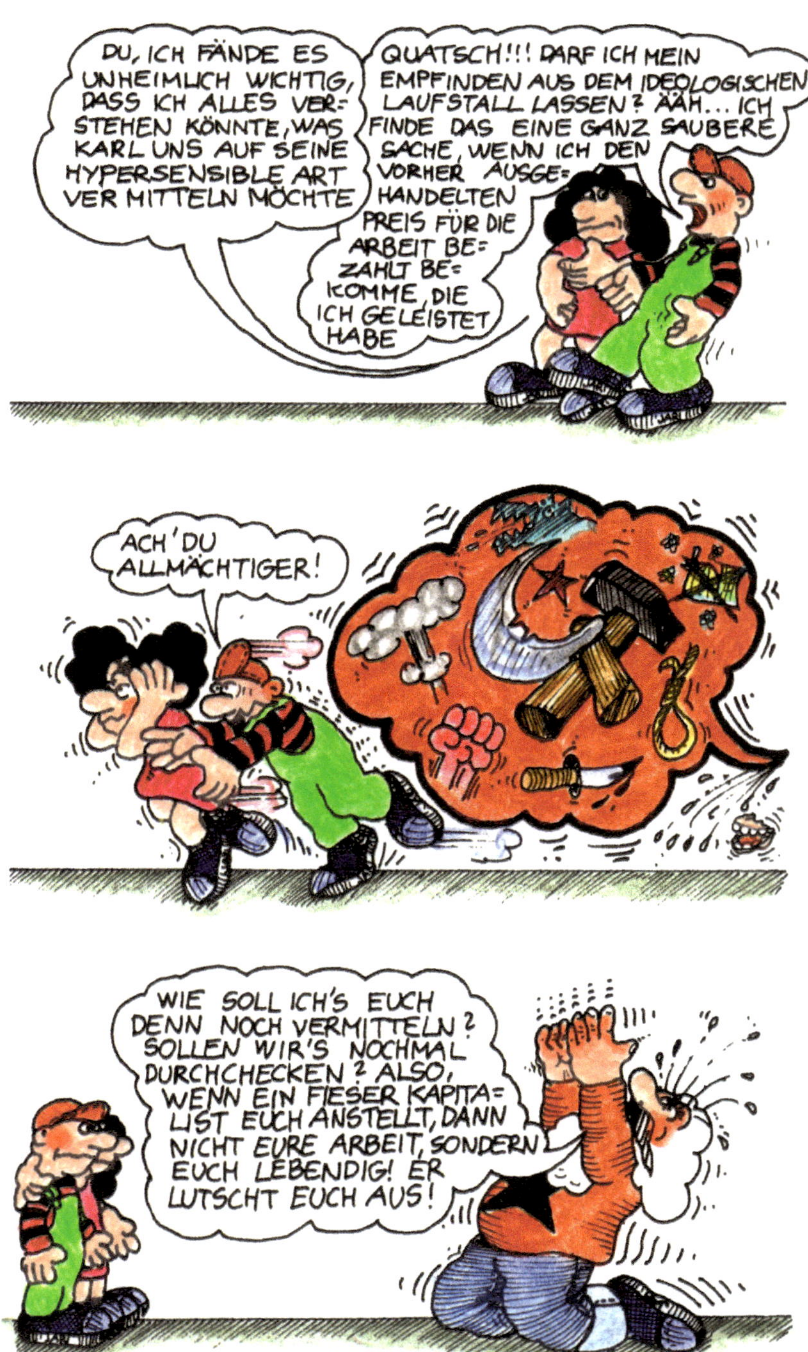

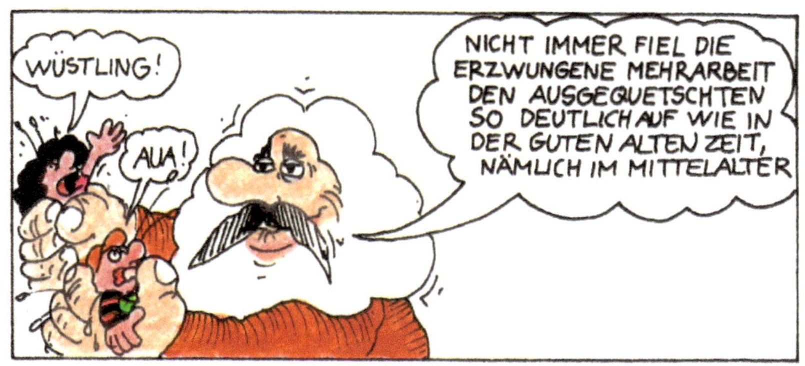
WÜSTLING!
AUA!
NICHT IMMER FIEL DIE ERZWUNGENE MEHRARBEIT DEN AUSGEQUETSCHTEN SO DEUTLICH AUF WIE IN DER GUTEN ALTEN ZEIT, NÄMLICH IM MITTELALTER

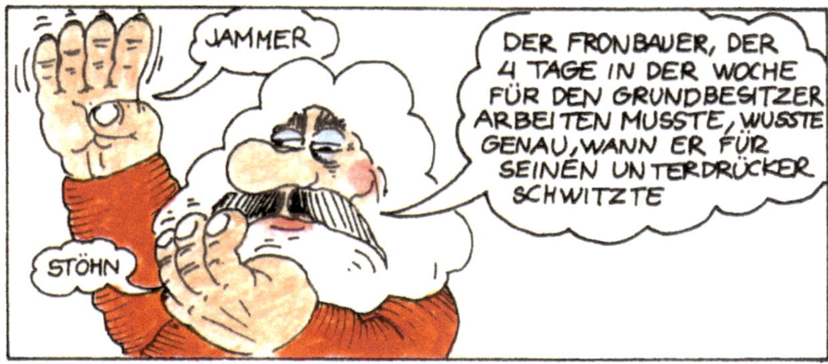
JAMMER
STÖHN
DER FRONBAUER, DER 4 TAGE IN DER WOCHE FÜR DEN GRUNDBESITZER ARBEITEN MUSSTE, WUSSTE GENAU, WANN ER FÜR SEINEN UNTERDRÜCKER SCHWITZTE

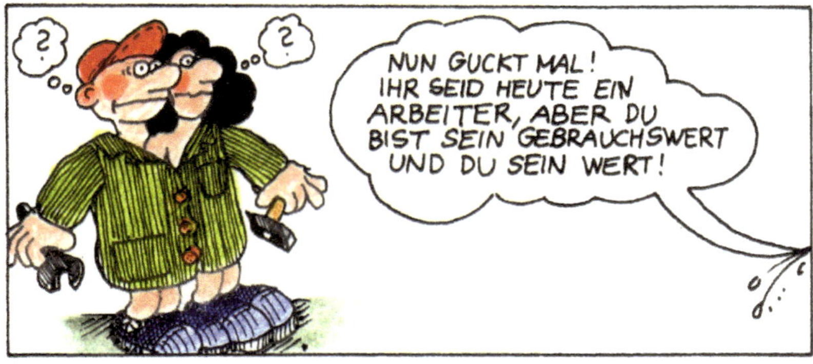
?
?
NUN GUCKT MAL! IHR SEID HEUTE EIN ARBEITER, ABER DU BIST SEIN GEBRAUCHSWERT UND DU SEIN WERT!

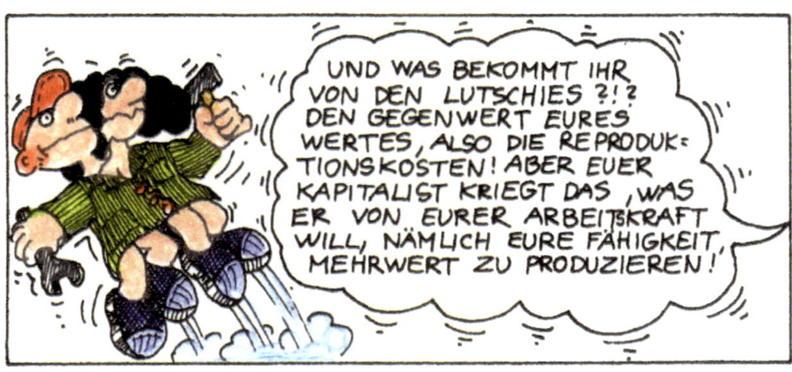
UND WAS BEKOMMT IHR VON DEN LUTSCHIES ?!? DEN GEGENWERT EURES WERTES, ALSO DIE REPRODUKTIONSKOSTEN! ABER EUER KAPITALIST KRIEGT DAS, WAS ER VON EURER ARBEITSKRAFT WILL, NÄMLICH EURE FÄHIGKEIT, MEHRWERT ZU PRODUZIEREN!

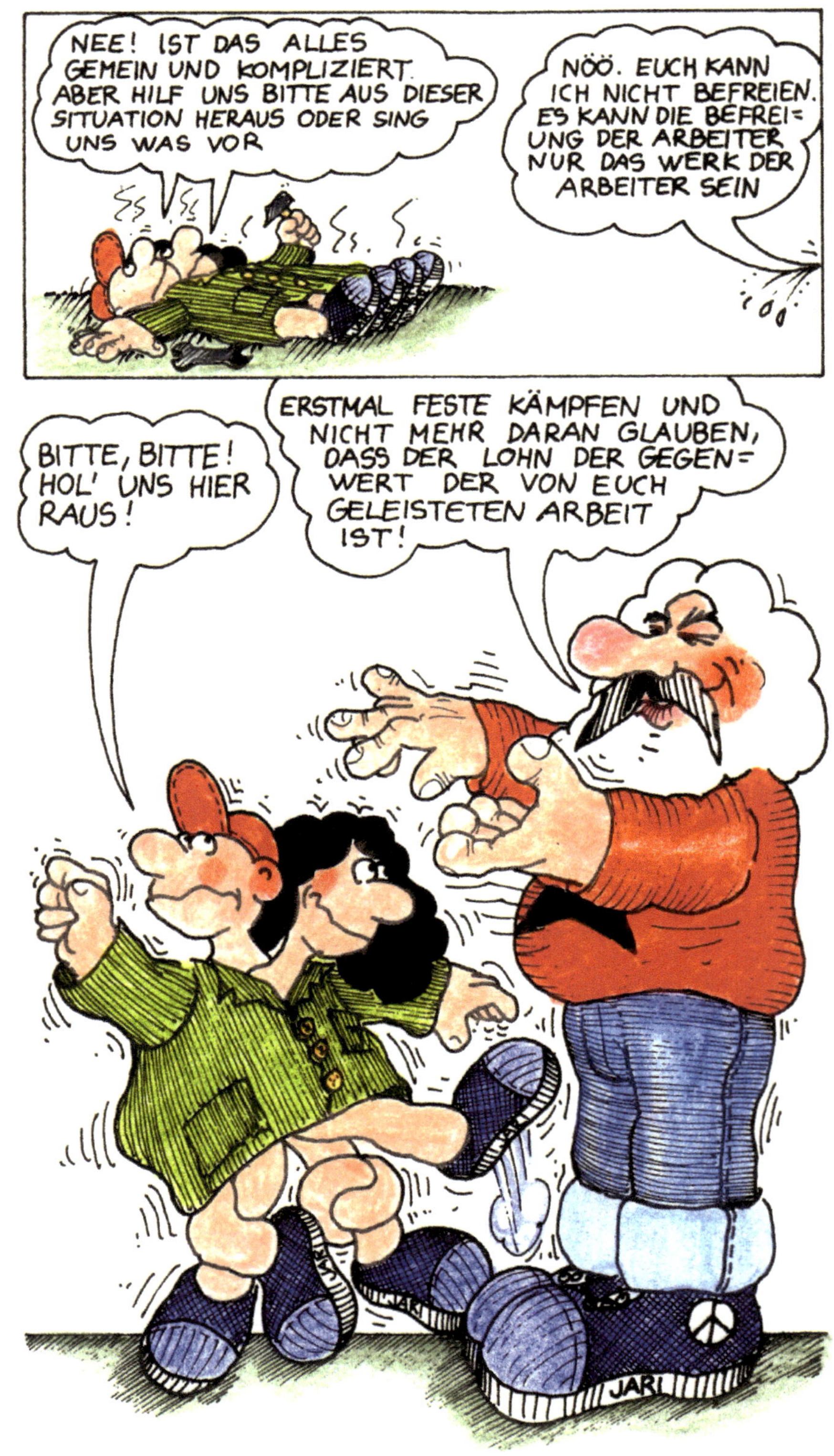
NEE! IST DAS ALLES GEMEIN UND KOMPLIZIERT. ABER HILF UNS BITTE AUS DIESER SITUATION HERAUS ODER SING UNS WAS VOR
NÖÖ. EUCH KANN ICH NICHT BEFREIEN. ES KANN DIE BEFREI= UNG DER ARBEITER NUR DAS WERK DER ARBEITER SEIN
BITTE, BITTE! HOL' UNS HIER RAUS!
ERSTMAL FESTE KÄMPFEN UND NICHT MEHR DARAN GLAUBEN, DASS DER LOHN DER GEGEN= WERT DER VON EUCH GELEISTETEN ARBEIT IST!
JARL
JARL
JARL
JARL

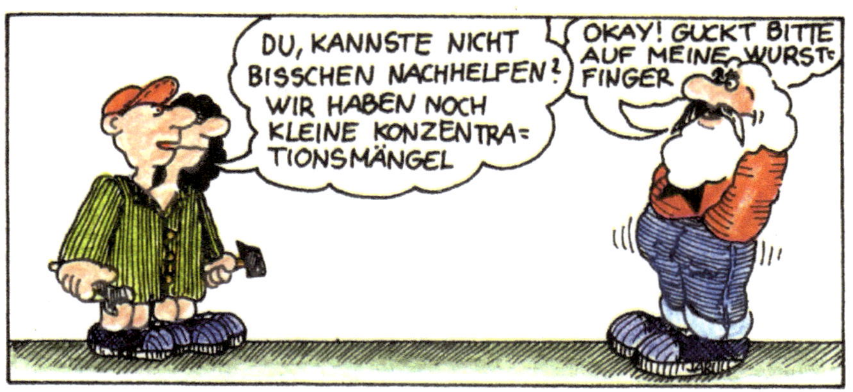
DU, KANNSTE NICHT BISSCHEN NACHHELFEN? WIR HABEN NOCH KLEINE KONZENTRATIONSMÄNGEL
OKAY! GUCKT BITTE AUF MEINE WURSTFINGER

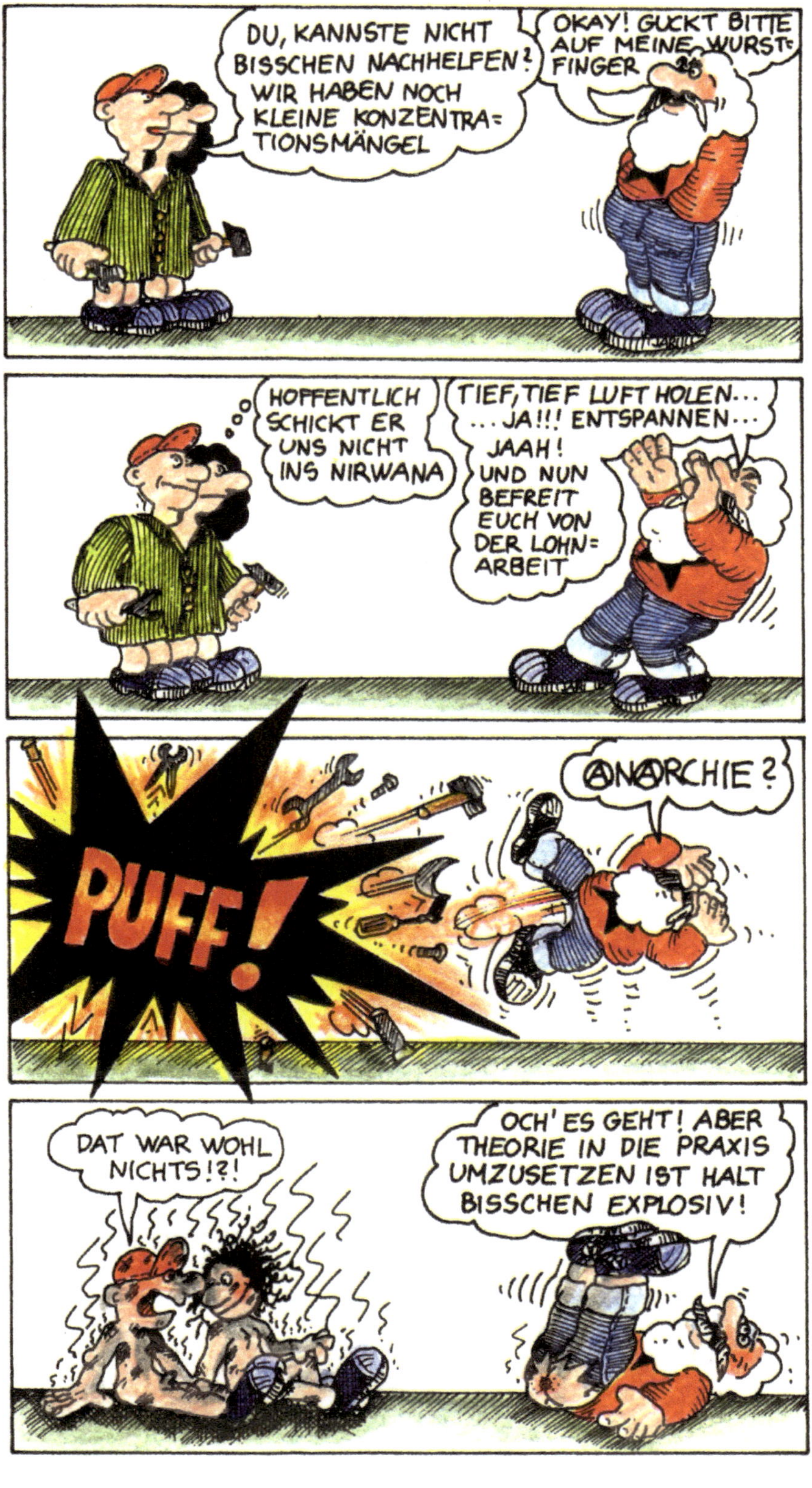

HOFFENTLICH SCHICKT ER UNS NICHT INS NIRWANA
TIEF, TIEF LUFT HOLEN... ...JA!!! ENTSPANNEN...
JAAH! UND NUN BEFREIT EUCH VON DER LOHN=ARBEIT
PUFF!
ANARCHIE?

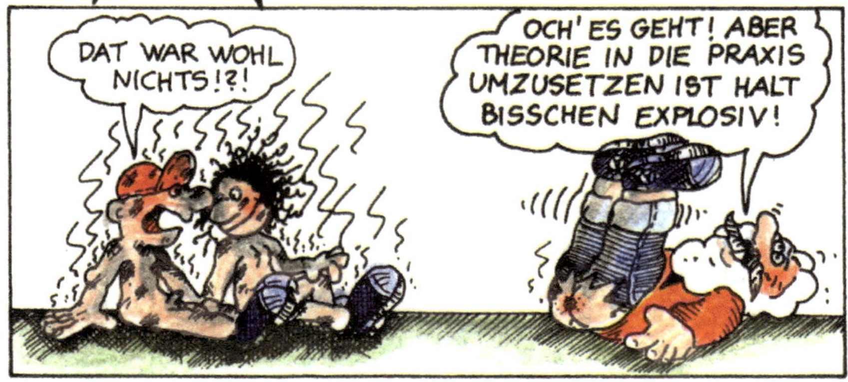
DAT WAR WOHL NICHTS!?!
OCH' ES GEHT! ABER THEORIE IN DIE PRAXIS UMZUSETZEN IST HALT BISSCHEN EXPLOSIV!

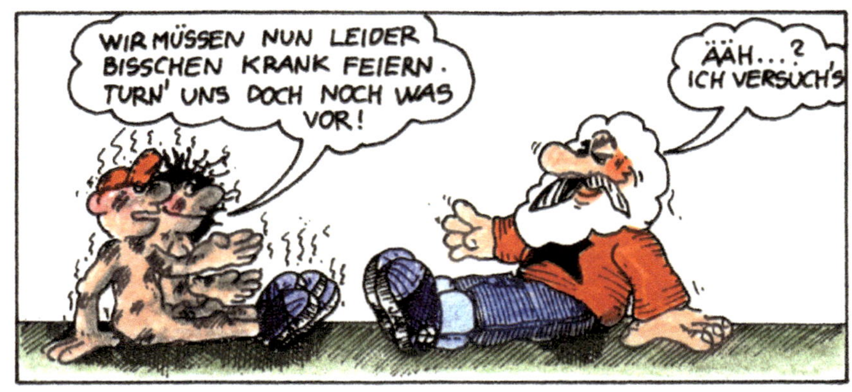
WIR MÜSSEN NUN LEIDER BISSCHEN KRANK FEIERN. TURN' UNS DOCH NOCH WAS VOR!
ÄÄH...? ICH VERSUCH'S

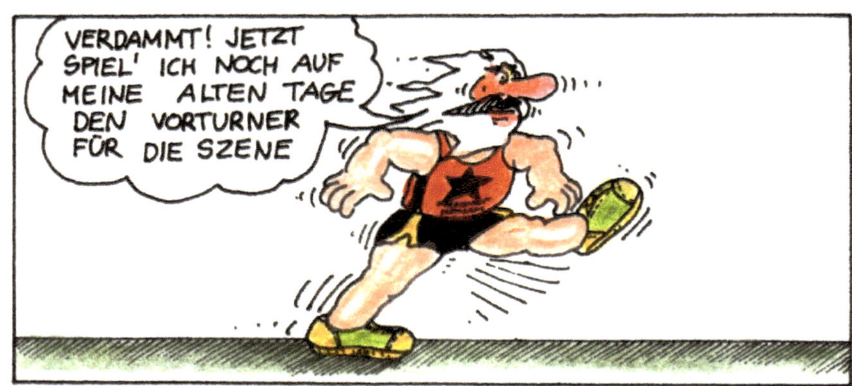
VERDAMMT! JETZT SPIEL' ICH NOCH AUF MEINE ALTEN TAGE DEN VORTURNER FÜR DIE SZENE

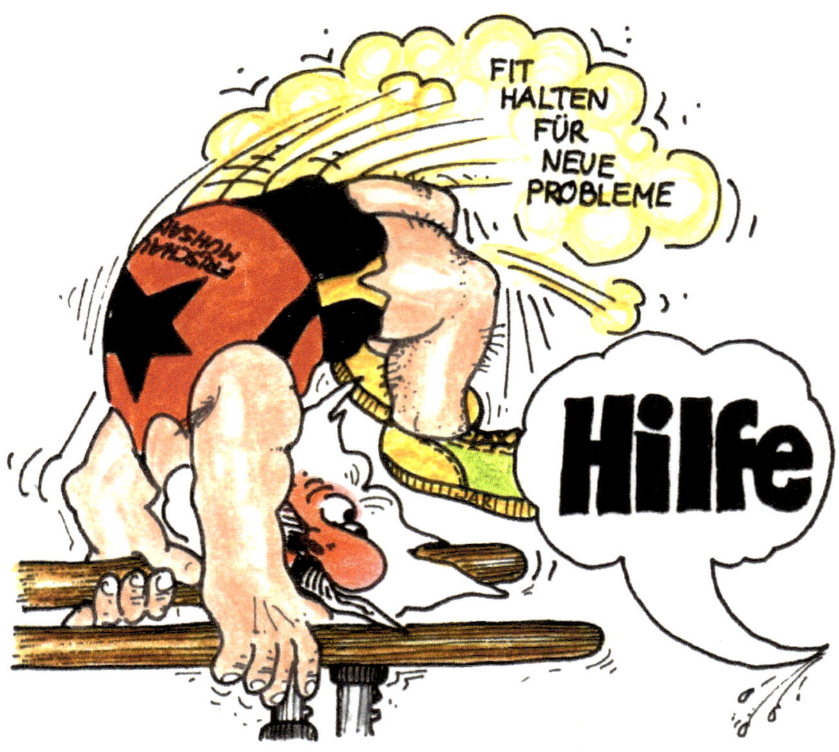
FIT HALTEN FÜR NEUE PROBLEME
Hilfe

KURZARBEIT, AKKORD, ÜBERSTUNDEN

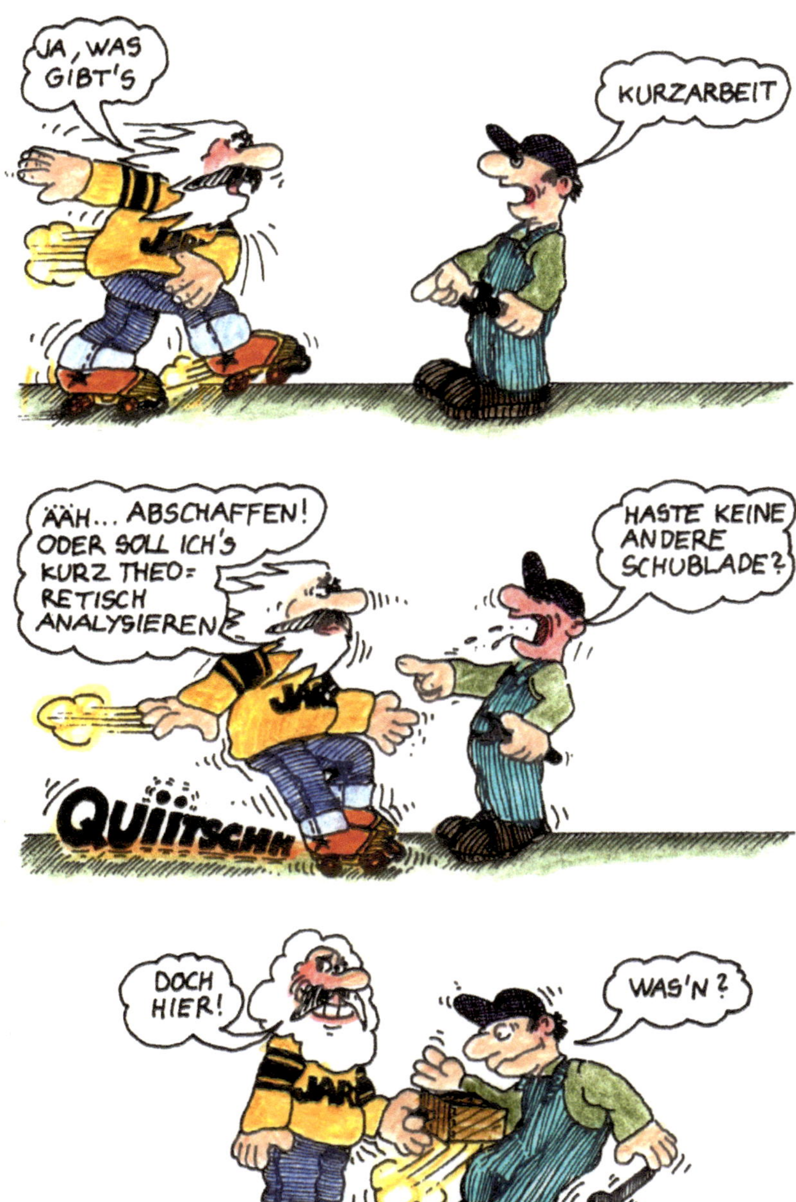

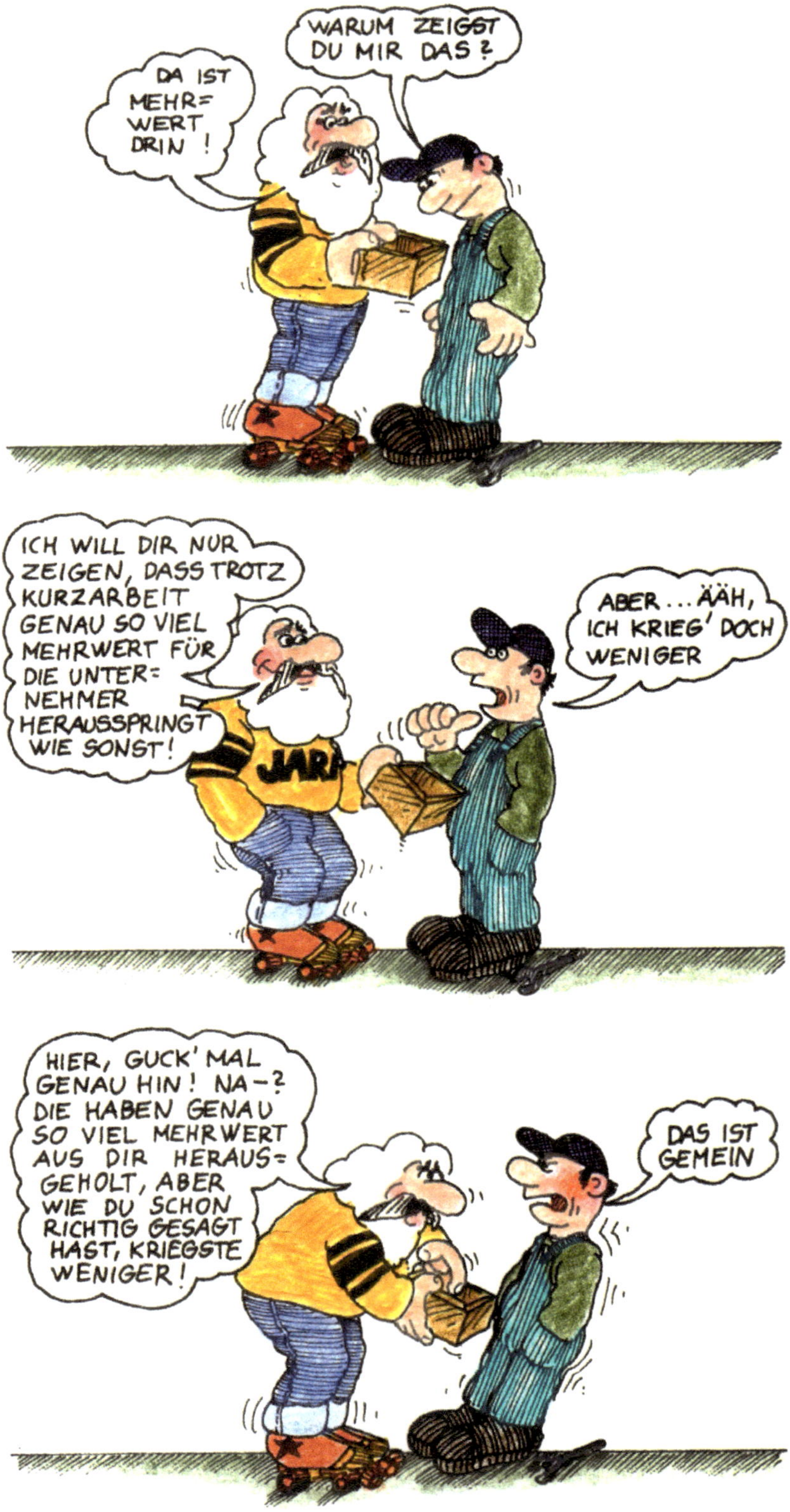

DA IST MEHR= WERT DRIN !

WARUM ZEIGST DU MIR DAS ?

ICH WILL DIR NUR ZEIGEN, DASS TROTZ KURZARBEIT GENAU SO VIEL MEHRWERT FÜR DIE UNTER= NEHMER HERAUSSPRINGT WIE SONST!

ABER ... ÄÄH, ICH KRIEG' DOCH WENIGER

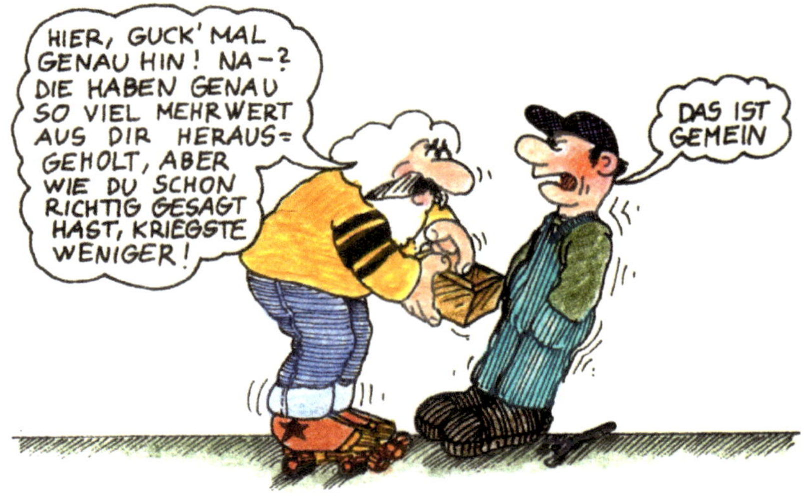

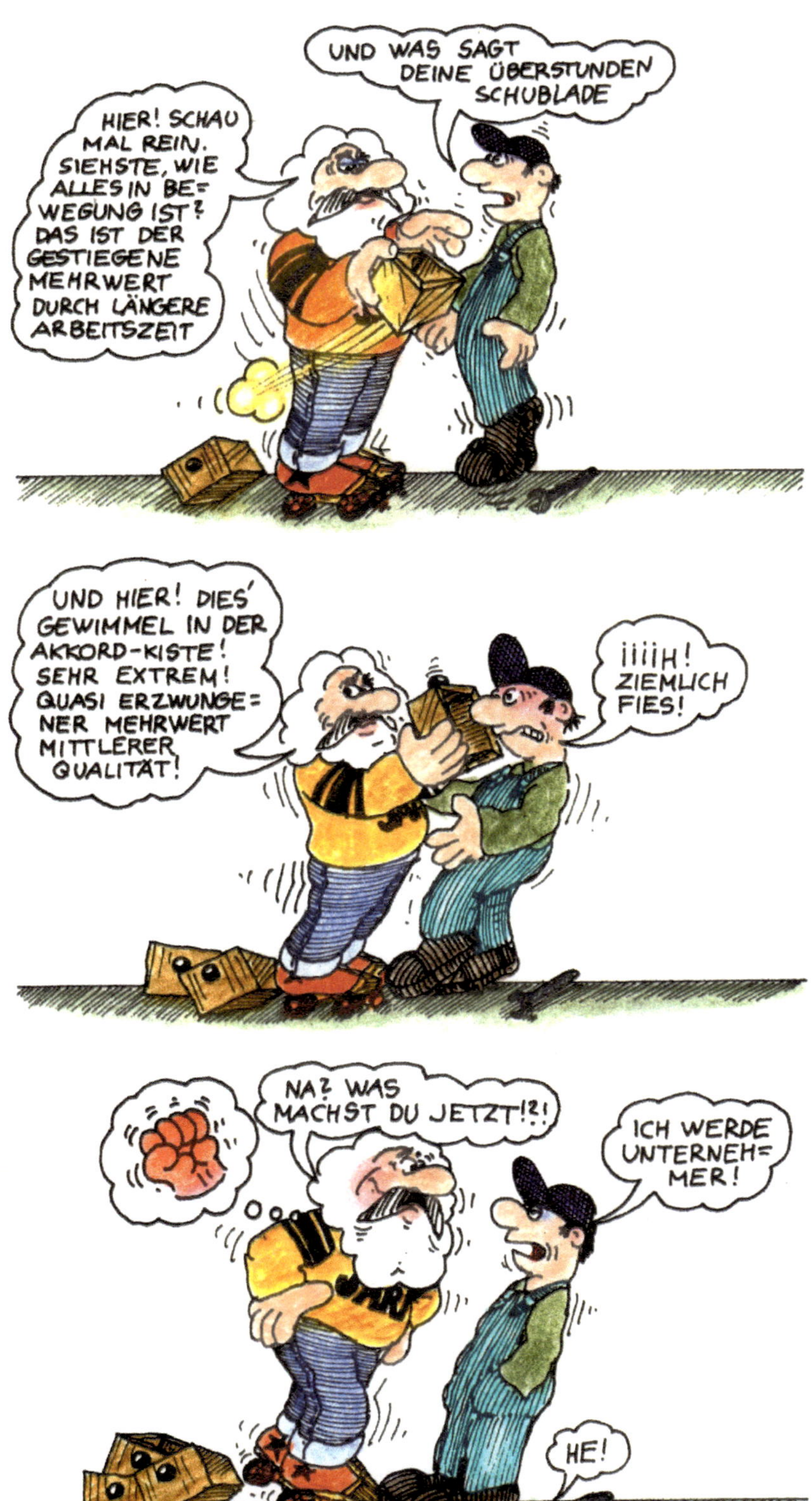
HIER! SCHAU MAL REIN. SIEHSTE, WIE ALLES IN BE= WEGUNG IST? DAS IST DER GESTIEGENE MEHRWERT DURCH LÄNGERE ARBEITSZEIT
UND WAS SAGT DEINE ÜBERSTUNDEN SCHUBLADE
UND HIER! DIES' GEWIMMEL IN DER AKKORD-KISTE! SEHR EXTREM! QUASI ERZWUNGE= NER MEHRWERT MITTLERER QUALITÄT!
¡¡¡¡H! ZIEMLICH FIES!
NA? WAS MACHST DU JETZT!?!
ICH WERDE UNTERNEH= MER!
HE!

DIE VERMÖGENS-BILDUNG

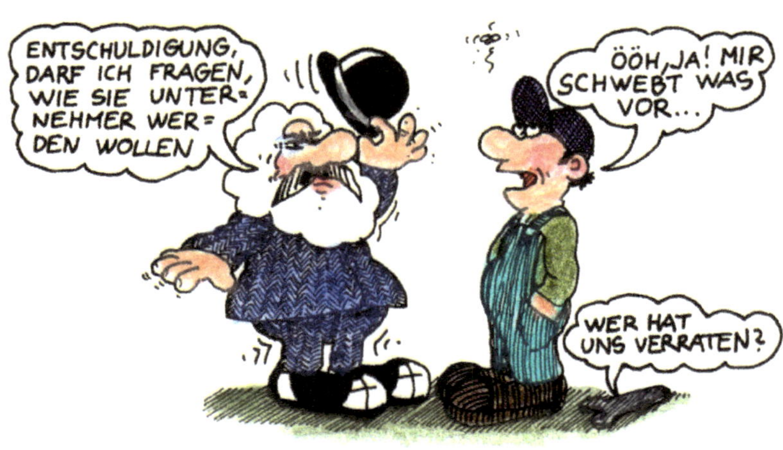

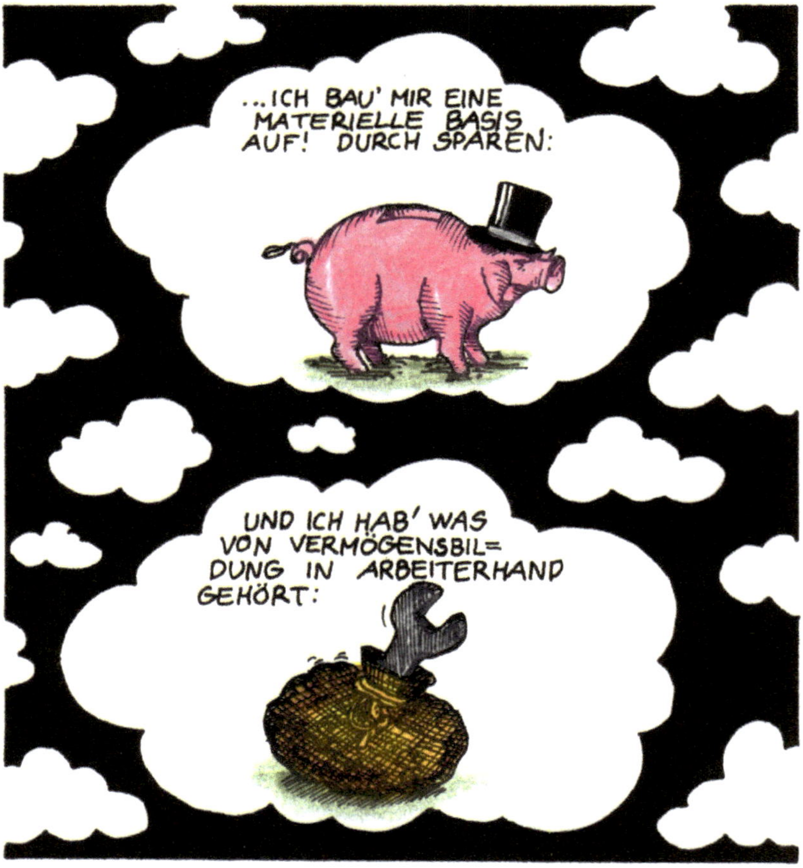

...ICH BAU' MIR EINE MATERIELLE BASIS AUF! DURCH SPAREN:

UND ICH HAB' WAS VON VERMÖGENSBIL= DUNG IN ARBEITERHAND GEHÖRT:

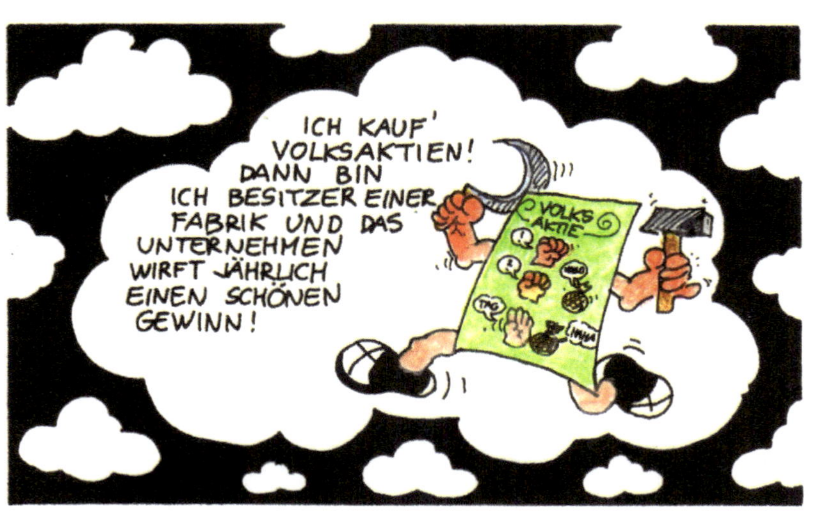

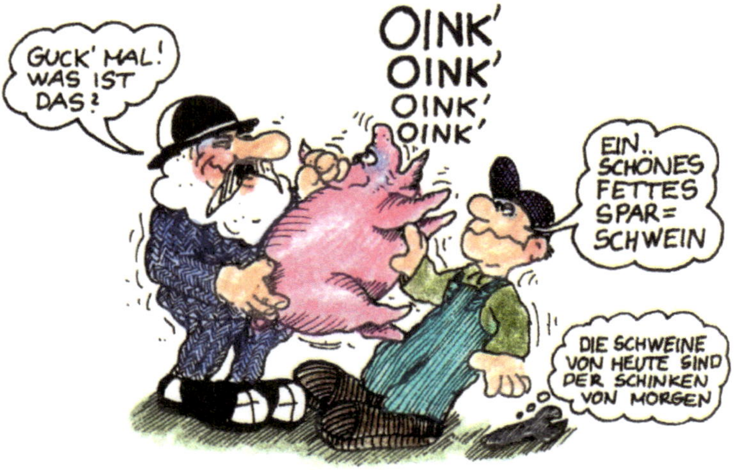

GUCK' MAL! WAS IST DAS?

OINK' OINK' OINK' OINK'

EIN.. SCHÖNES FETTES SPAR=SCHWEIN

DIE SCHWEINE VON HEUTE SIND DER SCHINKEN VON MORGEN

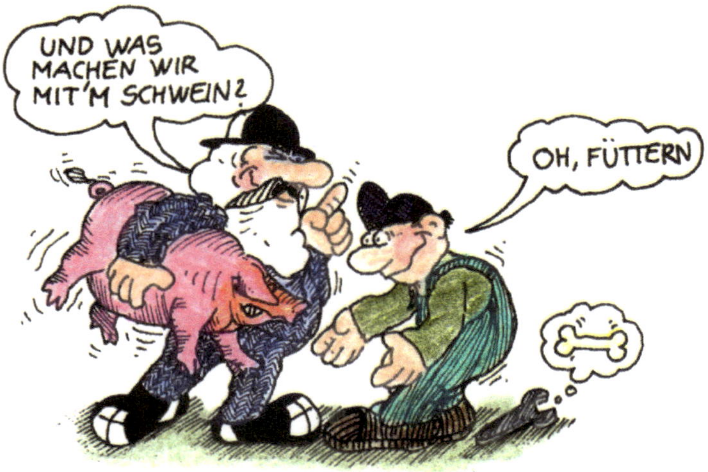

UND WAS MACHEN WIR MIT'M SCHWEIN?

OH, FÜTTERN

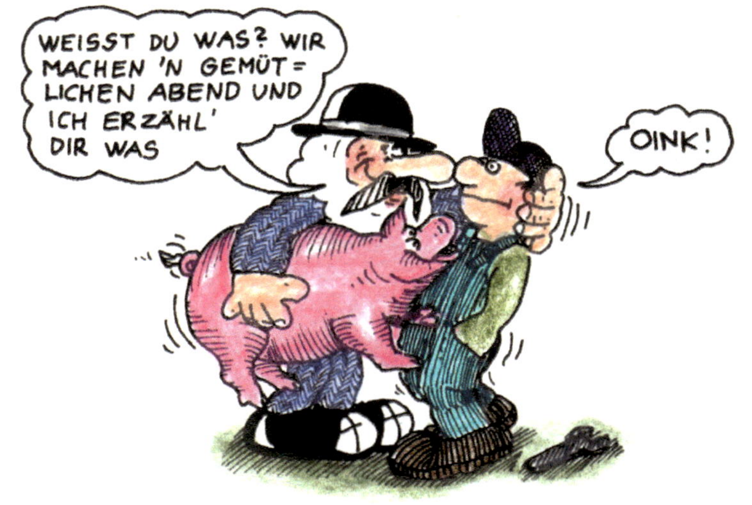
WEISST DU WAS? WIR MACHEN 'N GEMÜT= LICHEN ABEND UND ICH ERZÄHL' DIR WAS
OINK!

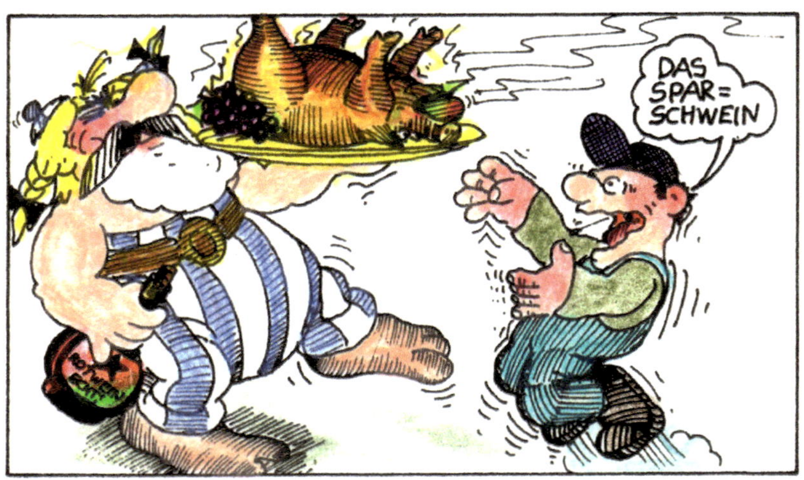
DAS SPAR= SCHWEIN

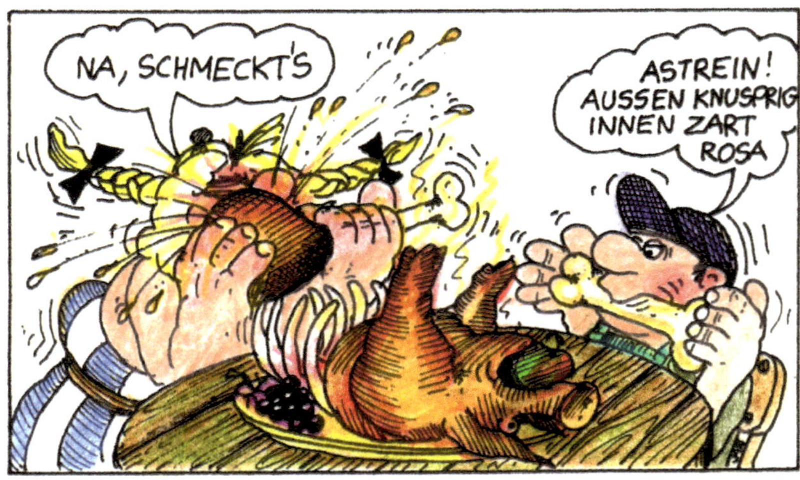
NA, SCHMECKT'S
ASTREIN! AUSSEN KNUSPRIG INNEN ZART ROSA

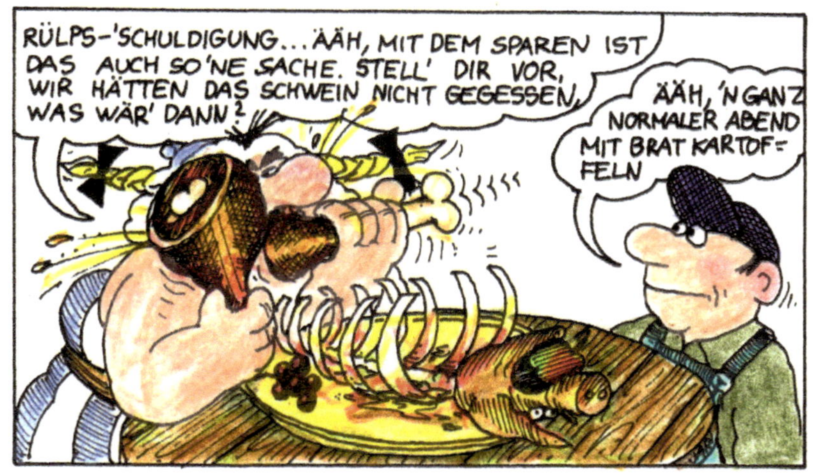
RÜLPS-'SCHULDIGUNG... ÄÄH, MIT DEM SPAREN IST DAS AUCH SO'NE SACHE. STELL' DIR VOR, WIR HÄTTEN DAS SCHWEIN NICHT GEGESSEN, WAS WÄR' DANN?
ÄÄH, 'N GANZ NORMALER ABEND MIT BRATKARTOF= FELN

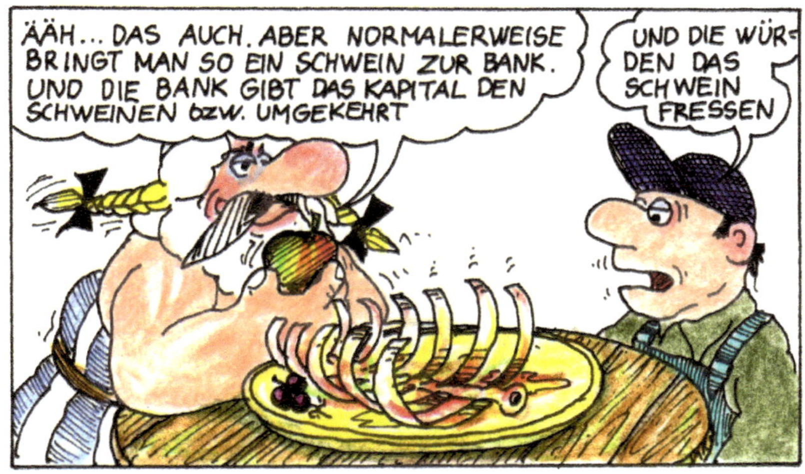
ÄÄH... DAS AUCH. ABER NORMALERWEISE BRINGT MAN SO EIN SCHWEIN ZUR BANK. UND DIE BANK GIBT DAS KAPITAL DEN SCHWEINEN bzw. UMGEKEHRT
UND DIE WÜR= DEN DAS SCHWEIN FRESSEN

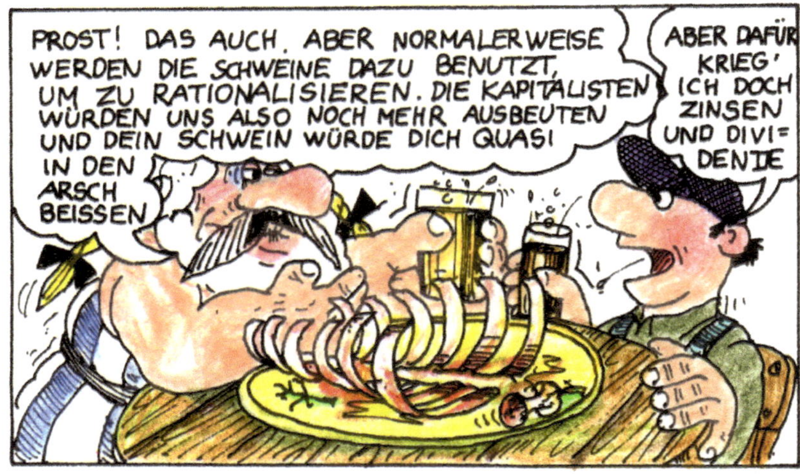
PROST! DAS AUCH. ABER NORMALERWEISE WERDEN DIE SCHWEINE DAZU BENUTZT, UM ZU RATIONALISIEREN. DIE KAPITALISTEN WÜRDEN UNS ALSO NOCH MEHR AUSBEUTEN UND DEIN SCHWEIN WÜRDE DICH QUASI IN DEN ARSCH BEISSEN
ABER DAFÜR KRIEG' ICH DOCH ZINSEN UND DIVI= DENDE

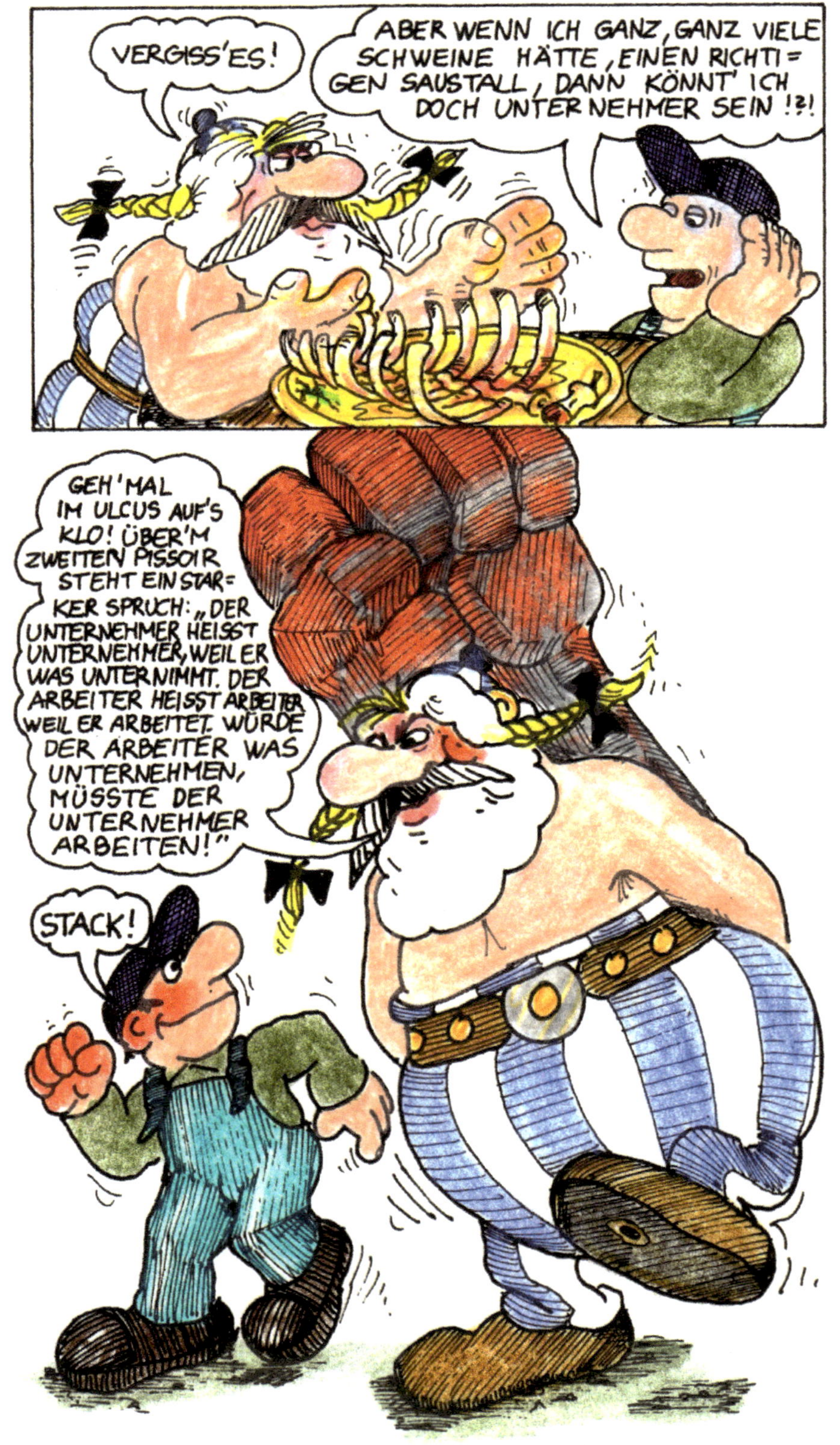
VERGISS'ES!
ABER WENN ICH GANZ, GANZ VIELE SCHWEINE HÄTTE, EINEN RICHTI= GEN SAUSTALL, DANN KÖNNT' ICH DOCH UNTERNEHMER SEIN !?!
GEH'MAL IM ULCUS AUF'S KLO! ÜBER'M ZWEITEN PISSOIR STEHT EIN STAR= KER SPRUCH: „DER UNTERNEHMER HEISST UNTERNEHMER, WEIL ER WAS UNTERNIMMT. DER ARBEITER HEISST ARBEITER WEIL ER ARBEITET. WÜRDE DER ARBEITER WAS UNTERNEHMEN, MÜSSTE DER UNTERNEHMER ARBEITEN!"
STACK!

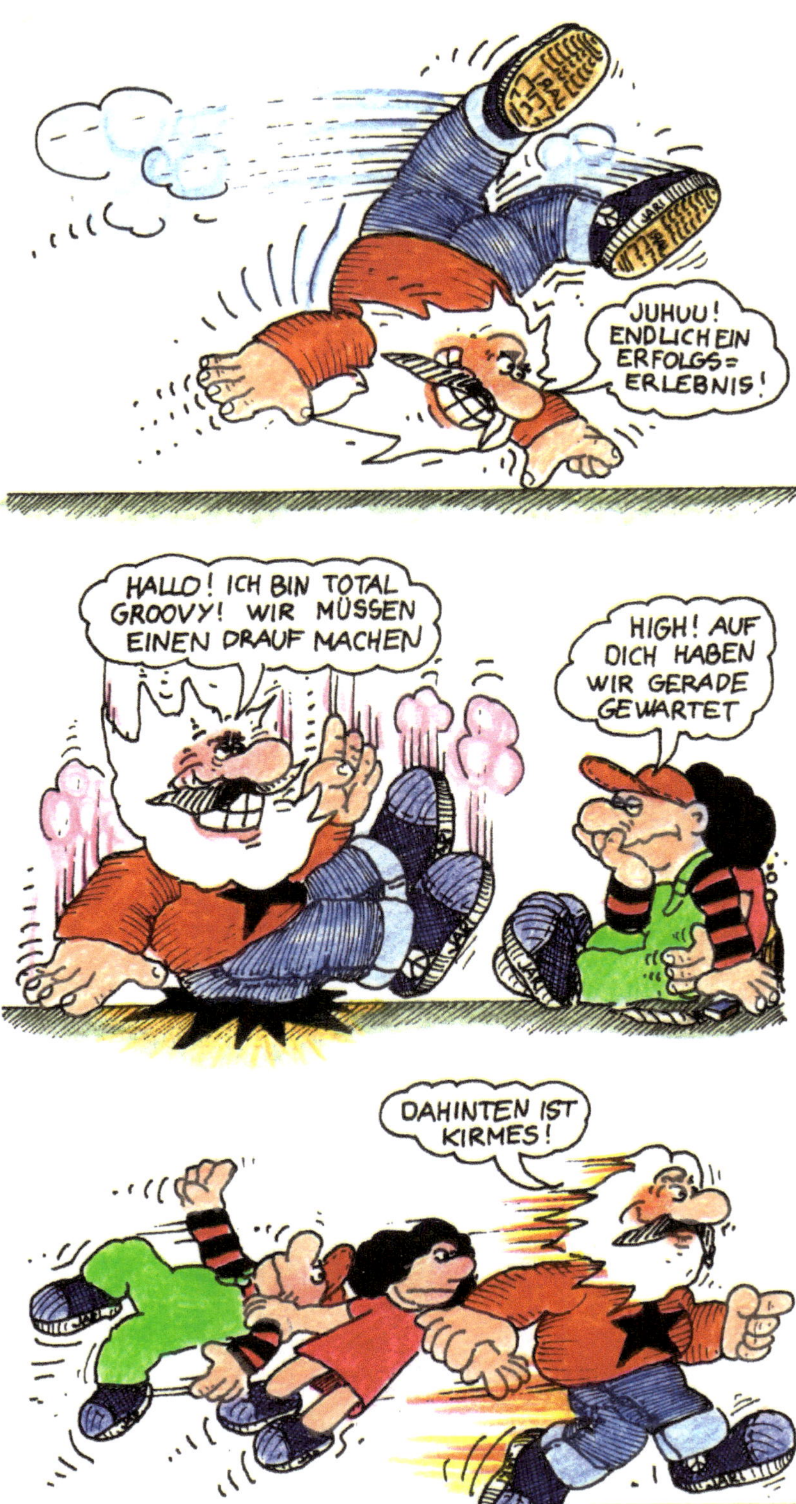
JUHUU! ENDLICH EIN ERFOLGS= ERLEBNIS!
HALLO! ICH BIN TOTAL GROOVY! WIR MÜSSEN EINEN DRAUF MACHEN
HIGH! AUF DICH HABEN WIR GERADE GEWARTET
DAHINTEN IST KIRMES!

DIE FREIE MARKTWIRTSCHAFT

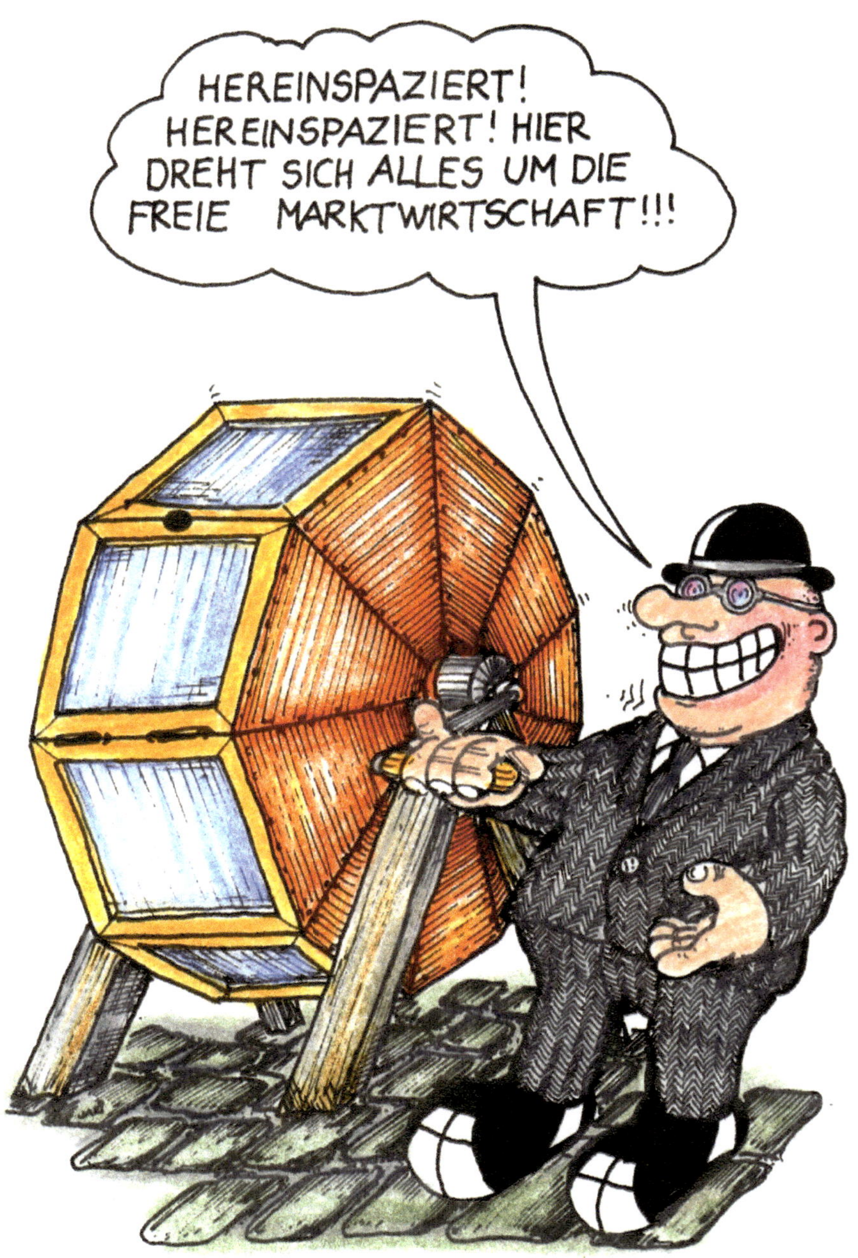

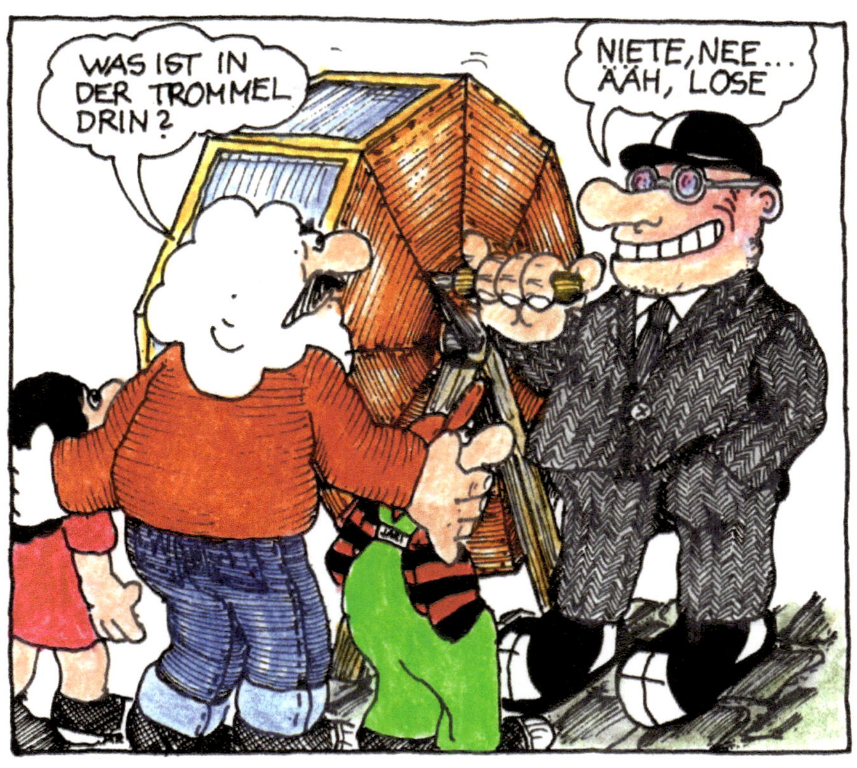
WAS IST IN DER TROMMEL DRIN?
NIETE, NEE... ÄÄH, LOSE

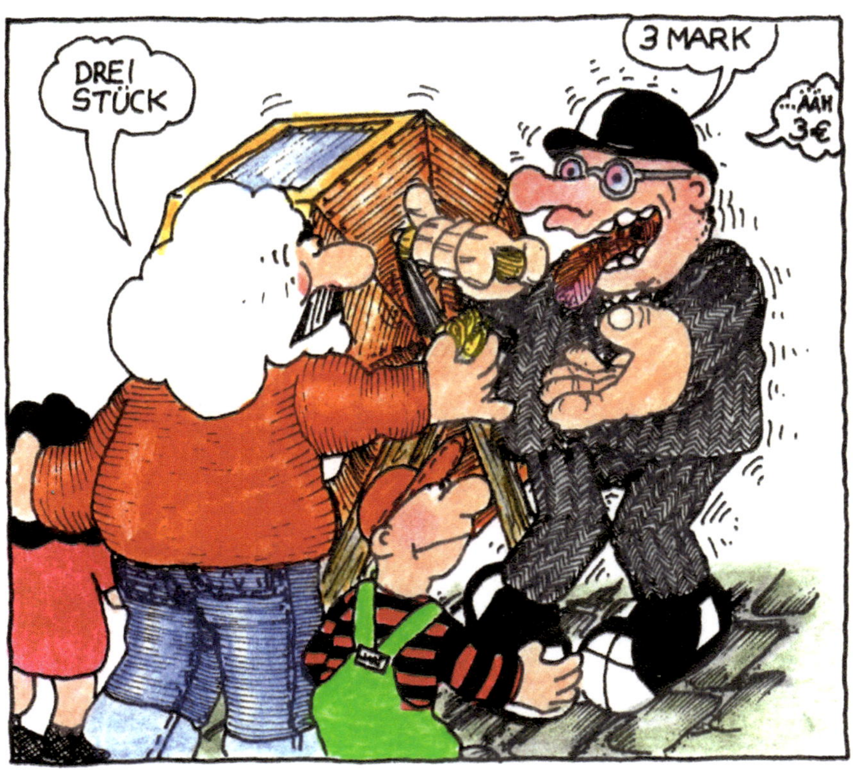
DREI STÜCK
3 MARK
...ÄÄH 3€

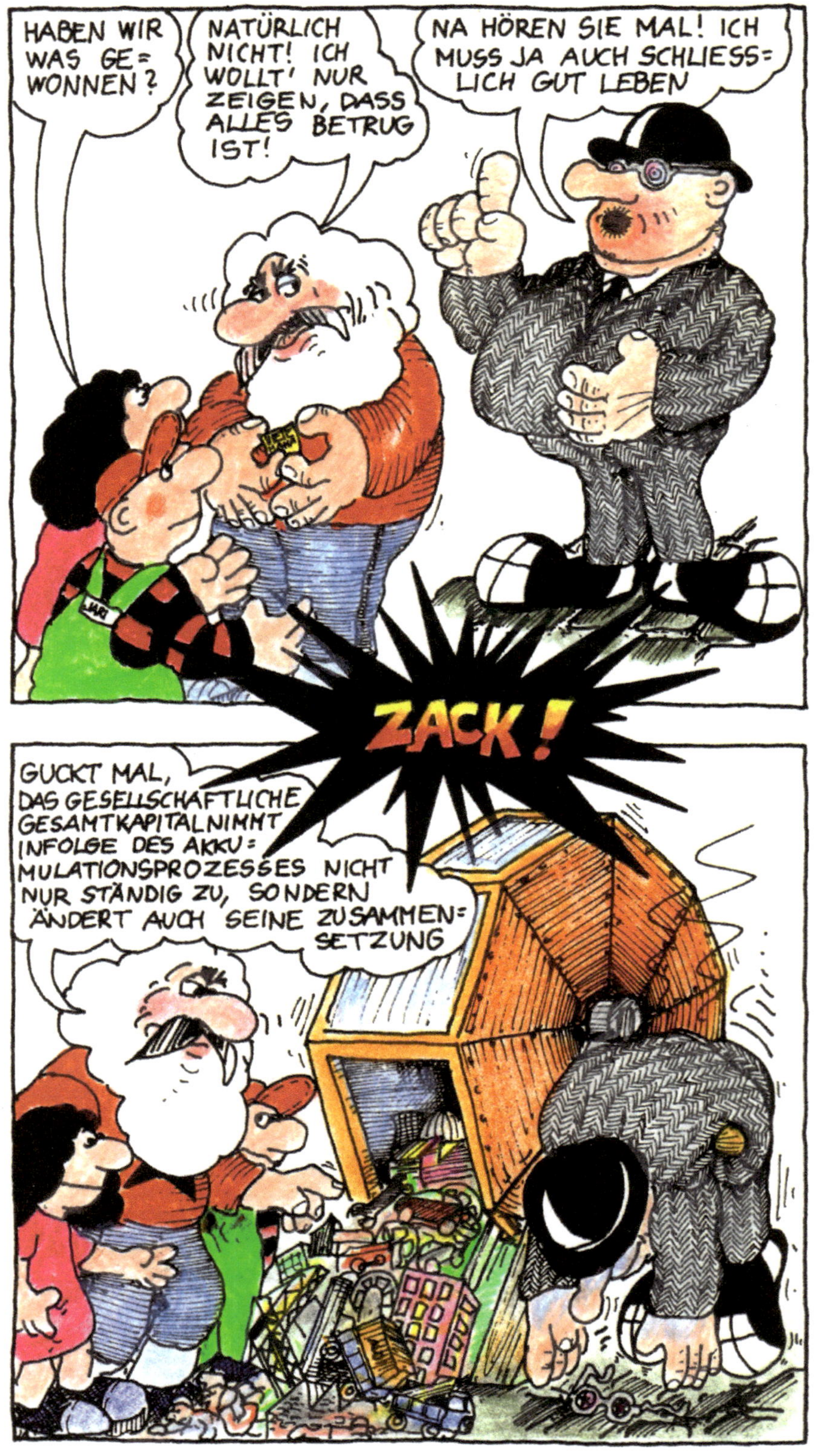
HABEN WIR WAS GE= WONNEN?
NATÜRLICH NICHT! ICH WOLLT' NUR ZEIGEN, DASS ALLES BETRUG IST!
NA HÖREN SIE MAL! ICH MUSS JA AUCH SCHLIESS= LICH GUT LEBEN
JARI
ZACK!
GUCKT MAL, DAS GESELLSCHAFTLICHE GESAMTKAPITAL NIMMT INFOLGE DES AKKU= MULATIONSPROZESSES NICHT NUR STÄNDIG ZU, SONDERN ÄNDERT AUCH SEINE ZUSAMMEN= SETZUNG

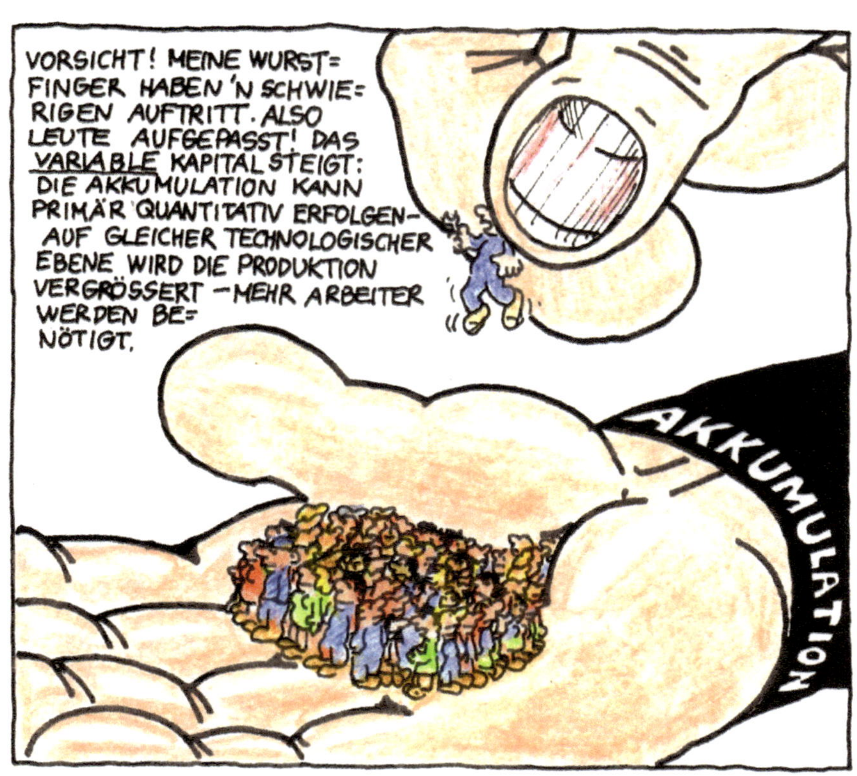
VORSICHT! MEINE WURST=
FINGER HABEN 'N SCHWIE=
RIGEN AUFTRITT. ALSO
LEUTE AUFGEPASST! DAS
VARIABLE KAPITAL STEIGT:
DIE AKKUMULATION KANN
PRIMÄR QUANTITATIV ERFOLGEN-
AUF GLEICHER TECHNOLOGISCHER
EBENE WIRD DIE PRODUKTION
VERGRÖSSERT - MEHR ARBEITER
WERDEN BE=
NÖTIGT.
AKKUMULATION

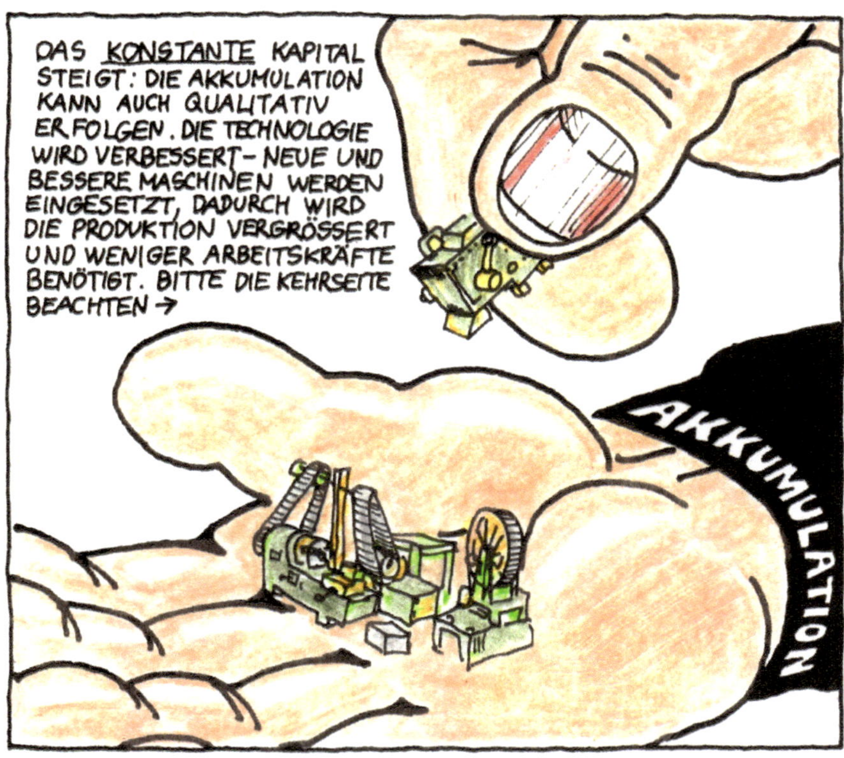
DAS KONSTANTE KAPITAL
STEIGT: DIE AKKUMULATION
KANN AUCH QUALITATIV
ERFOLGEN. DIE TECHNOLOGIE
WIRD VERBESSERT - NEUE UND
BESSERE MASCHINEN WERDEN
EINGESETZT, DADURCH WIRD
DIE PRODUKTION VERGRÖSSERT
UND WENIGER ARBEITSKRÄFTE
BENÖTIGT. BITTE DIE KEHRSEITE
BEACHTEN →
AKKUMULATION

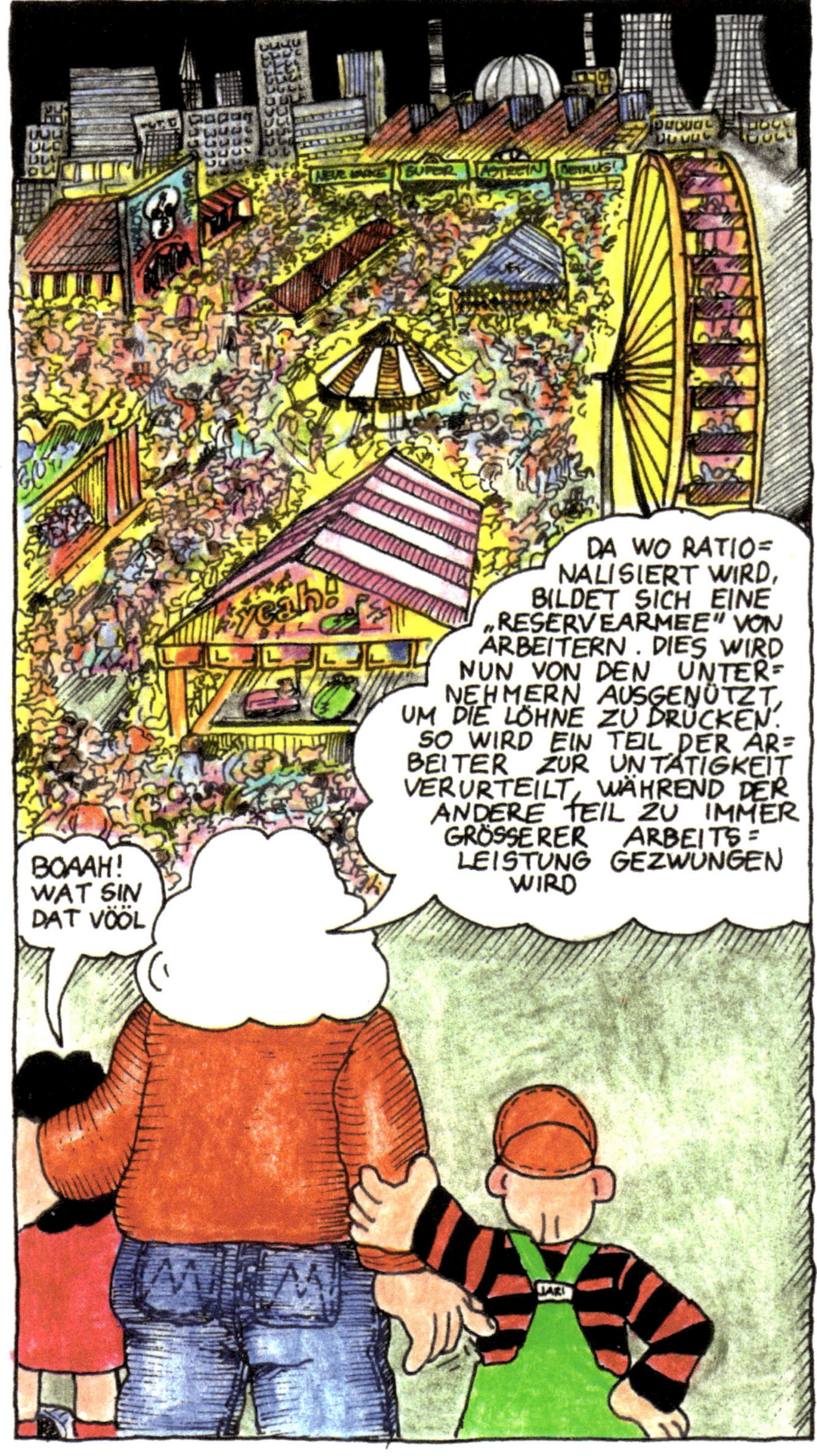
NEUE MARKE
SUPER
ASTREIN
BETRUG
yeah!
BOAAH! WAT SIN DAT VÖÖL
DA WO RATIO= NALISIERT WIRD, BILDET SICH EINE „RESERVEARMEE" VON ARBEITERN. DIES WIRD NUN VON DEN UNTER= NEHMERN AUSGENÜTZT, UM DIE LÖHNE ZU DRÜCKEN. SO WIRD EIN TEIL DER AR= BEITER ZUR UNTÄTIGKEIT VERURTEILT, WÄHREND DER ANDERE TEIL ZU IMMER GRÖSSERER ARBEITS= LEISTUNG GEZWUNGEN WIRD
JARI

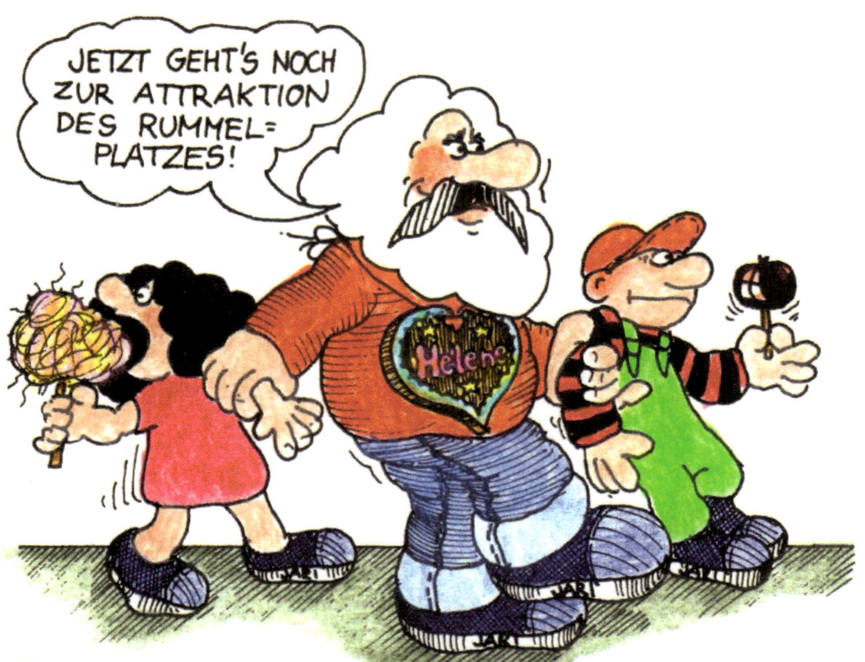
JETZT GEHT'S NOCH ZUR ATTRAKTION DES RUMMEL= PLATZES!
Helene

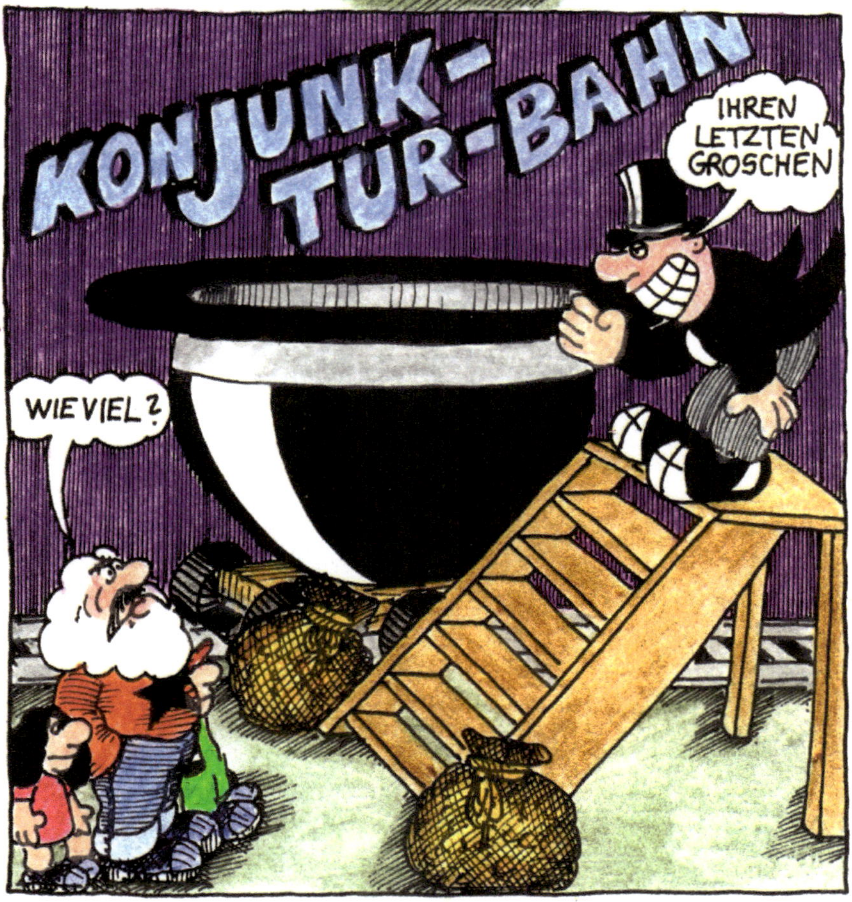

KONJUNK-TUR-BAHN
WIEVIEL?
IHREN LETZTEN GROSCHEN

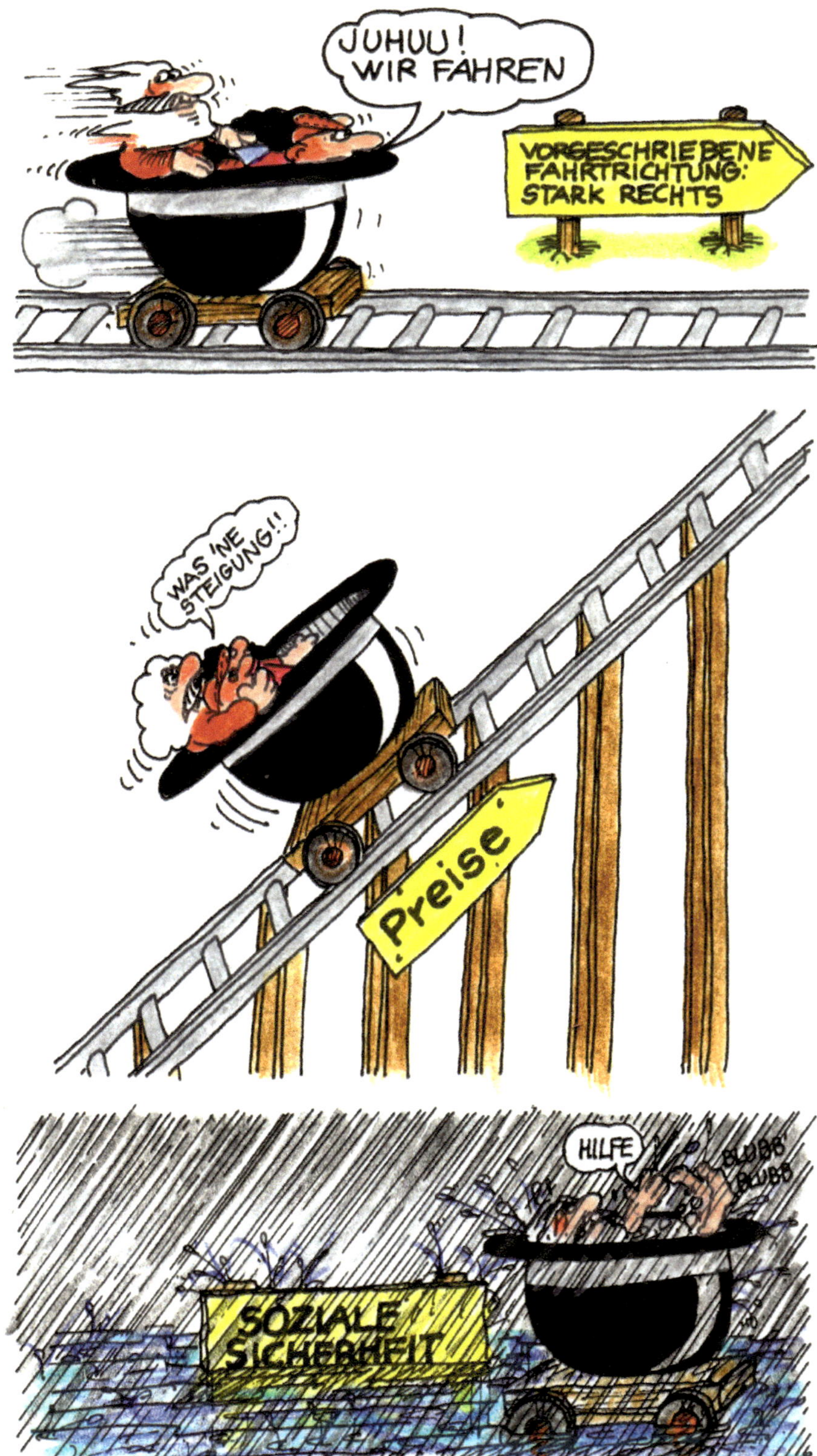
JUHUU! WIR FAHREN
VORGESCHRIEBENE FAHRTRICHTUNG: STARK RECHTS
WAS 'NE STEIGUNG!!
Preise
HILFE
BLUBB BLUBB
SOZIALE SICHERHEIT

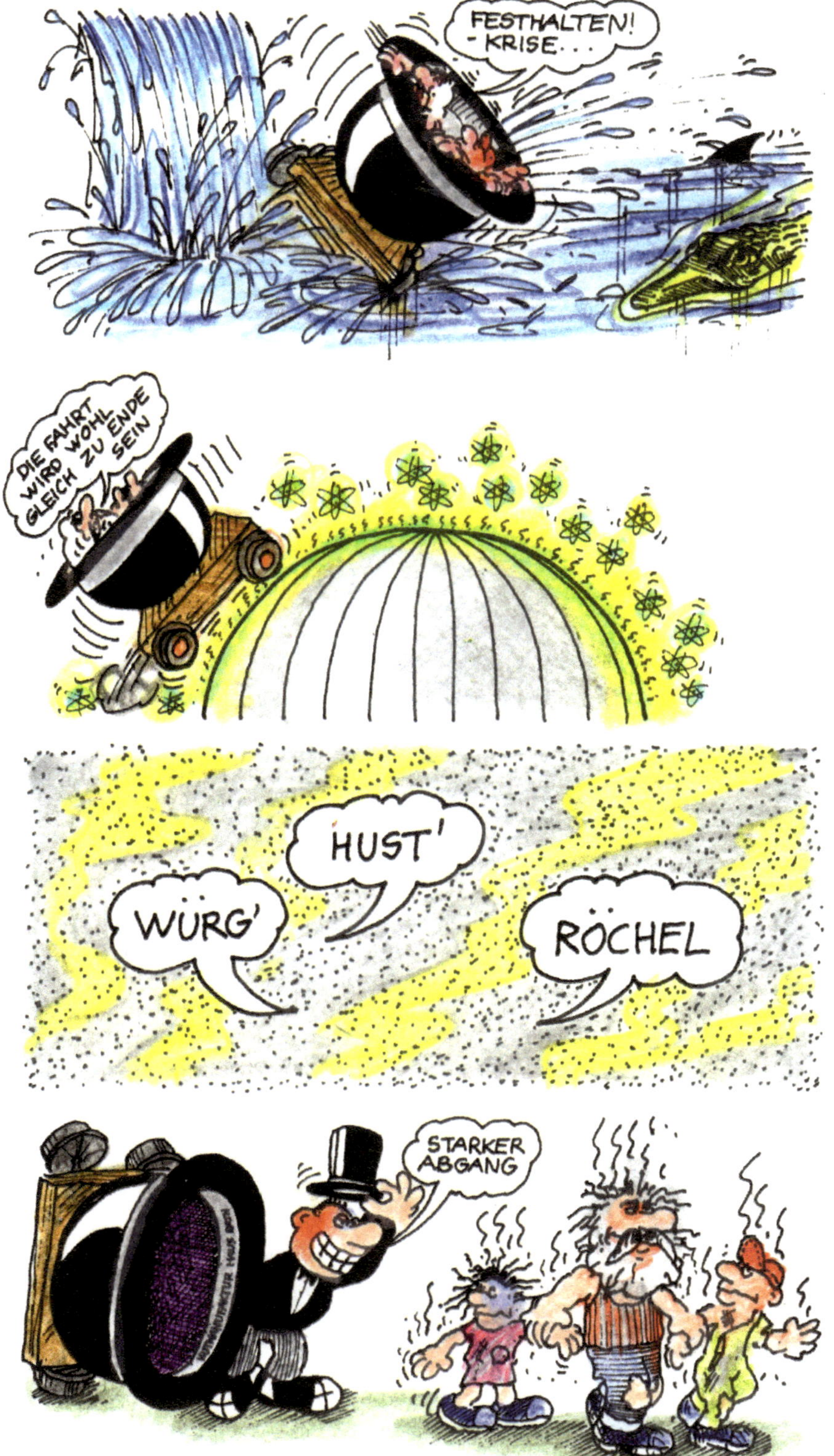
FESTHALTEN! - KRISE...
DIE FAHRT WIRD WOHL GLEICH ZU ENDE SEIN
WÜRG'
HUST'
RÖCHEL
STARKER ABGANG

UNSERE ZUKUNFT

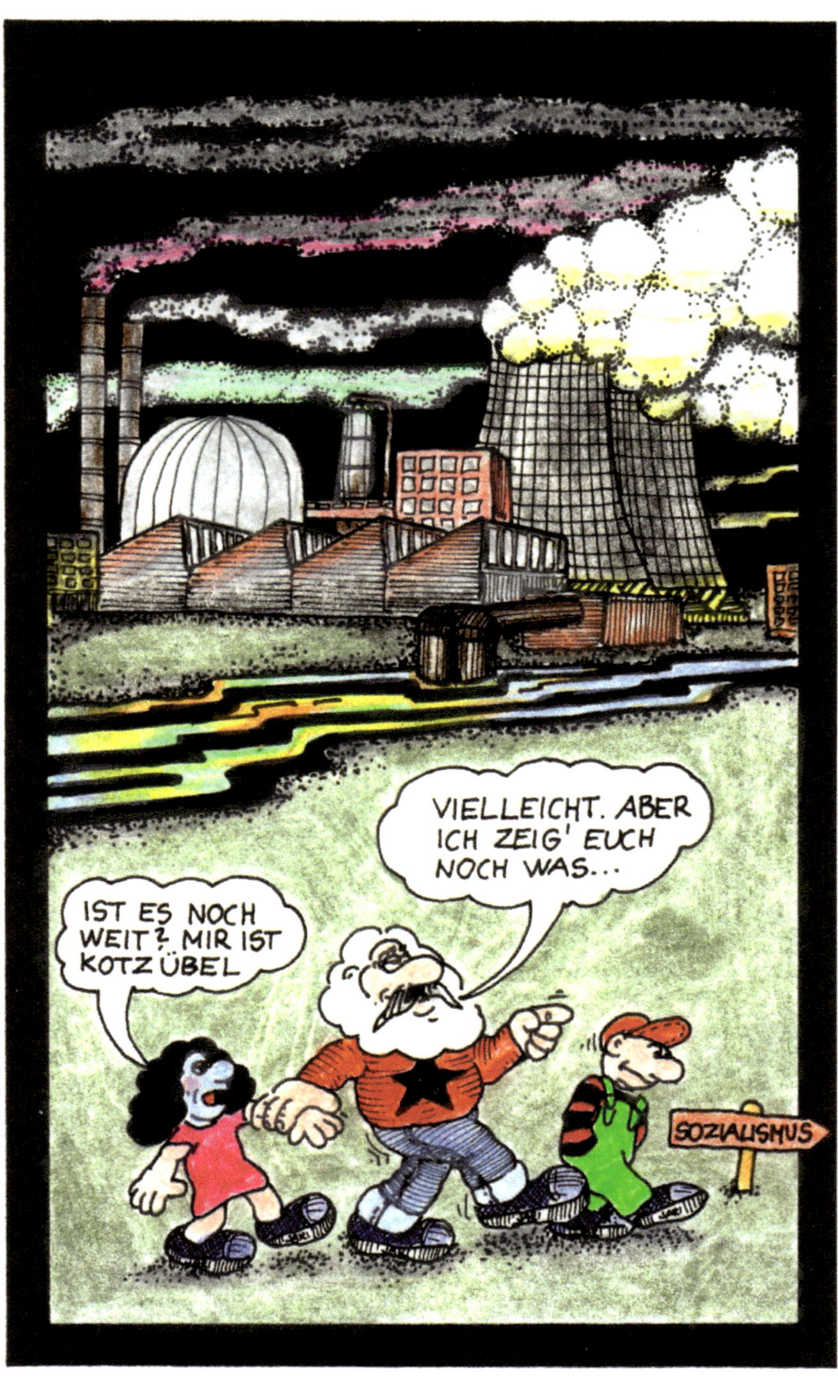

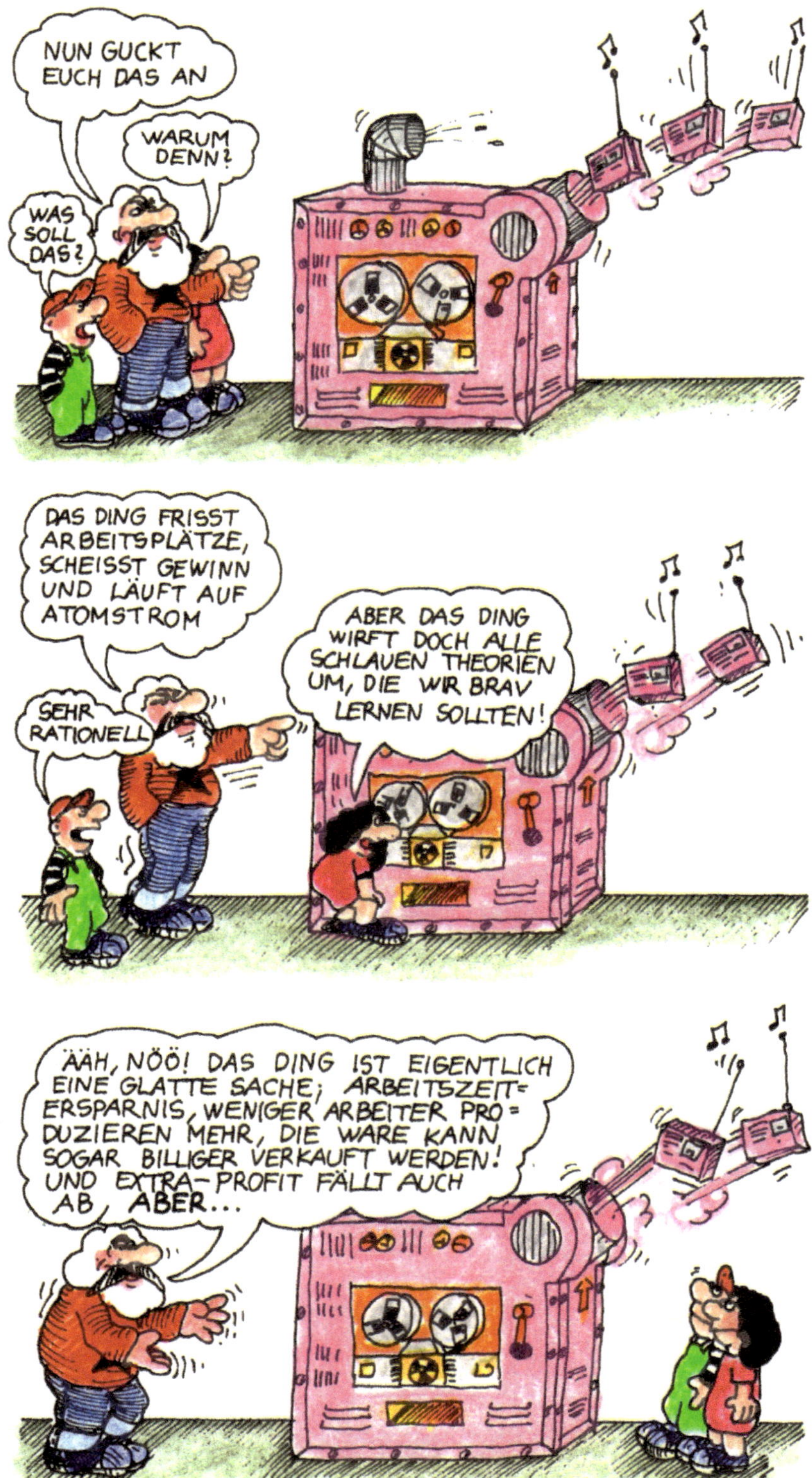
NUN GUCKT EUCH DAS AN
WARUM DENN?
WAS SOLL DAS?
DAS DING FRISST ARBEITSPLÄTZE, SCHEISST GEWINN UND LÄUFT AUF ATOMSTROM
ABER DAS DING WIRFT DOCH ALLE SCHLAUEN THEORIEN UM, DIE WIR BRAV LERNEN SOLLTEN!
SEHR RATIONELL
ÄÄH, NÖÖ! DAS DING IST EIGENTLICH EINE GLATTE SACHE; ARBEITSZEIT= ERSPARNIS, WENIGER ARBEITER PRO= DUZIEREN MEHR, DIE WARE KANN SOGAR BILLIGER VERKAUFT WERDEN! UND EXTRA-PROFIT FÄLLT AUCH AB, ABER...

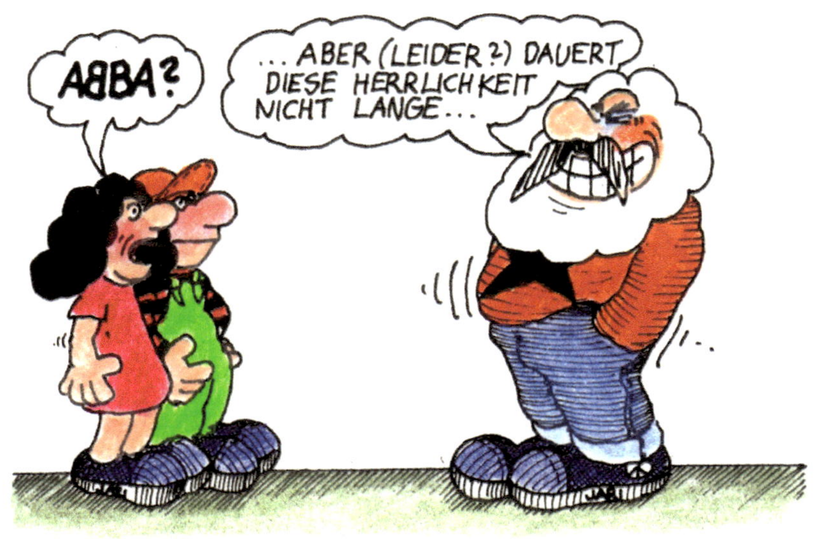

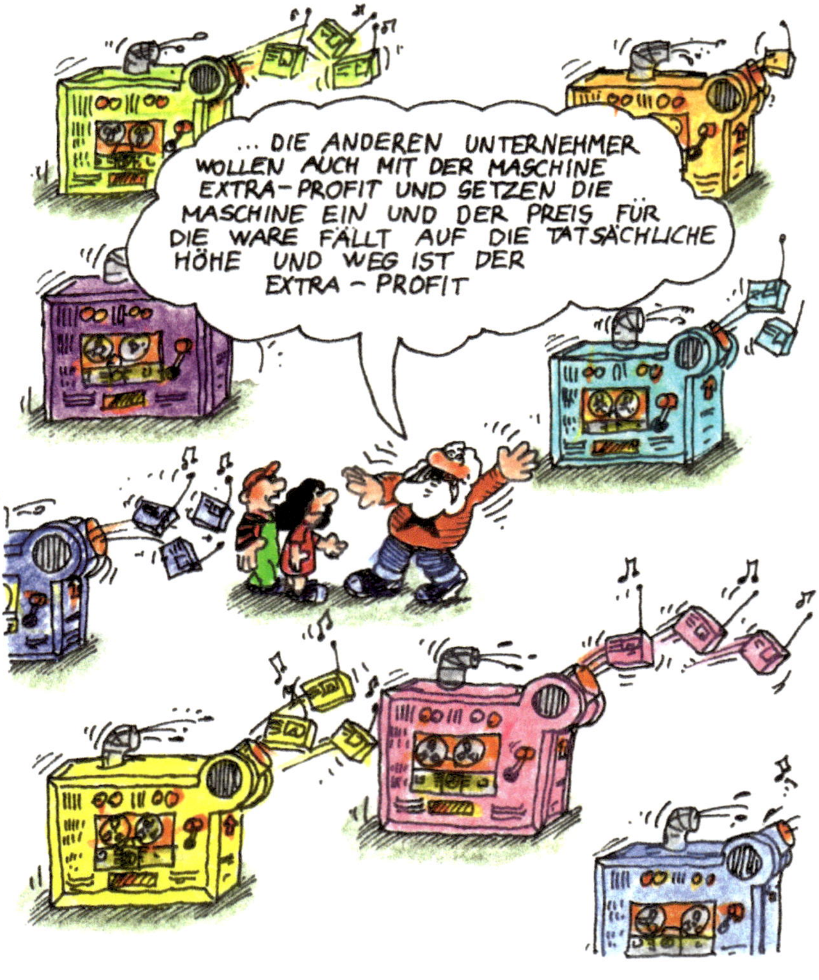

... DIE ANDEREN UNTERNEHMER WOLLEN AUCH MIT DER MASCHINE EXTRA-PROFIT UND SETZEN DIE MASCHINE EIN UND DER PREIS FÜR DIE WARE FÄLLT AUF DIE TATSÄCHLICHE HÖHE UND WEG IST DER EXTRA-PROFIT

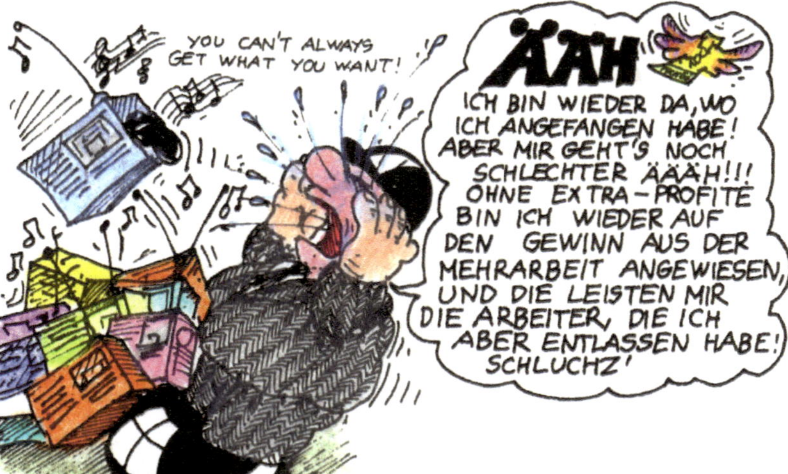
YOU CAN'T ALWAYS GET WHAT YOU WANT!
ÄÄH
ICH BIN WIEDER DA, WO ICH ANGEFANGEN HABE! ABER MIR GEHT'S NOCH SCHLECHTER ÄÄÄH!!! OHNE EXTRA-PROFITE BIN ICH WIEDER AUF DEN GEWINN AUS DER MEHRARBEIT ANGEWIESEN, UND DIE LEISTEN MIR DIE ARBEITER, DIE ICH ABER ENTLASSEN HABE! SCHLUCHZ'

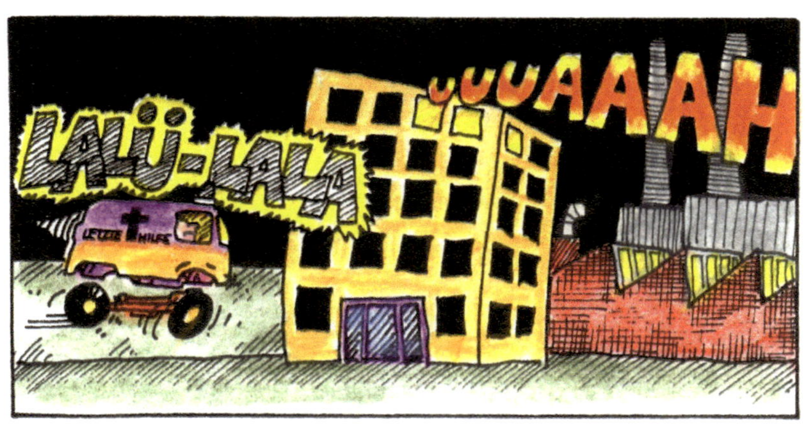
LALÜ-LALA
UUUAAAAH
LETZTE HILFE

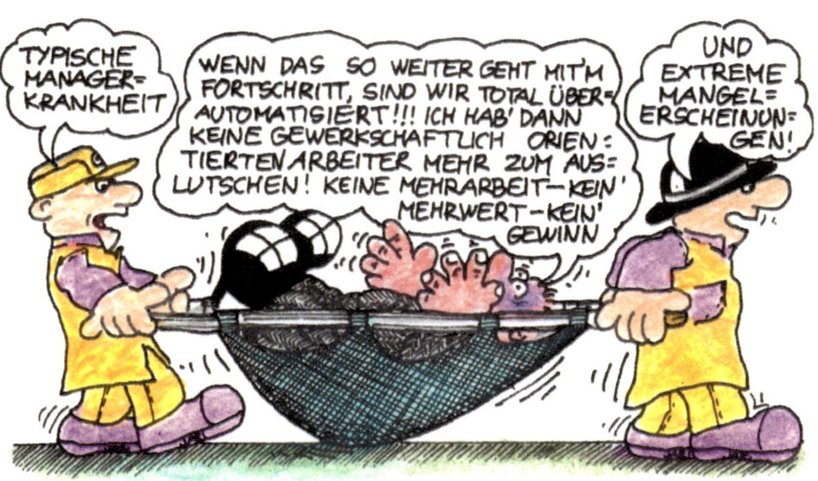
TYPISCHE MANAGER=KRANKHEIT
WENN DAS SO WEITER GEHT MIT'M FORTSCHRITT, SIND WIR TOTAL ÜBER=AUTOMATISIERT!!! ICH HAB' DANN KEINE GEWERKSCHAFTLICH ORIEN=TIERTEN ARBEITER MEHR ZUM AUS=LUTSCHEN! KEINE MEHRARBEIT – KEIN' MEHRWERT – KEIN' GEWINN
UND EXTREME MANGEL=ERSCHEINUN=GEN!

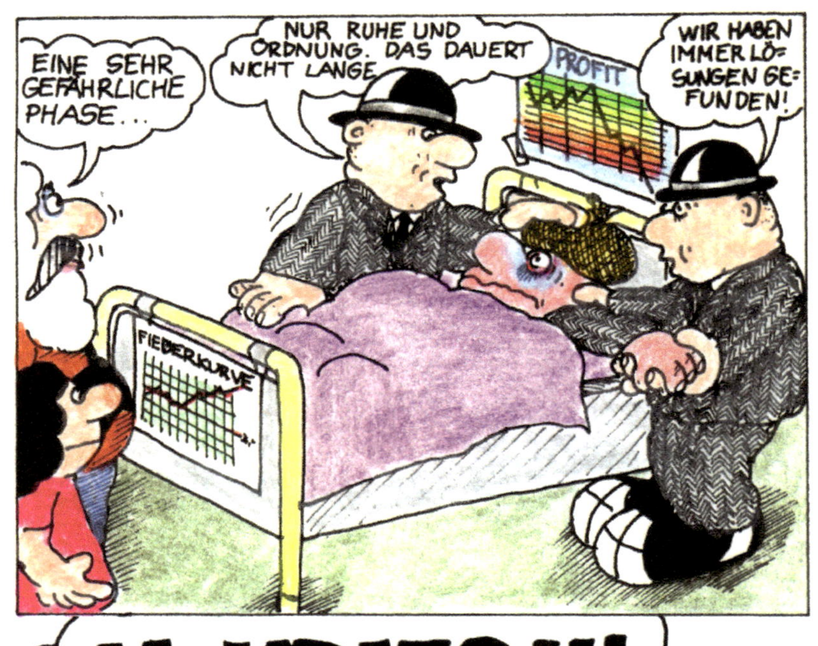

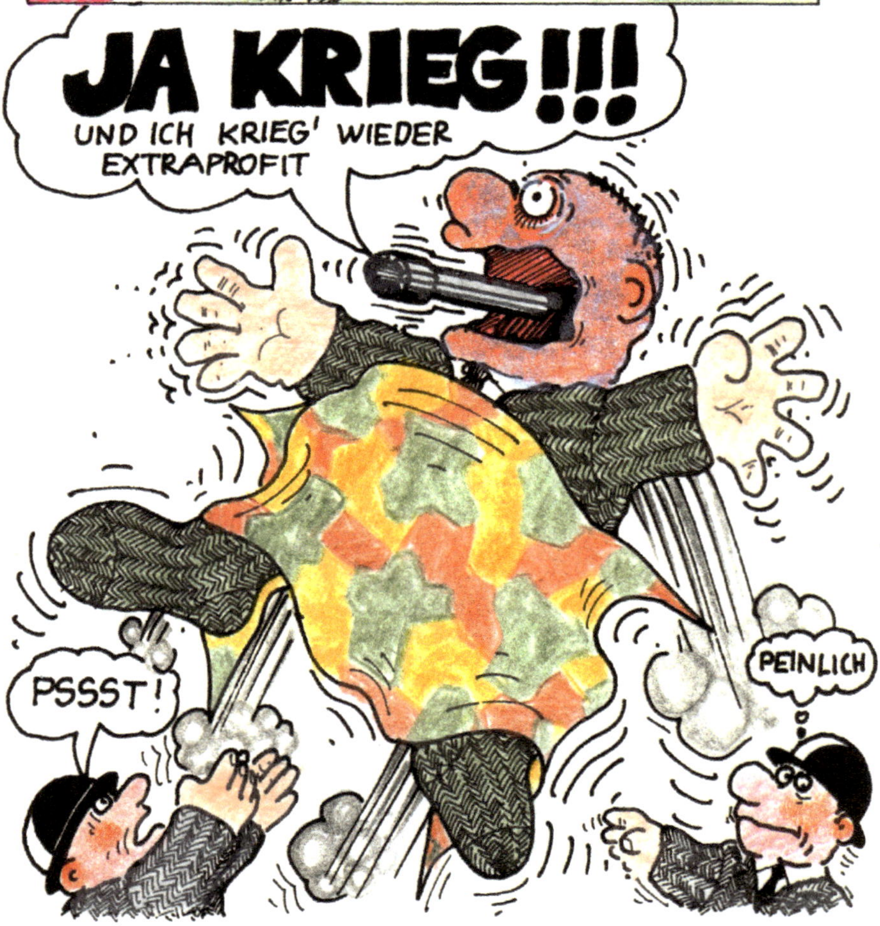

JA KRIEG!!!
UND ICH KRIEG' WIEDER EXTRAPROFIT

PSSST!

PEINLICH

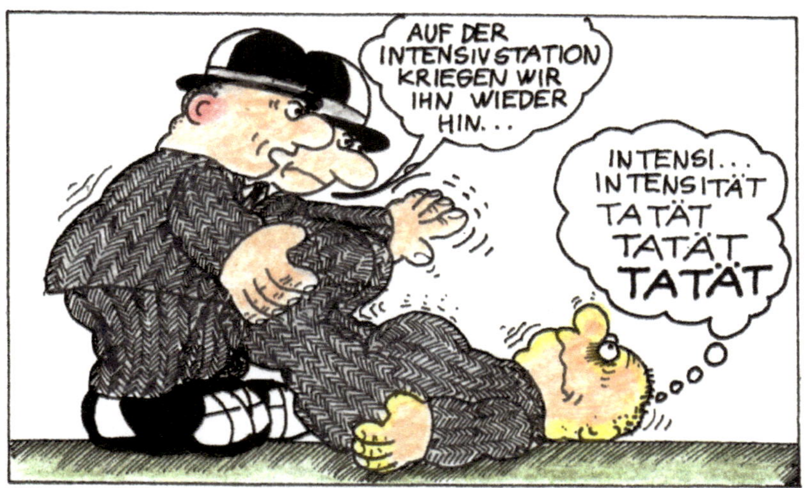
AUF DER INTENSIVSTATION KRIEGEN WIR IHN WIEDER HIN...
INTENSI... INTENSITÄT TATÄT TATÄT TATÄT

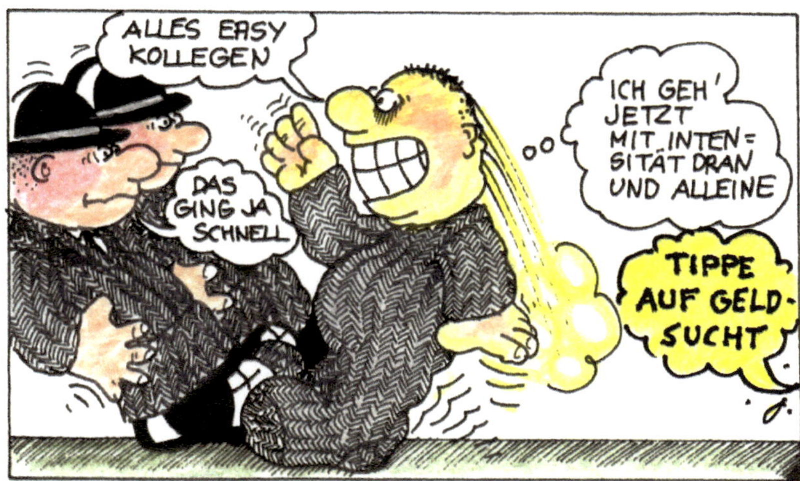
ALLES EASY KOLLEGEN
DAS GING JA SCHNELL
ICH GEH' JETZT MIT INTEN= SITÄT DRAN UND ALLEINE
TIPPE AUF GELD-SUCHT

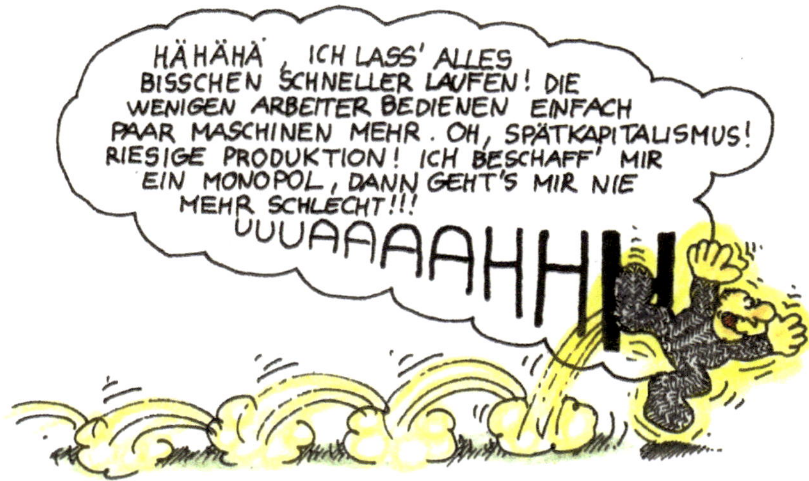
HÄHÄHÄ, ICH LASS' ALLES BISSCHEN SCHNELLER LAUFEN! DIE WENIGEN ARBEITER BEDIENEN EINFACH PAAR MASCHINEN MEHR. OH, SPÄTKAPITALISMUS! RIESIGE PRODUKTION! ICH BESCHAFF' MIR EIN MONOPOL, DANN GEHT'S MIR NIE MEHR SCHLECHT!!!
UUUAAAAAHHH

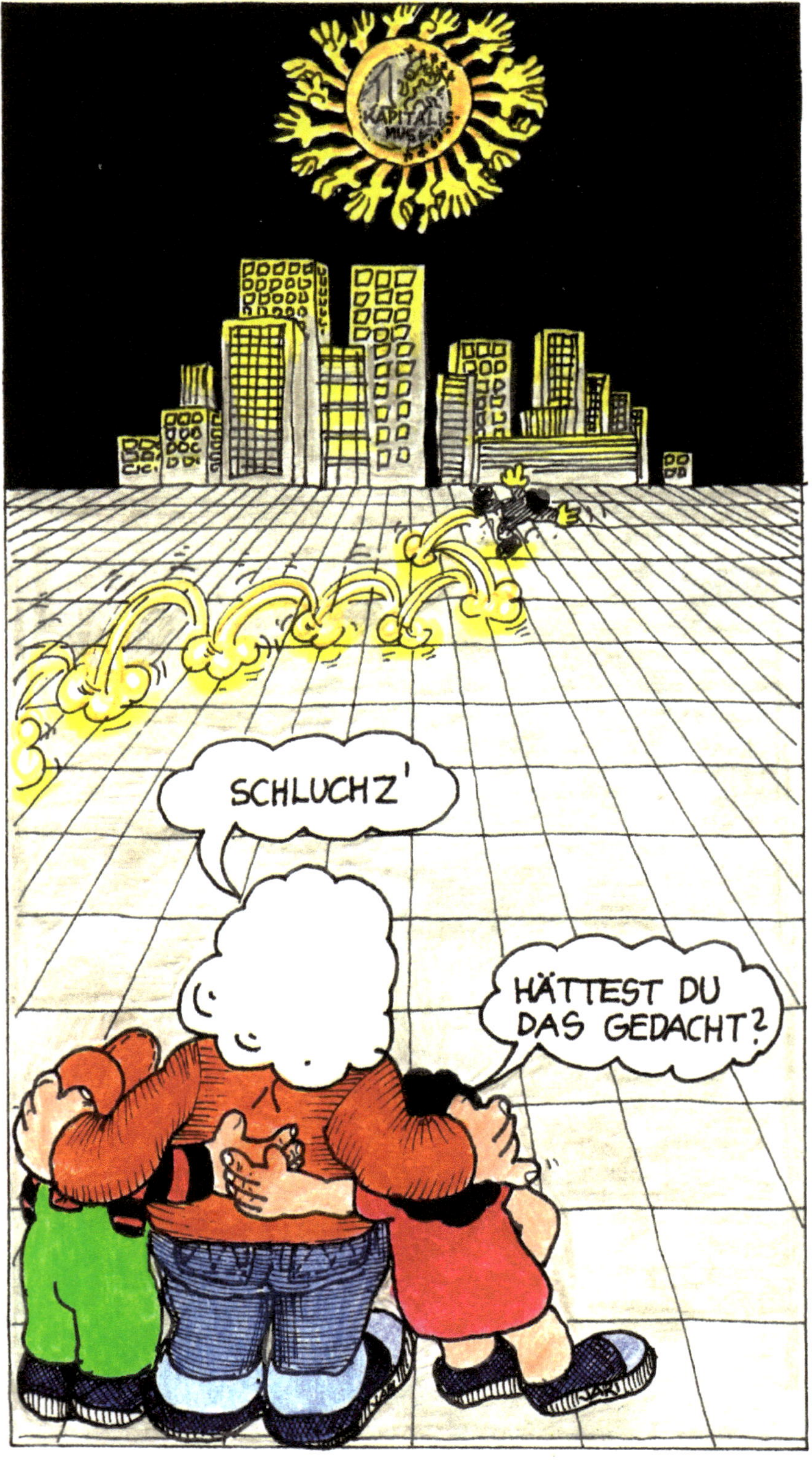
KAPITALISMUS
SCHLUCHZ'
HÄTTEST DU DAS GEDACHT?

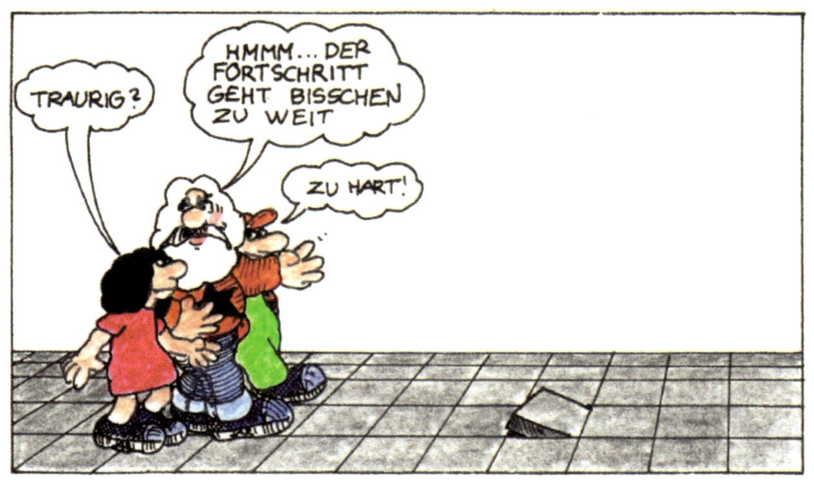
TRAURIG?
HMMM... DER FORTSCHRITT GEHT BISSCHEN ZU WEIT
ZU HART!

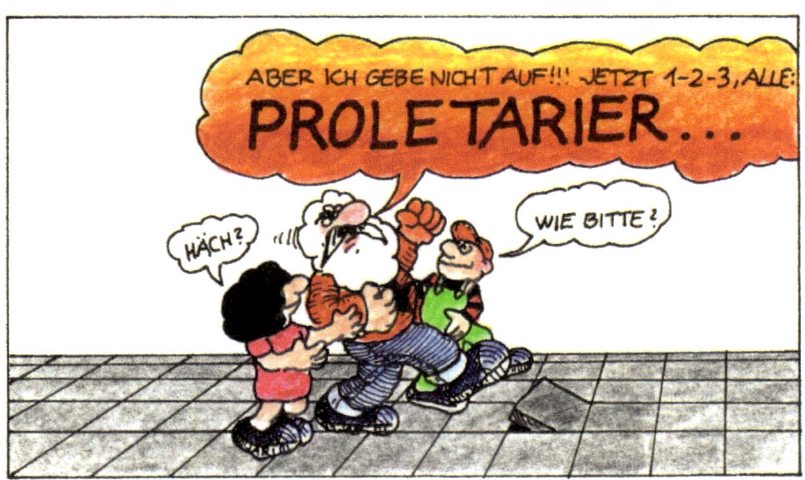
ABER ICH GEBE NICHT AUF!!! JETZT 1-2-3, ALLE:
PROLETARIER...
HÄCH?
WIE BITTE?

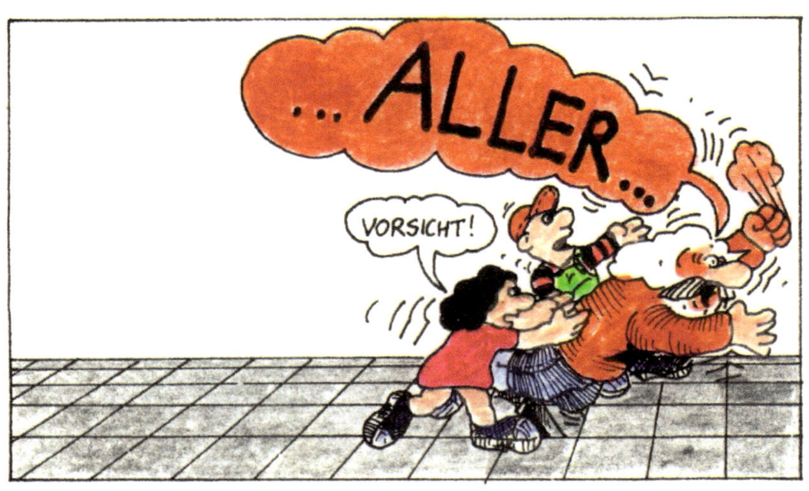
...ALLER...
VORSICHT!

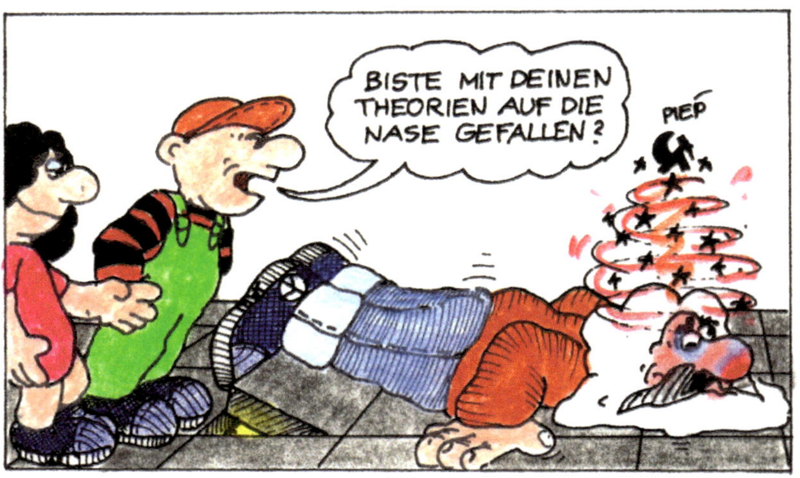
BISTE MIT DEINEN THEORIEN AUF DIE NASE GEFALLEN?
PIEP

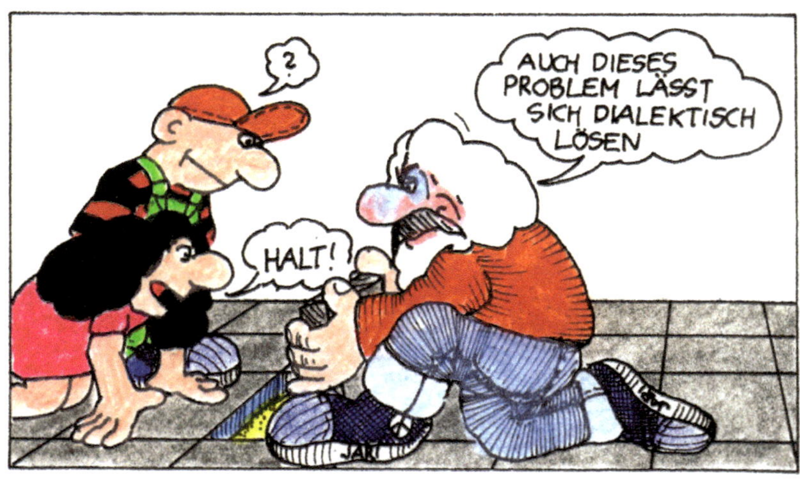
?
AUCH DIESES PROBLEM LÄSST SICH DIALEKTISCH LÖSEN
HALT!
JAN

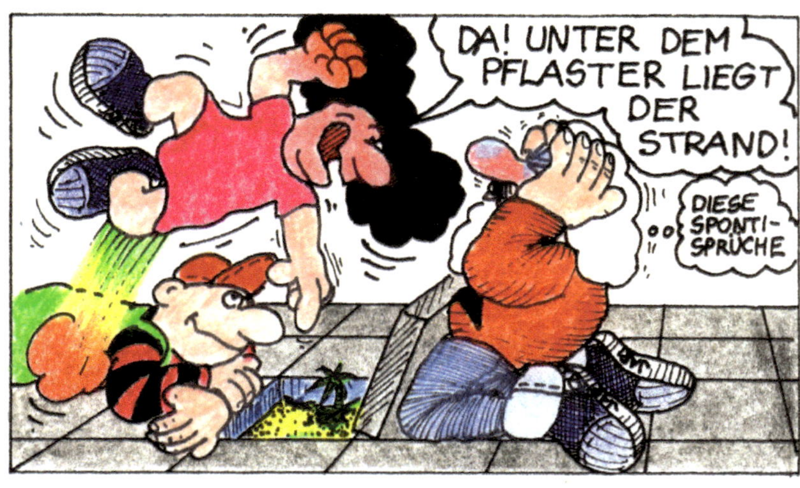
DA! UNTER DEM PFLASTER LIEGT DER STRAND!
DIESE SPONTI-SPRÜCHE

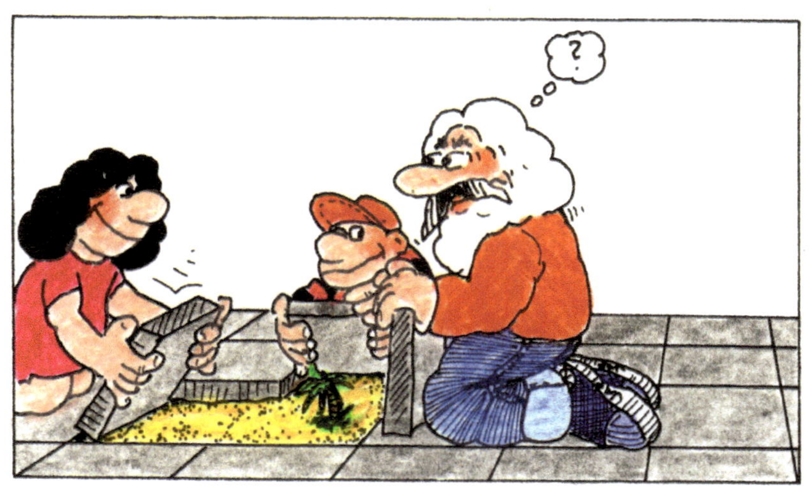
?

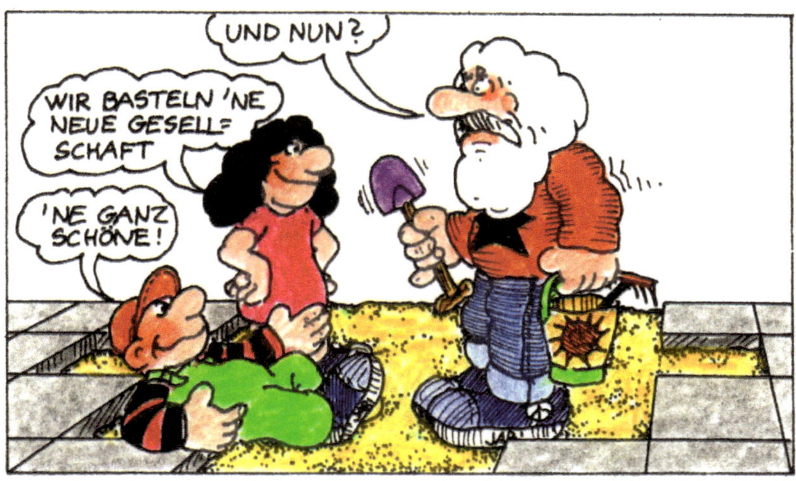
UND NUN?
WIR BASTELN 'NE NEUE GESELL= SCHAFT
'NE GANZ SCHÖNE!

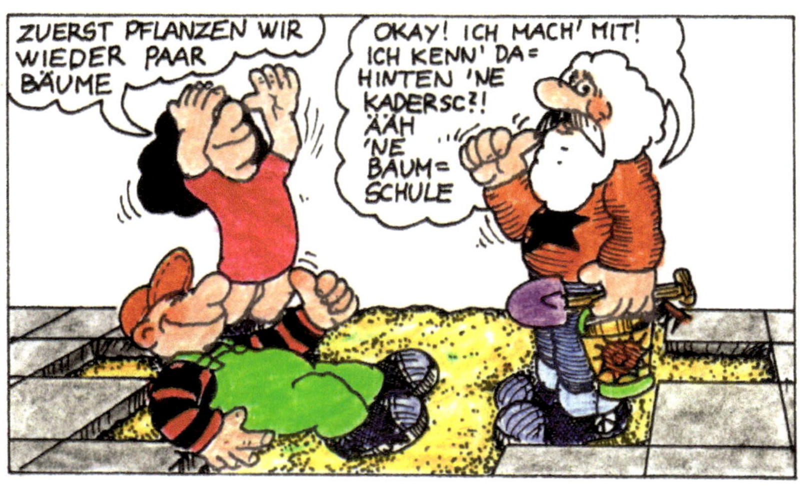
ZUERST PFLANZEN WIR WIEDER PAAR BÄUME
OKAY! ICH MACH' MIT! ICH KENN' DA= HINTEN 'NE KADERSC?! ÄÄH 'NE BAUM= SCHULE

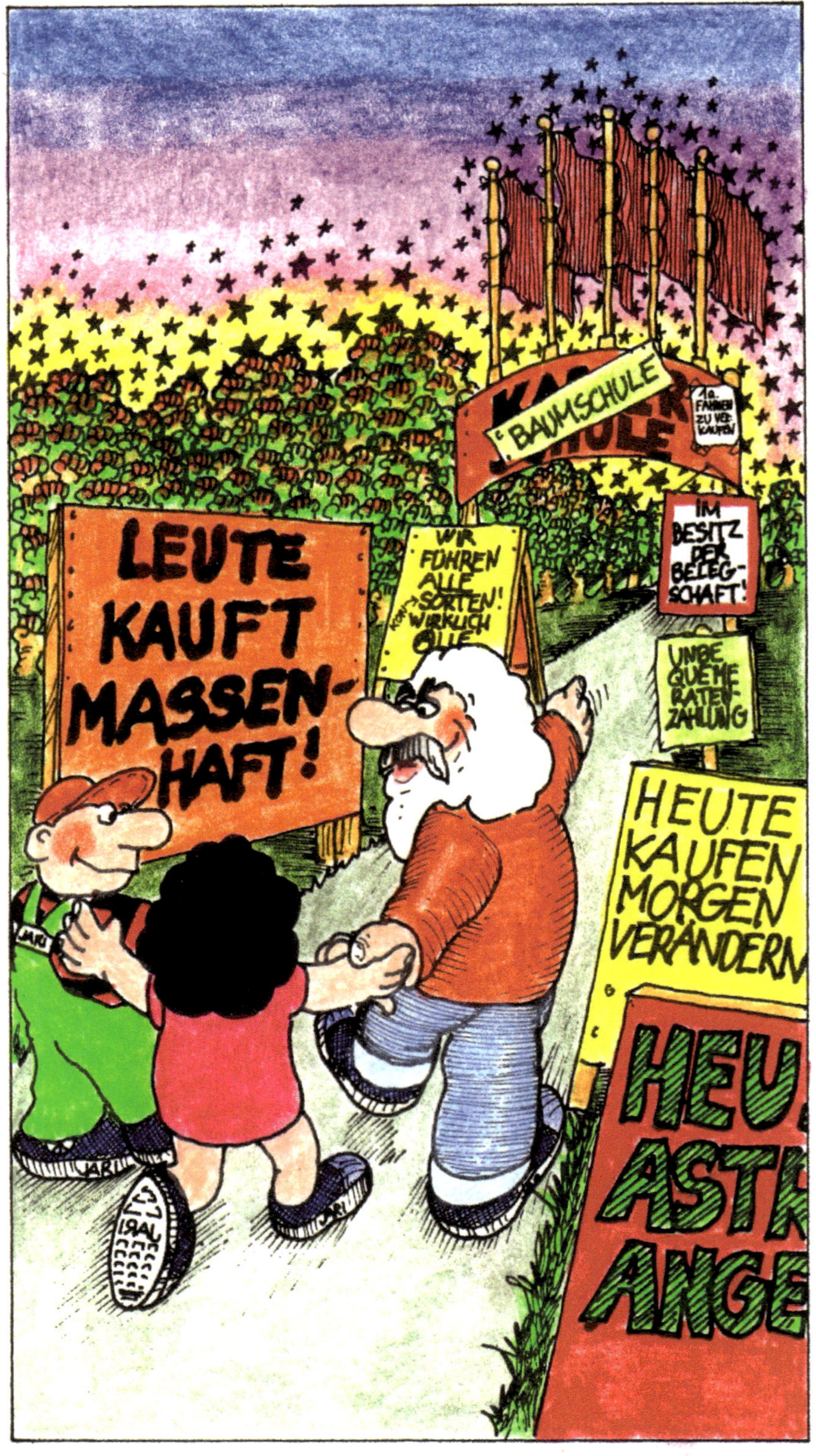

BAUMSCHULE
1a. FAHNEN ZU VERKAUFEN
LEUTE KAUFT MASSEN-HAFT!
WIR FÜHREN ALLE SORTEN! WIRKLICH ALLE
IM BESITZ DER BELEG-SCHAFT!
UNBE-QUEME RATEN-ZAHLUNG
HEUTE KAUFEN MORGEN VERÄNDERN
JARI

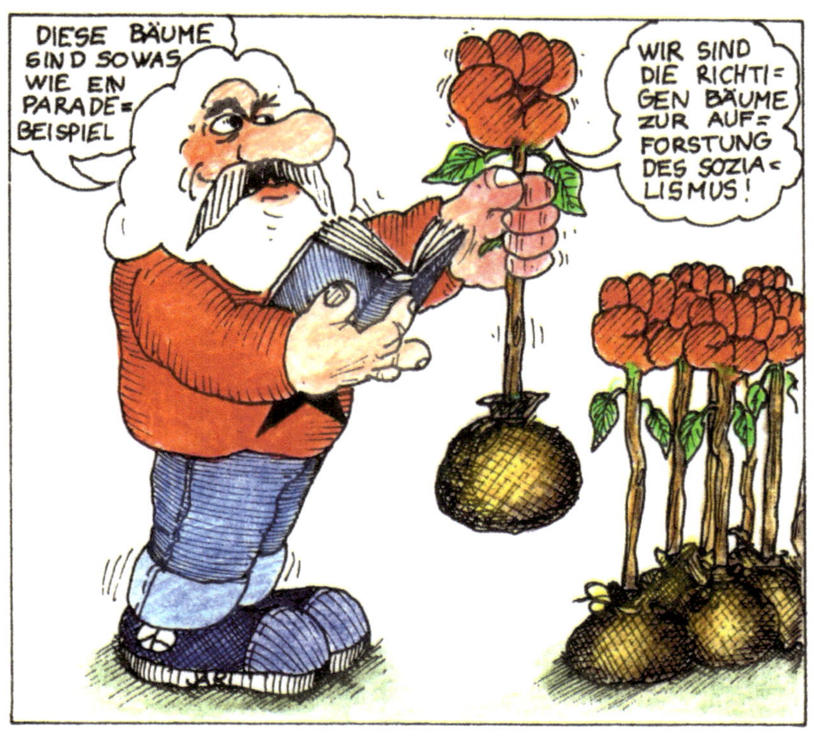
DIESE BÄUME SIND SOWAS WIE EIN PARADE=BEISPIEL
WIR SIND DIE RICHTI=GEN BÄUME ZUR AUF=FORSTUNG DES SOZIA=LISMUS!

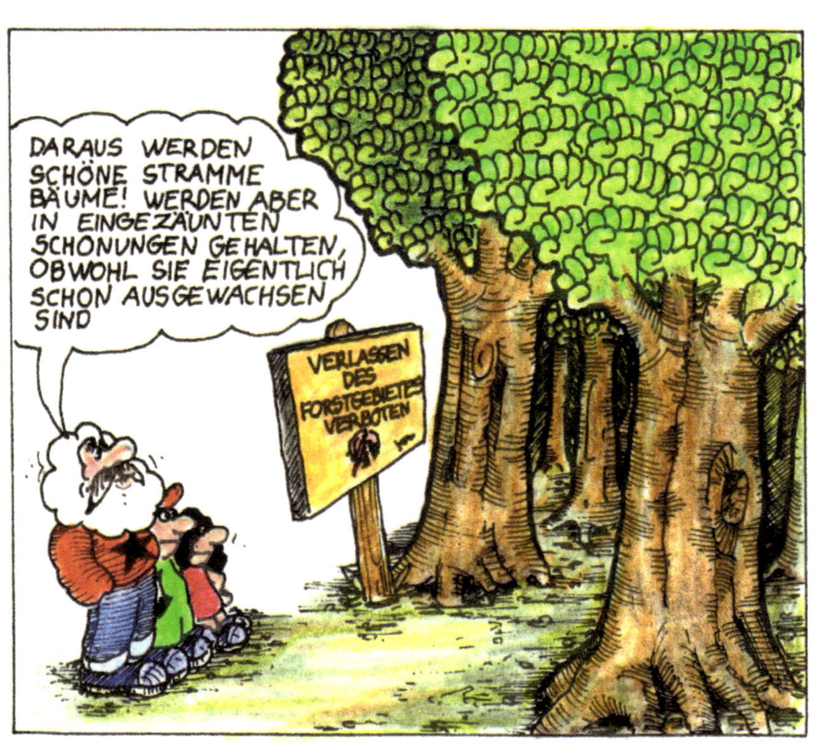
DARAUS WERDEN SCHÖNE STRAMME BÄUME! WERDEN ABER IN EINGEZÄUNTEN SCHONUNGEN GEHALTEN, OBWOHL SIE EIGENTLICH SCHON AUSGEWACHSEN SIND
VERLASSEN DES FORSTGEBIETES VERBOTEN

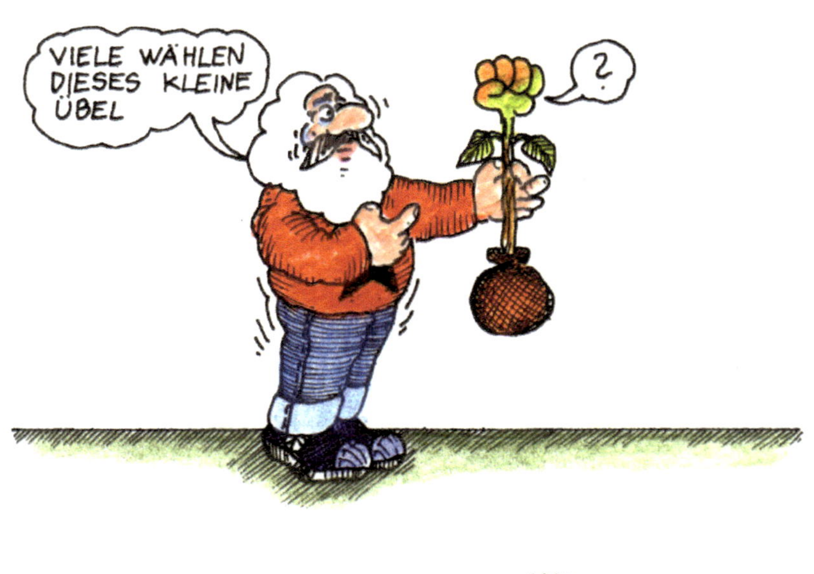
VIELE WÄHLEN DIESES KLEINE ÜBEL
?

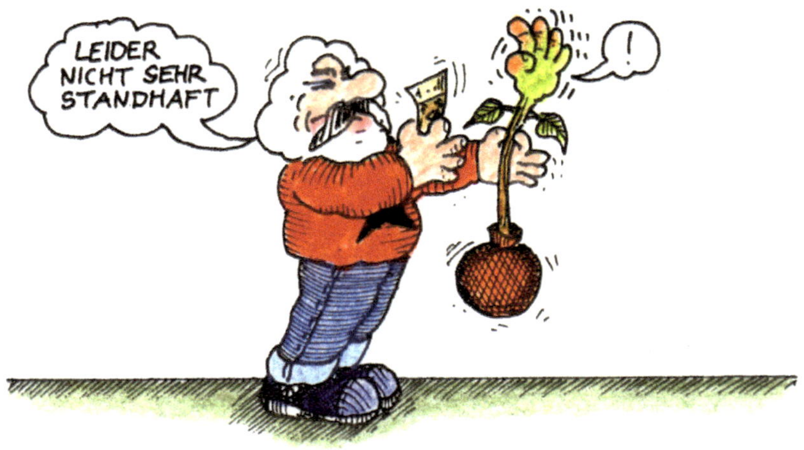
LEIDER NICHT SEHR STANDHAFT
!

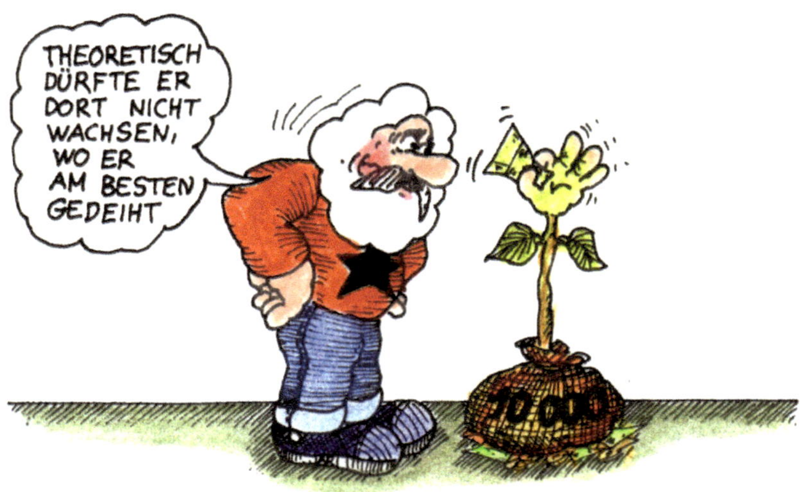
THEORETISCH DÜRFTE ER DORT NICHT WACHSEN, WO ER AM BESTEN GEDEIHT
10 000

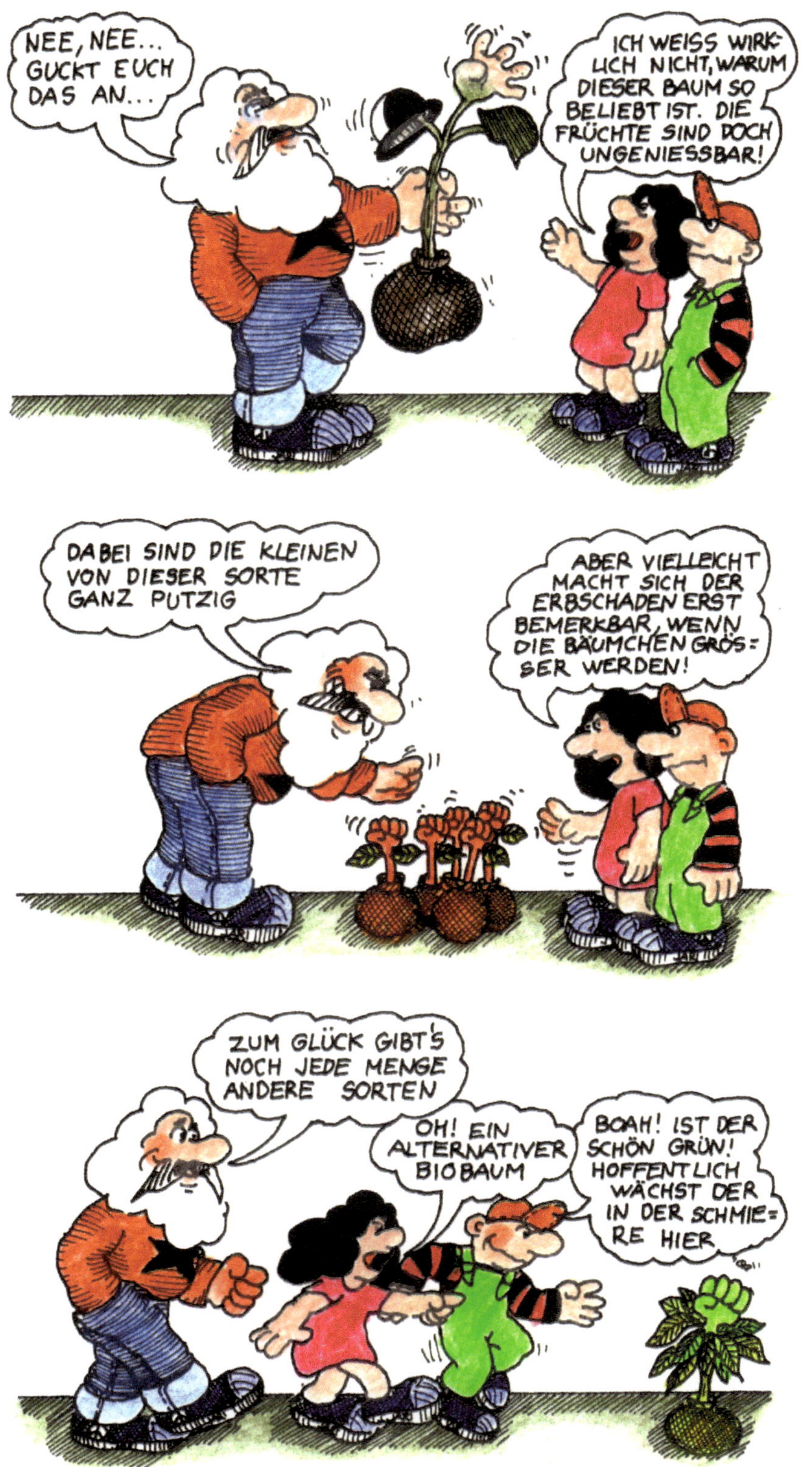
NEE, NEE... GUCKT EUCH DAS AN...
ICH WEISS WIRKLICH NICHT, WARUM DIESER BAUM SO BELIEBT IST. DIE FRÜCHTE SIND DOCH UNGENIESSBAR!
DABEI SIND DIE KLEINEN VON DIESER SORTE GANZ PUTZIG
ABER VIELLEICHT MACHT SICH DER ERBSCHADEN ERST BEMERKBAR, WENN DIE BÄUMCHEN GRÖS= SER WERDEN!
ZUM GLÜCK GIBT'S NOCH JEDE MENGE ANDERE SORTEN
OH! EIN ALTERNATIVER BIOBAUM
BOAH! IST DER SCHÖN GRÜN! HOFFENTLICH WÄCHST DER IN DER SCHMIE= RE HIER

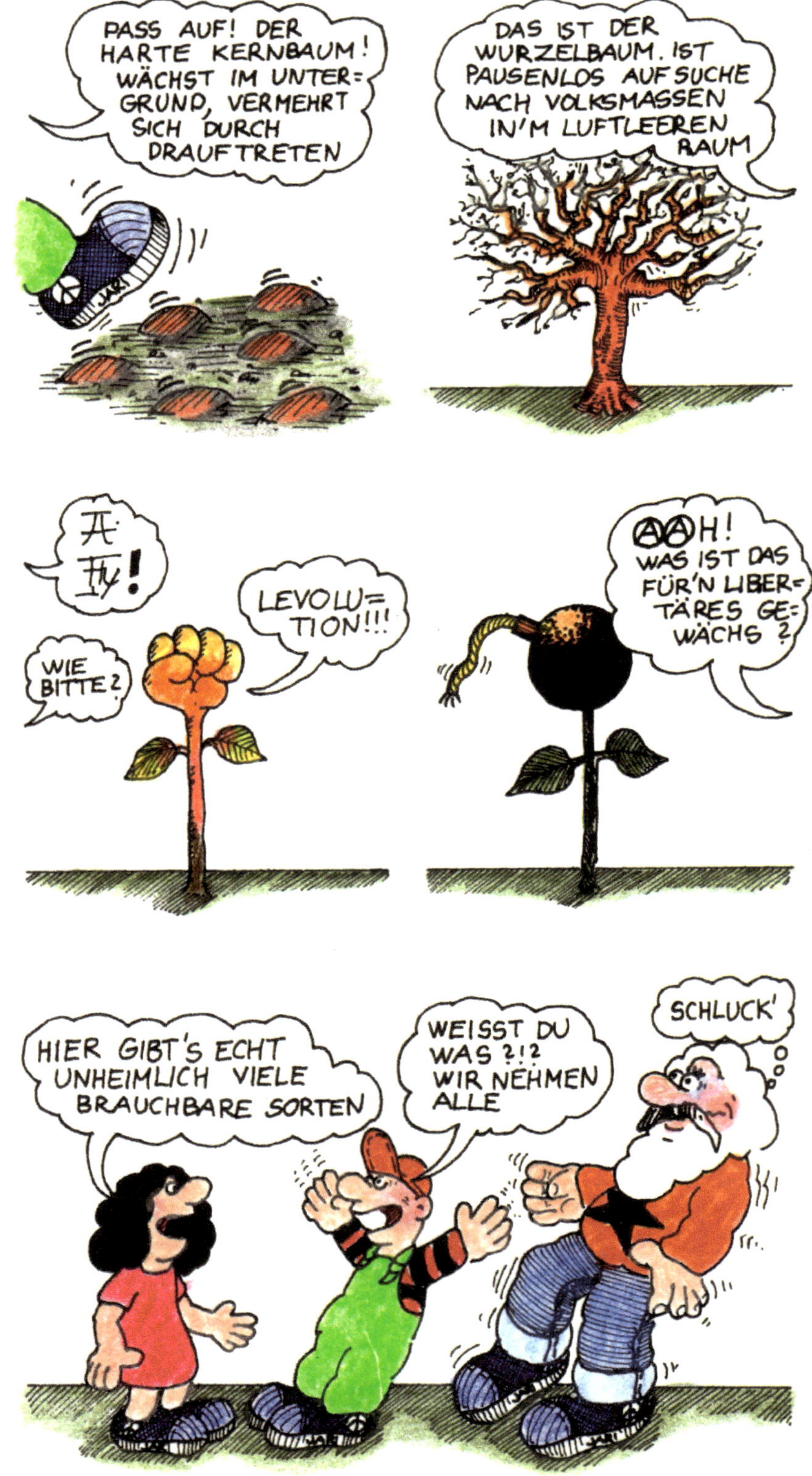
PASS AUF! DER HARTE KERNBAUM! WÄCHST IM UNTER= GRUND, VERMEHRT SICH DURCH DRAUFTRETEN
DAS IST DER WURZELBAUM. IST PAUSENLOS AUF SUCHE NACH VOLKSMASSEN IN'M LUFTLEEREN RAUM
WIE BITTE?
LEVOLU= TION!!!
AAH! WAS IST DAS FÜR'N LIBER= TÄRES GE= WÄCHS?
HIER GIBT'S ECHT UNHEIMLICH VIELE BRAUCHBARE SORTEN
WEISST DU WAS ?!? WIR NEHMEN ALLE
SCHLUCK!

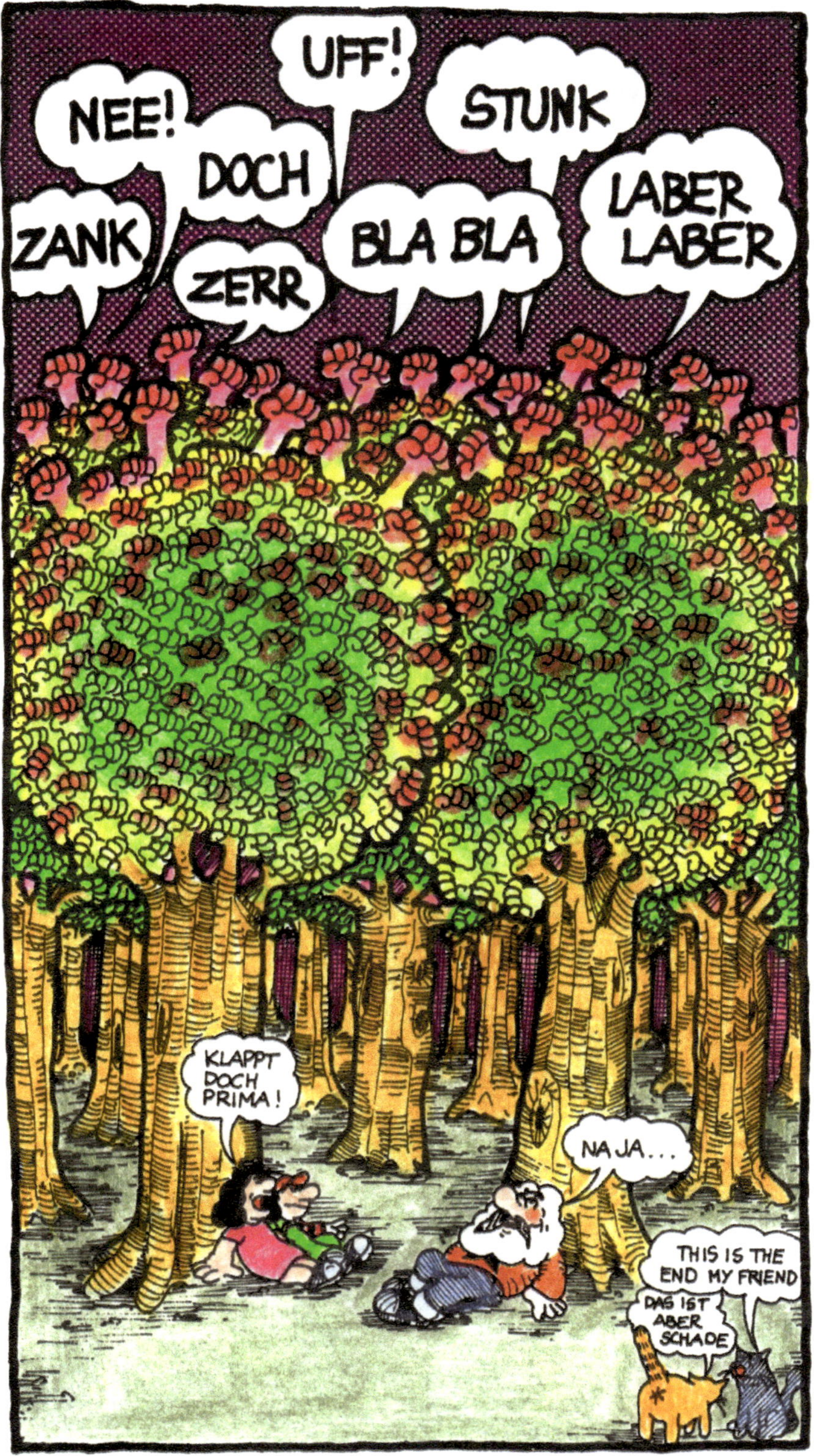
NEE!
UFF!
STUNK
DOCH
ZANK
ZERR
BLA BLA
LABER LABER
KLAPPT DOCH PRIMA!
NA JA...
THIS IS THE END MY FRIEND
DAS IST ABER SCHADE

30 JAHRE SPÄTER ...

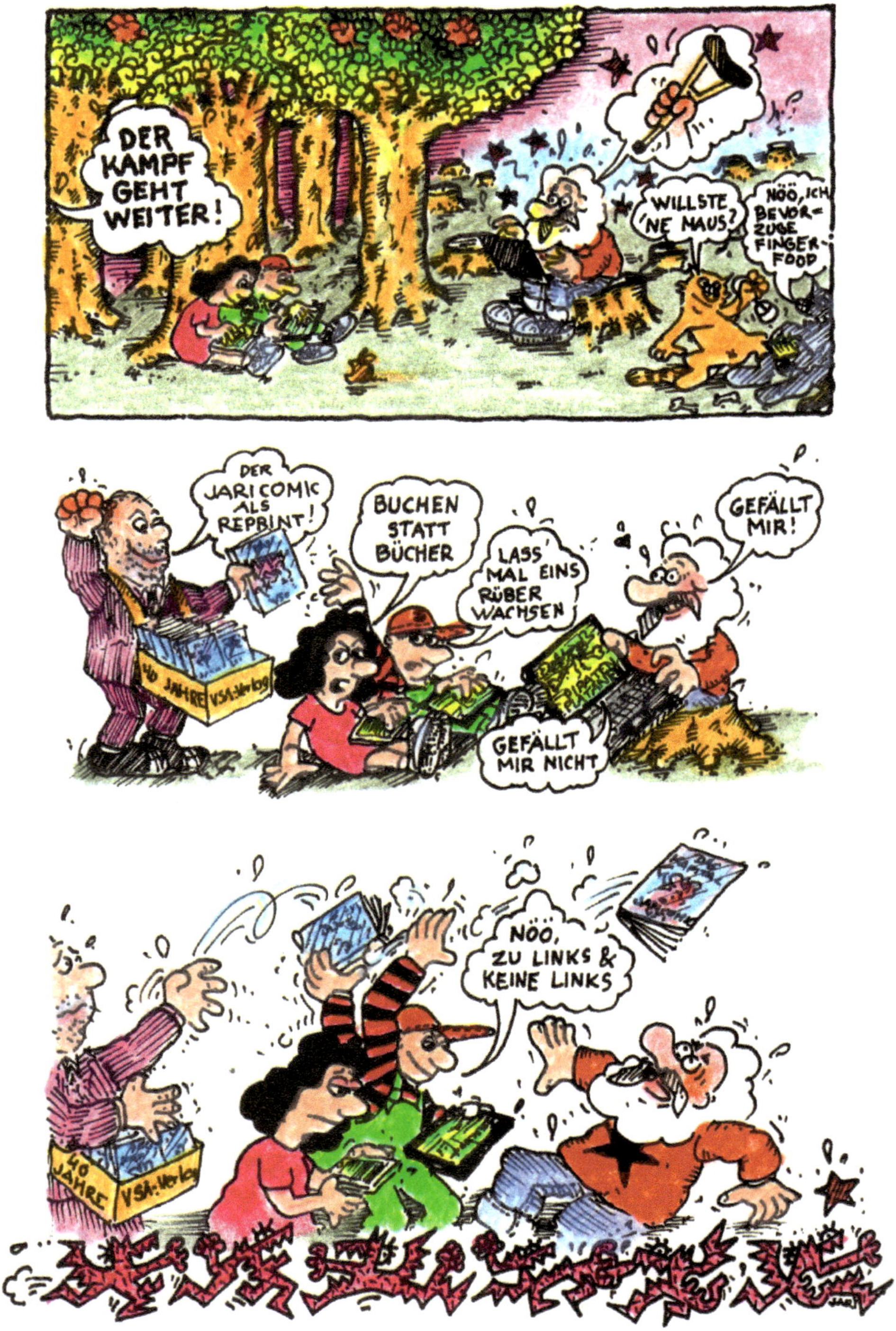

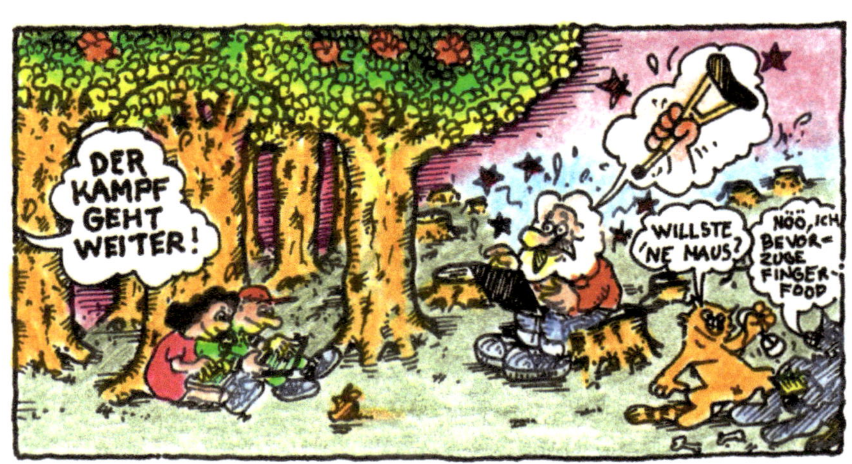

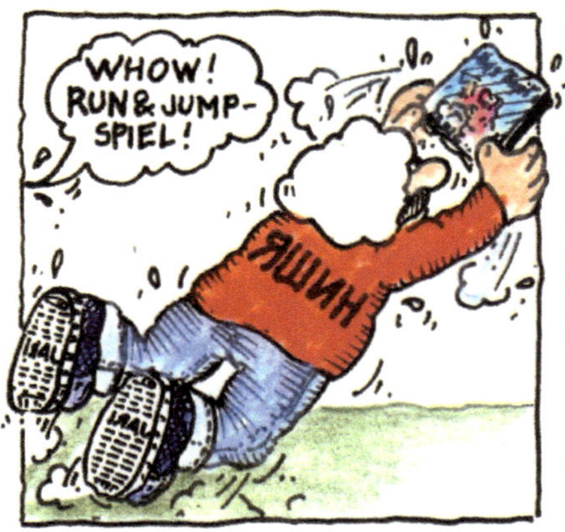
WHOW! RUN & JUMP-SPIEL!

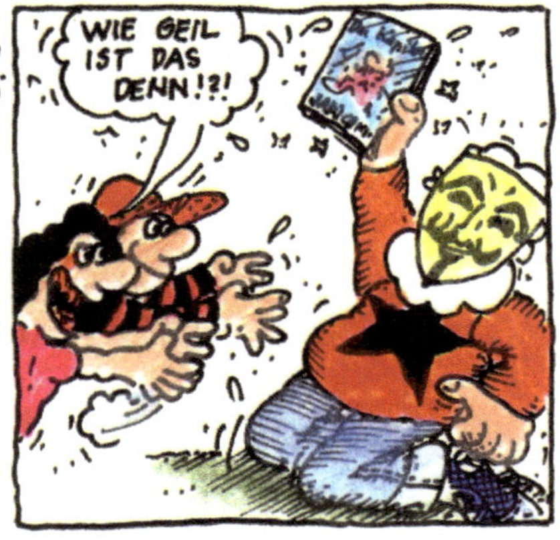
WIE GEIL IST DAS DENN!?!

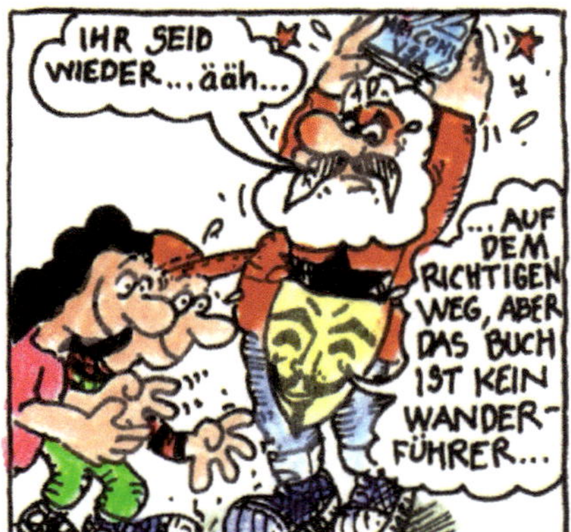
IHR SEID WIEDER ... ääh ...
... AUF DEM RICHTIGEN WEG, ABER DAS BUCH IST KEIN WANDERFÜHRER ...

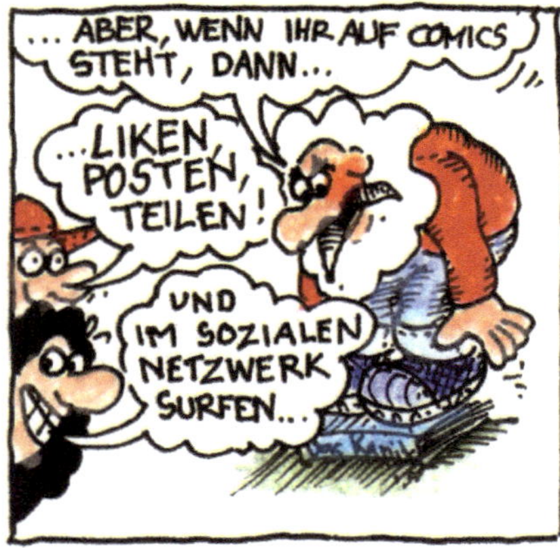
... ABER, WENN IHR AUF COMICS STEHT, DANN ...
... LIKEN, POSTEN, TEILEN!
UND IM SOZIALEN NETZWERK SURFEN ...

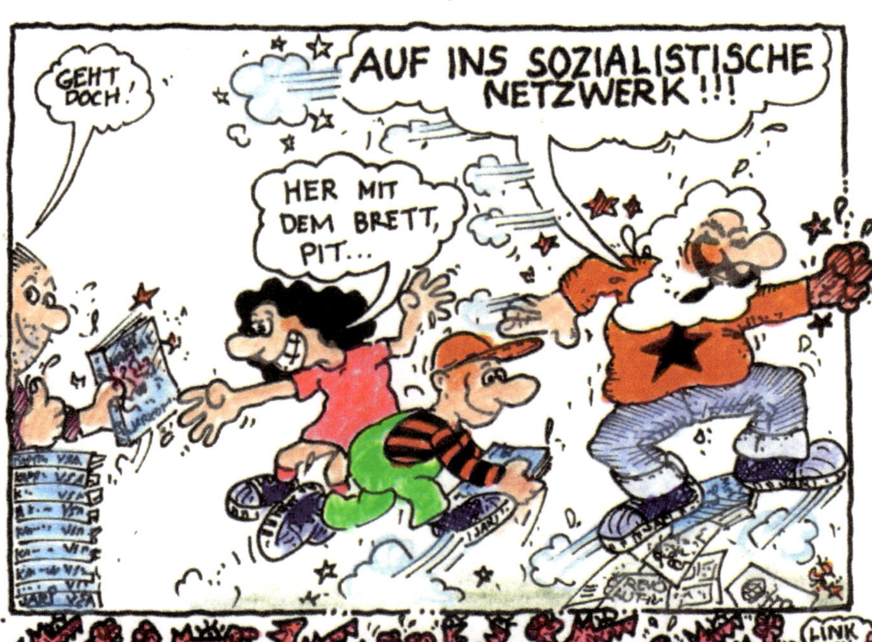
GEHT DOCH!
AUF INS SOZIALISTISCHE NETZWERK!!!
HER MIT DEM BRETT, PIT ...
LINK DICH EIN!

MARX KOMMT WIEDER

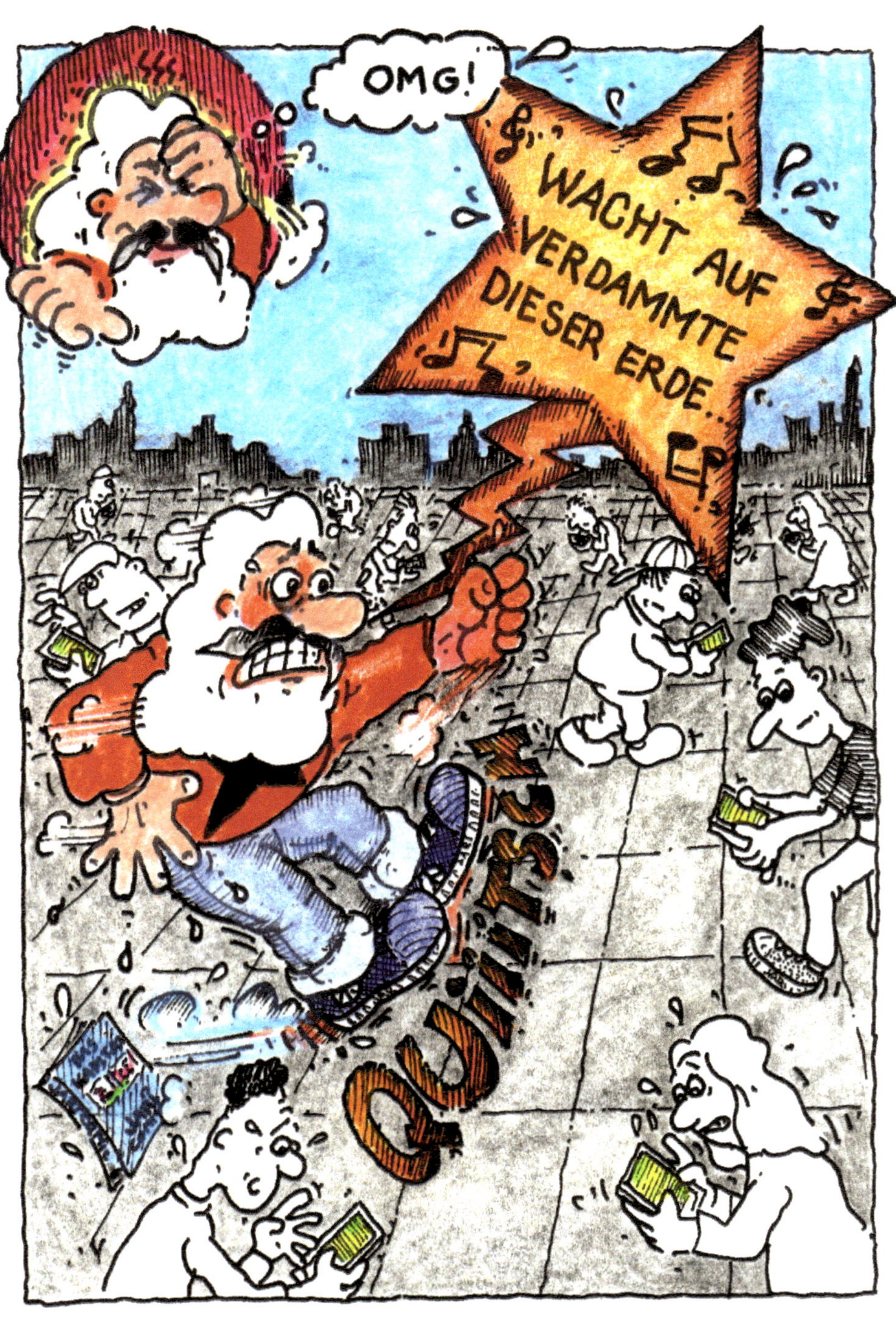

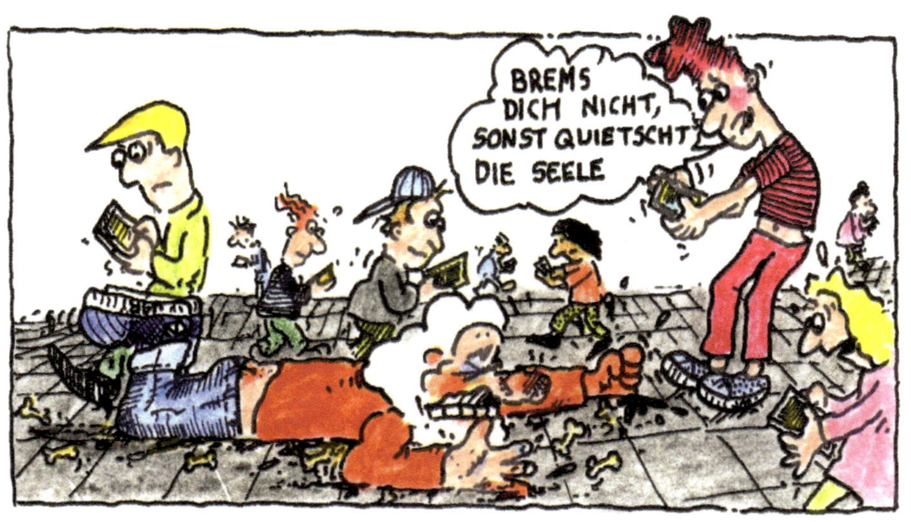
BREMS DICH NICHT, SONST QUIETSCHT DIE SEELE

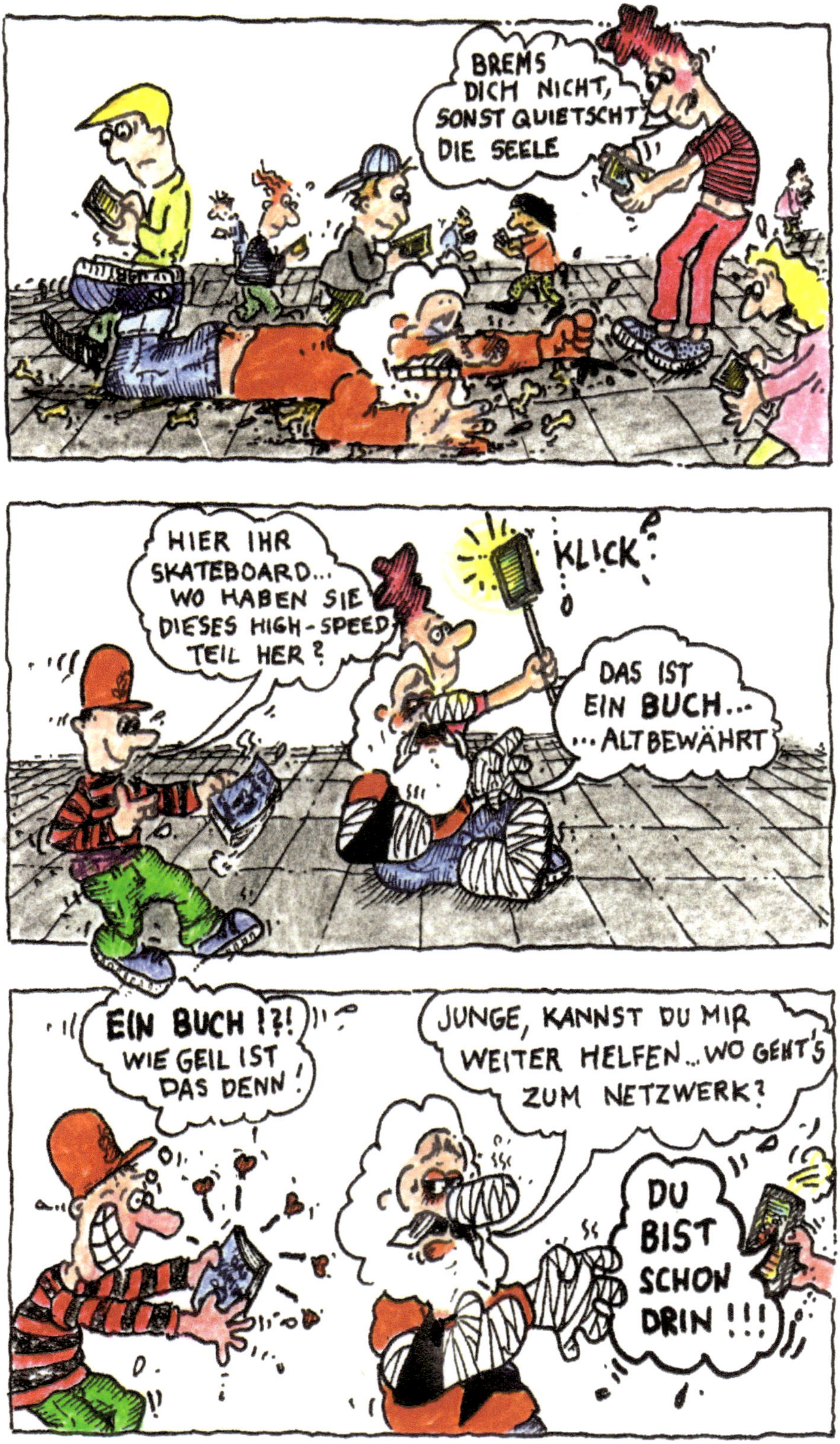

HIER IHR SKATEBOARD... WO HABEN SIE DIESES HIGH-SPEED TEIL HER?
KLICK
DAS IST EIN BUCH... ...ALTBEWÄHRT

EIN BUCH!?! WIE GEIL IST DAS DENN!
JUNGE, KANNST DU MIR WEITER HELFEN... WO GEHT'S ZUM NETZWERK?
DU BIST SCHON DRIN!!!

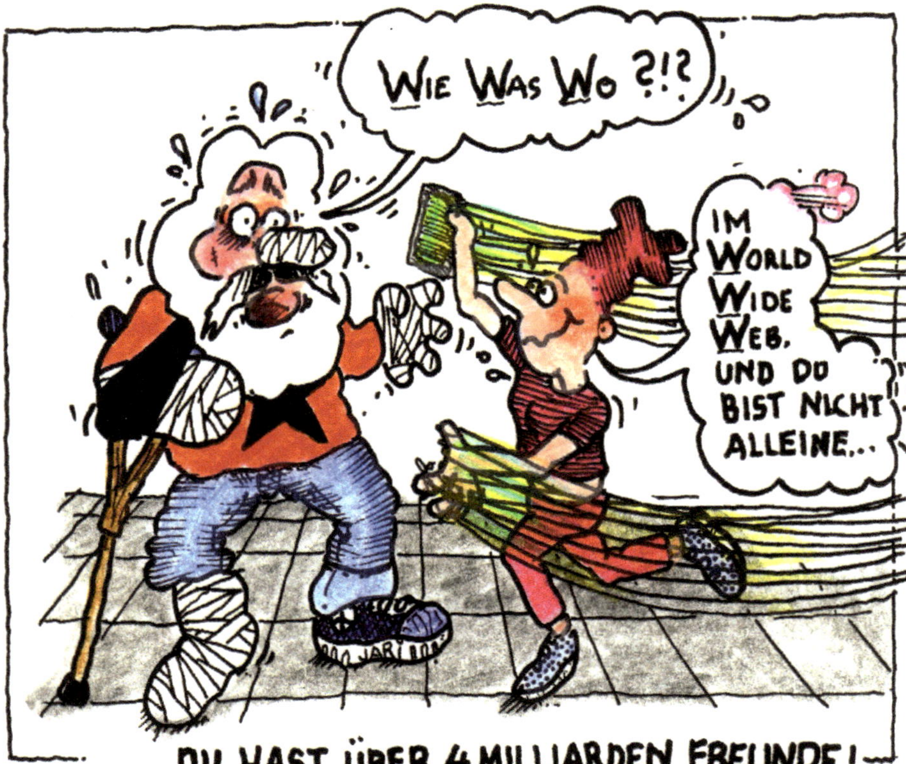

WIE WAS WO ?!?

IM WORLD WIDE WEB. UND DU BIST NICHT ALLEINE...

......, DU HAST ÜBER 4 MILLIARDEN FREUNDE!

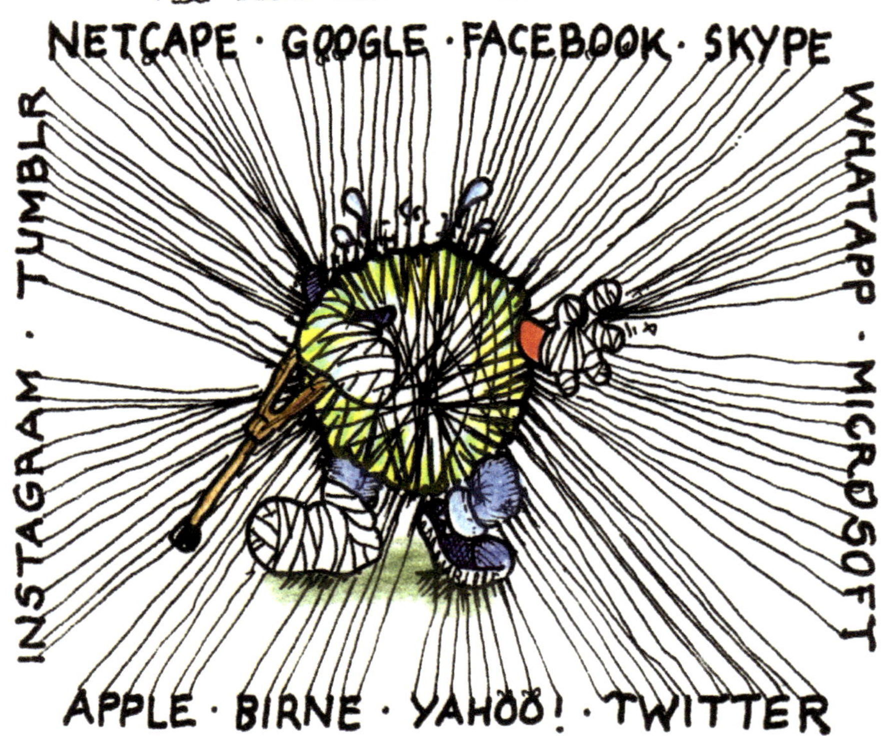

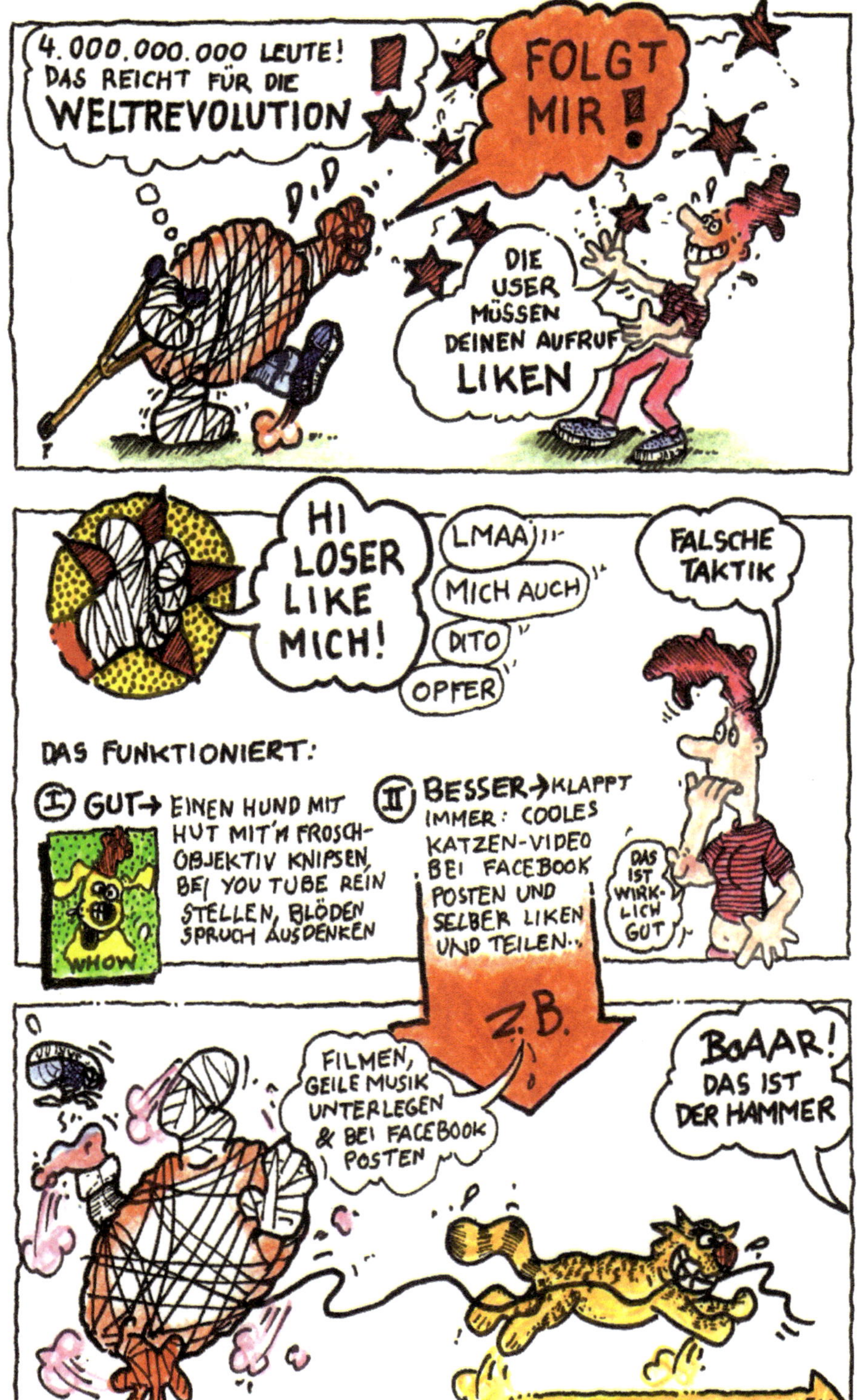
4.000.000.000 LEUTE! DAS REICHT FÜR DIE WELTREVOLUTION
FOLGT MIR!
DIE USER MÜSSEN DEINEN AUFRUF LIKEN
HI LOSER LIKE MICH!
LMAA
MICH AUCH
DITO
OPFER
FALSCHE TAKTIK
DAS FUNKTIONIERT:
I GUT → EINEN HUND MIT HUT MIT'M FROSCH-OBJEKTIV KNIPSEN, BEI YOU TUBE REIN STELLEN, BLÖDEN SPRUCH AUSDENKEN
WHOW
II BESSER → KLAPPT IMMER: COOLES KATZEN-VIDEO BEI FACEBOOK POSTEN UND SELBER LIKEN UND TEILEN..
DAS IST WIRKLICH GUT
Z.B.
FILMEN, GEILE MUSIK UNTERLEGEN & BEI FACEBOOK POSTEN
BOAAR! DAS IST DER HAMMER
UNBEDINGT ZU ENDE GUCKEN

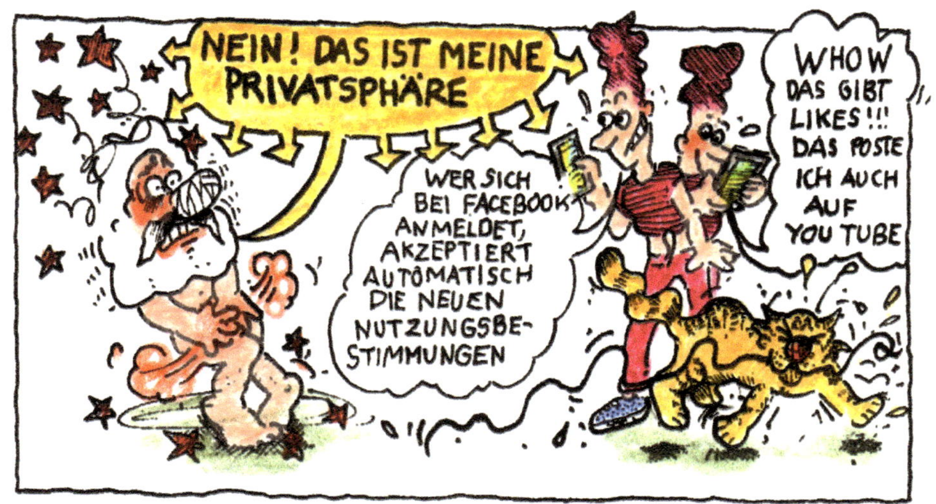
NEIN! DAS IST MEINE PRIVATSPHÄRE
WER SICH BEI FACEBOOK ANMELDET, AKZEPTIERT AUTOMATISCH DIE NEUEN NUTZUNGSBESTIMMUNGEN
WHOW DAS GIBT LIKES!!! DAS POSTE ICH AUCH AUF YOU TUBE

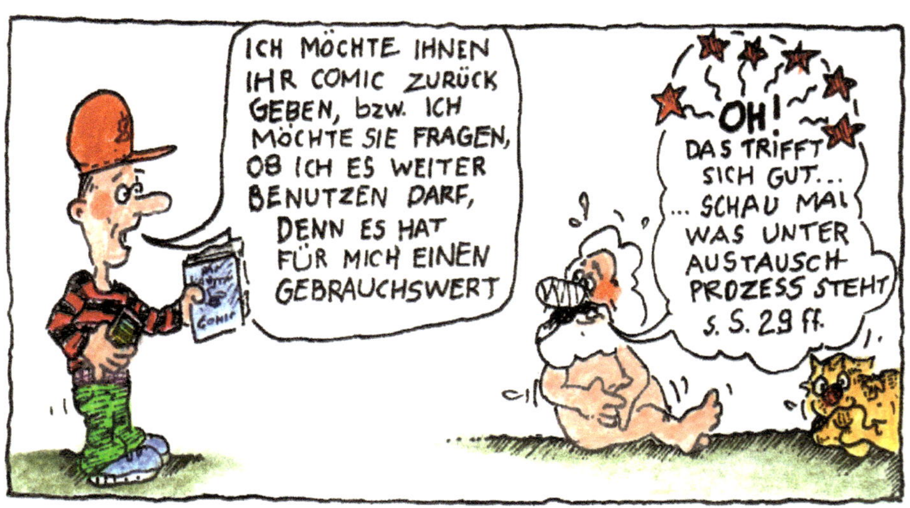
ICH MÖCHTE IHNEN IHR COMIC ZURÜCK GEBEN, bzw. ICH MÖCHTE SIE FRAGEN, OB ICH ES WEITER BENUTZEN DARF, DENN ES HAT FÜR MICH EINEN GEBRAUCHSWERT
OH! DAS TRIFFT SICH GUT... ... SCHAU MAL WAS UNTER AUSTAUSCHPROZESS STEHT S. S. 29 ff.

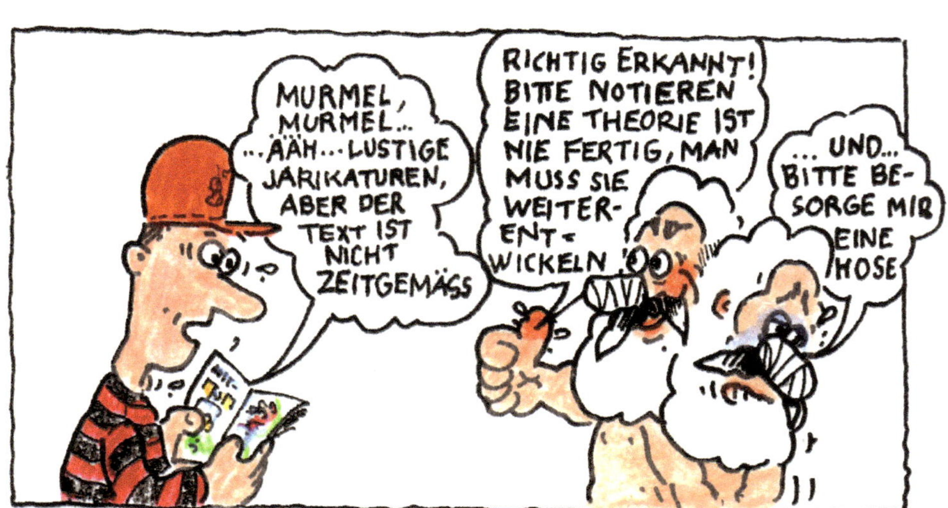
MURMEL, MURMEL... ...ÄÄH... LUSTIGE JARIKATUREN, ABER DER TEXT IST NICHT ZEITGEMÄSS
RICHTIG ERKANNT! BITTE NOTIEREN EINE THEORIE IST NIE FERTIG, MAN MUSS SIE WEITER-ENT-WICKELN
... UND... BITTE BESORGE MIR EINE HOSE

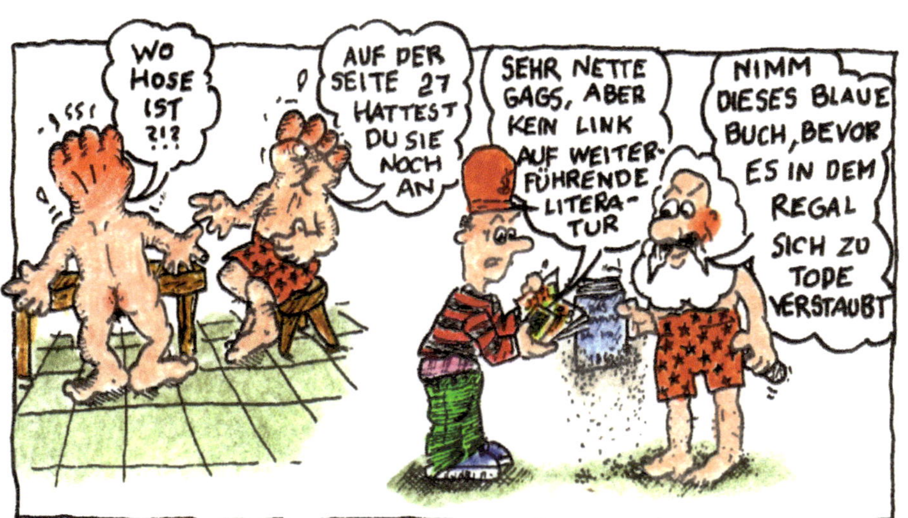
WO HOSE IST ?!?
AUF DER SEITE 27 HATTEST DU SIE NOCH AN
SEHR NETTE GAGS, ABER KEIN LINK AUF WEITERFÜHRENDE LITERATUR
NIMM DIESES BLAUE BUCH, BEVOR ES IN DEM REGAL SICH ZU TODE VERSTAUBT

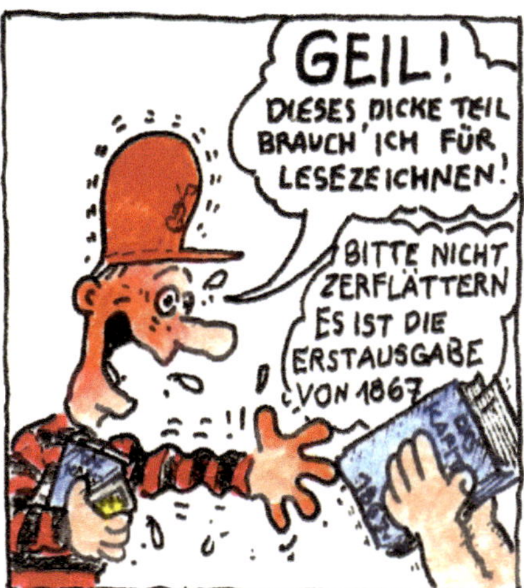
GEIL!
DIESES DICKE TEIL BRAUCH ICH FÜR LESEZEICHNEN!
BITTE NICHT ZERFLÄTTERN ES IST DIE ERSTAUSGABE VON 1867

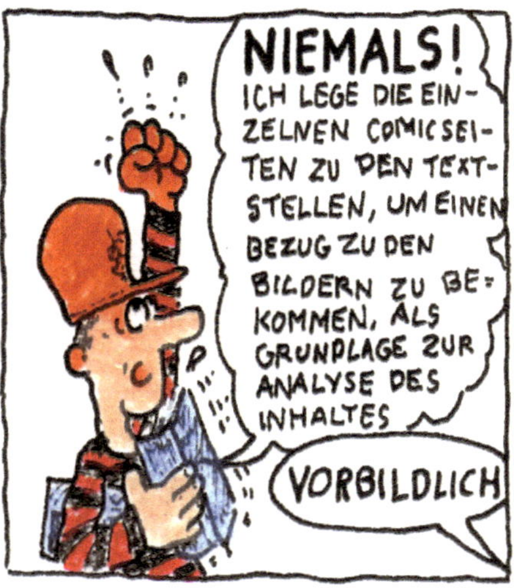
NIEMALS!
ICH LEGE DIE EINZELNEN COMICSEITEN ZU DEN TEXTSTELLEN, UM EINEN BEZUG ZU DEN BILDERN ZU BEKOMMEN, ALS GRUNDLAGE ZUR ANALYSE DES INHALTES
VORBILDLICH

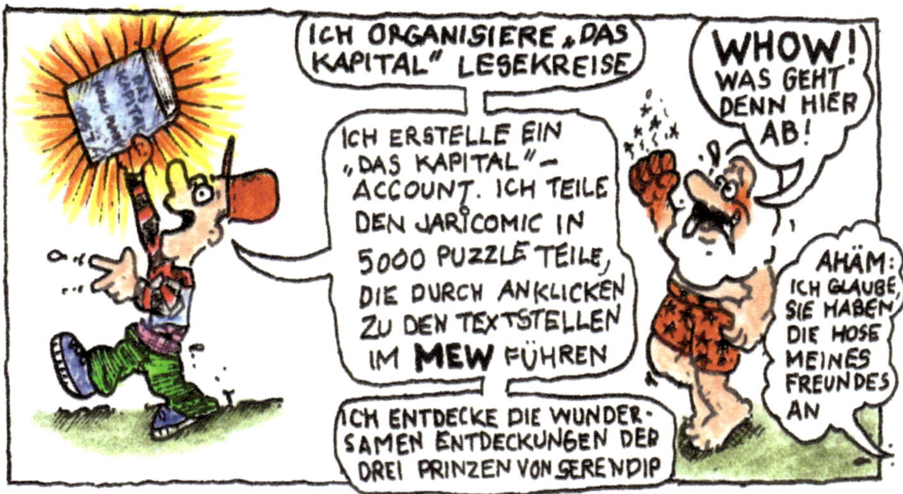
ICH ORGANISIERE „DAS KAPITAL" LESEKREISE
ICH ERSTELLE EIN „DAS KAPITAL"-ACCOUNT. ICH TEILE DEN JARICOMIC IN 5000 PUZZLE TEILE, DIE DURCH ANKLICKEN ZU DEN TEXTSTELLEN IM MEW FÜHREN
ICH ENTDECKE DIE WUNDERSAMEN ENTDECKUNGEN DER DREI PRINZEN VON SERENDIP
WHOW! WAS GEHT DENN HIER AB!
AHÄM: ICH GLAUBE, SIE HABEN DIE HOSE MEINES FREUNDES AN

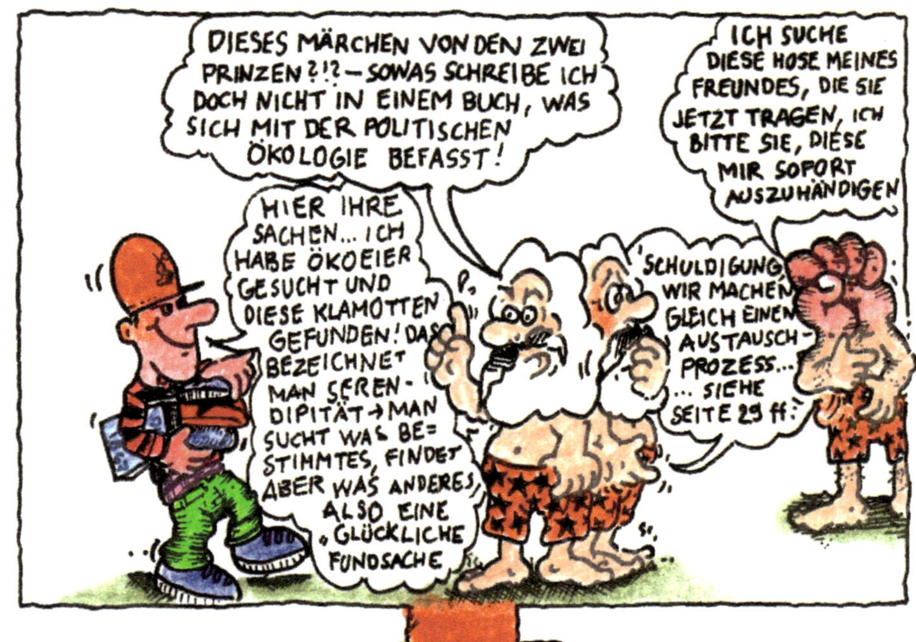

AUF GUT DEUTSCH:

DIE REGULATIONSTHEORIE → DIE KOMPLEMENTARITÄT UND DIE KONSISTENZ DER BESTANDTEILE EINER KOMPLEXEN GESELLSCHAFT IST NUR ALS KONSEQUENZ EINER KONSTELLATION GLÜCKLICHER ZUFÄLLE MÖGLICH

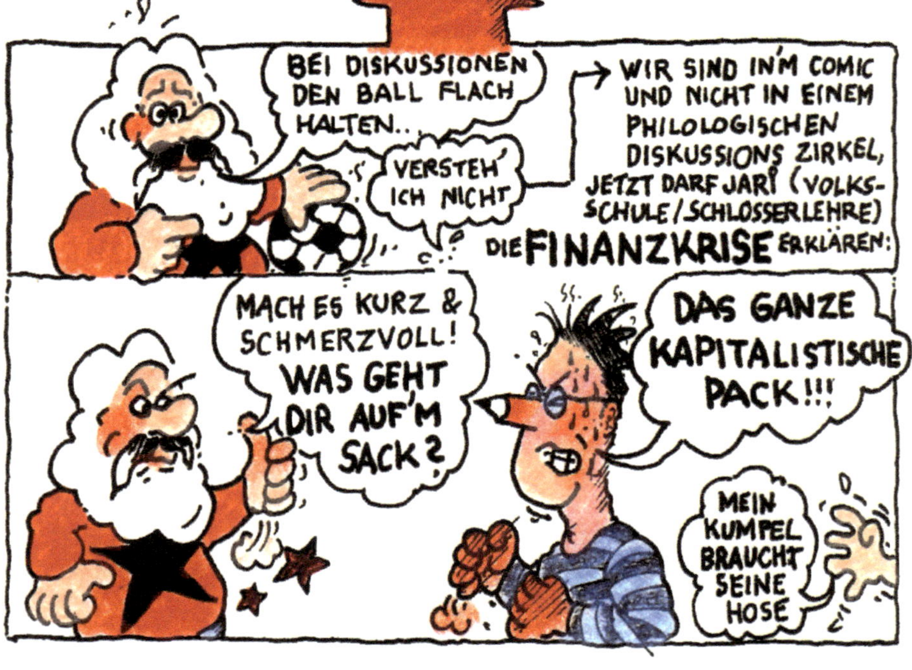

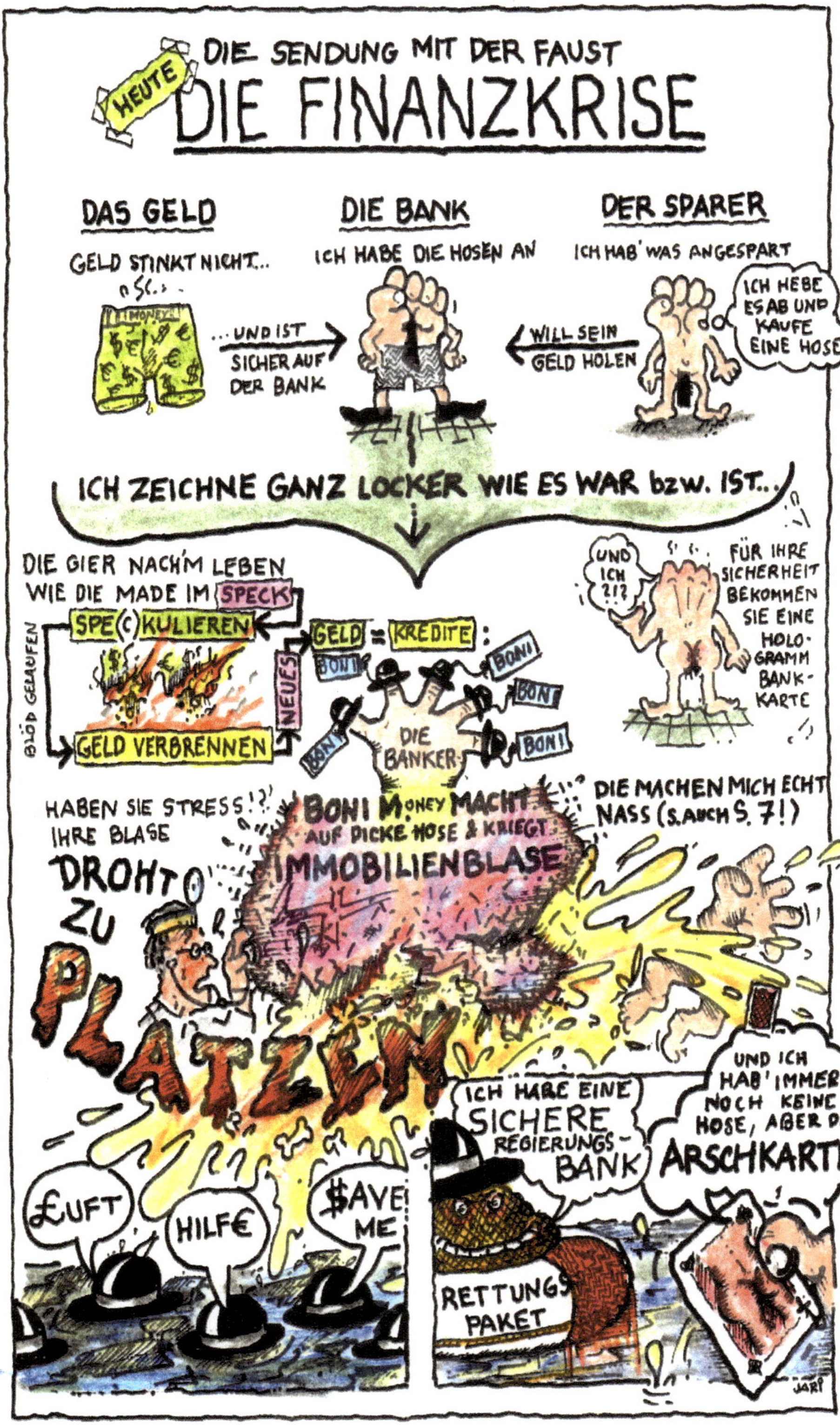

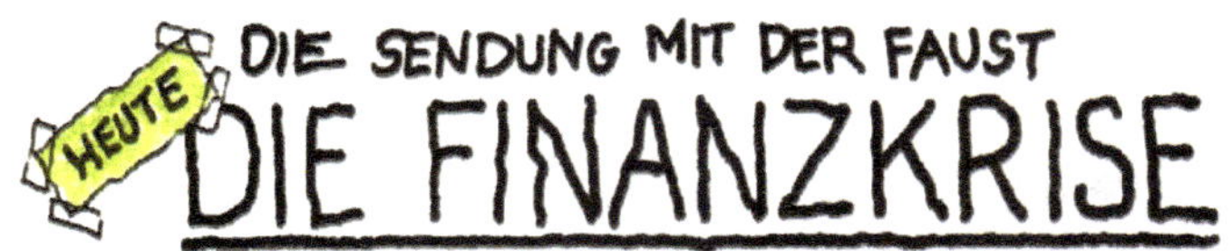

DAS GELD
GELD STINKT NICHT…
MONEY
…UND IST SICHER AUF DER BANK

DIE BANK
ICH HABE DIE HOSEN AN

DER SPARER
ICH HAB' WAS ANGESPART
ICH HEBE ES AB UND KAUFE EINE HOSE
WILL SEIN GELD HOLEN

ICH ZEICHNE GANZ LOCKER WIE ES WAR bzw. IST…

DIE GIER NACH'M LEBEN WIE DIE MADE IM SPECK
SPE(C)KULIEREN
GELD VERBRENNEN
BLÖD GELAUFEN
NEUES
GELD = KREDITE :
BONI
BONI
BONI
BONI
BONI
DIE BANKER

UND ICH ?!?
FÜR IHRE SICHERHEIT BEKOMMEN SIE EINE HOLOGRAMM BANK-KARTE

HABEN SIE STRESS ?!? IHRE BLASE
DROHT ZU PLATZEN
BONI MONEY MACHT AUF DICKE HOSE & KRIEGT IMMOBILIENBLASE
DIE MACHEN MICH ECHT NASS (S. AUCH S. 7!)

£UFT
HILF€
$AVE ME

ICH HABE EINE SICHERE REGIERUNGS-BANK
RETTUNGS PAKET

UND ICH HAB' IMMER NOCH KEINE HOSE, ABER DIE ARSCHKARTE

JARI

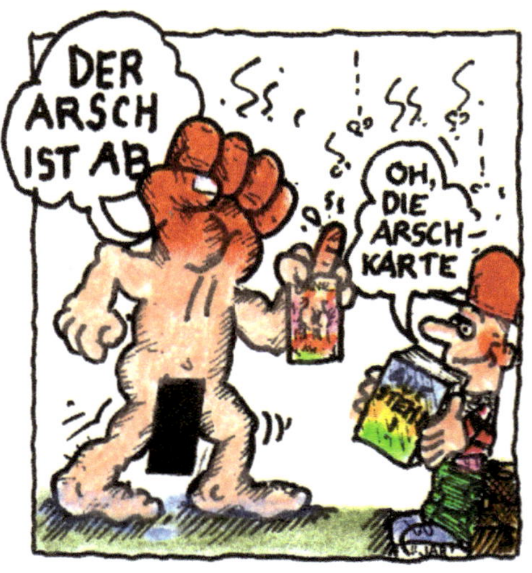
DER ARSCH IST AB
OH, DIE ARSCH-KARTE

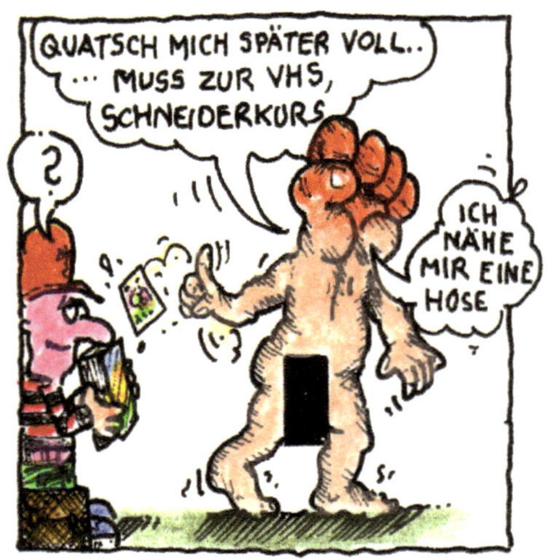
QUATSCH MICH SPÄTER VOLL.. ... MUSS ZUR VHS, SCHNEIDERKURS
?
ICH NÄHE MIR EINE HOSE

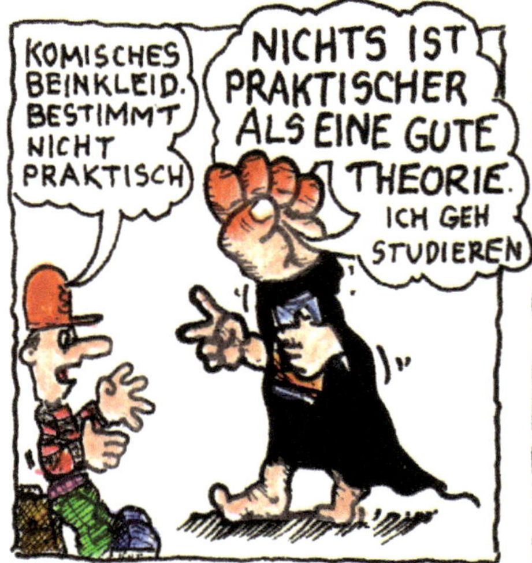
KOMISCHES BEINKLEID. BESTIMMT NICHT PRAKTISCH
NICHTS IST PRAKTISCHER ALS EINE GUTE THEORIE. ICH GEH STUDIEREN

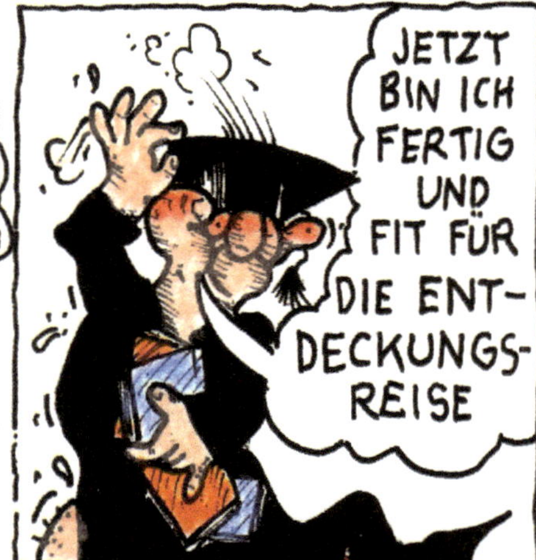
JETZT BIN ICH FERTIG UND FIT FÜR DIE ENT-DECKUNGS-REISE

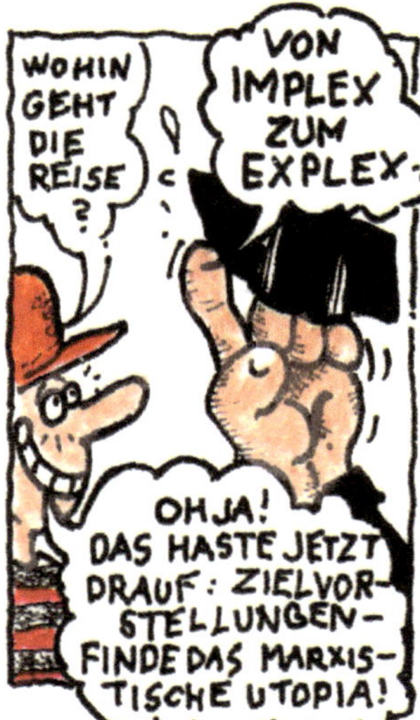
WOHIN GEHT DIE REISE ?
VON IMPLEX ZUM EXPLEX
OH JA! DAS HASTE JETZT DRAUF: ZIELVOR-STELLUNGEN-FINDE DAS MARXIS-TISCHE UTOPIA!

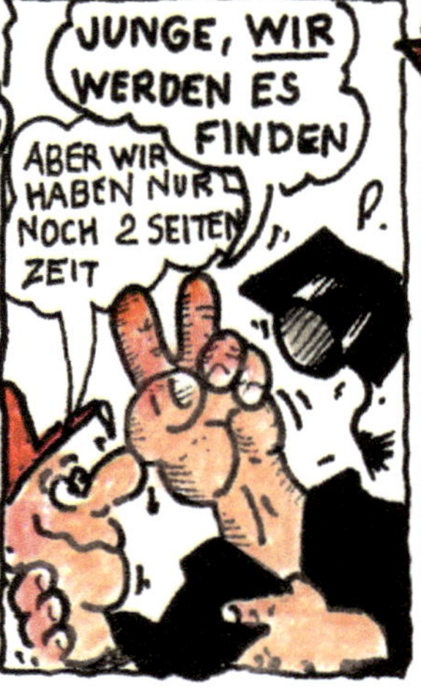
JUNGE, WIR WERDEN ES FINDEN
ABER WIR HABEN NUR NOCH 2 SEITEN ZEIT

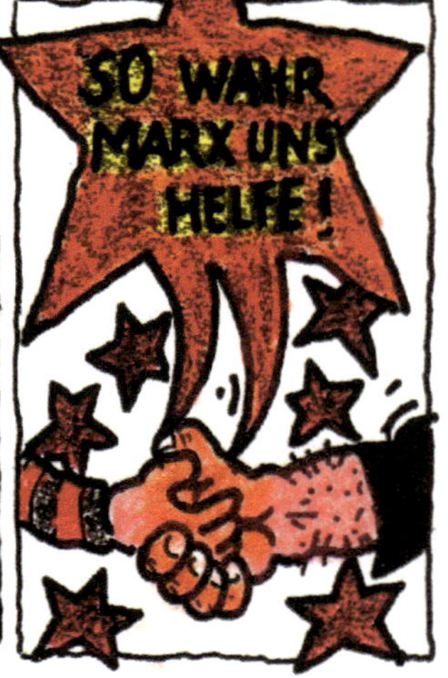
SO WAHR MARX UNS HELFE!

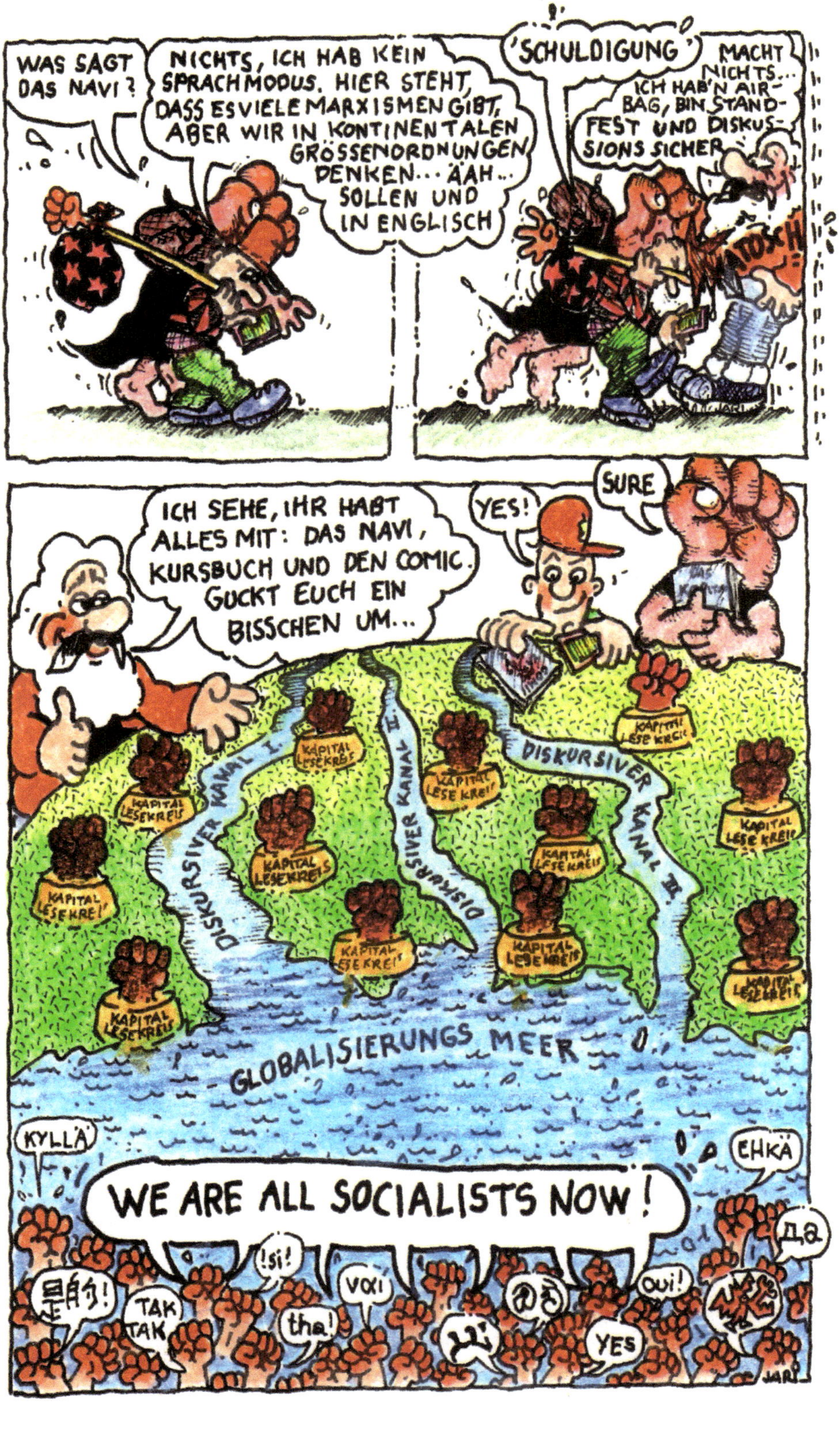

WAS SAGT DAS NAVI?
NICHTS, ICH HAB KEIN SPRACHMODUS. HIER STEHT, DASS ES VIELE MARXISMEN GIBT, ABER WIR IN KONTINENTALEN GRÖSSENORDNUNGEN DENKEN... ÄÄH... SOLLEN UND IN ENGLISCH
'SCHULDIGUNG'
MACHT NICHTS... ICH HAB'N AIR-BAG, BIN STAND-FEST UND DISKUS-SIONS SICHER

ICH SEHE, IHR HABT ALLES MIT: DAS NAVI, KURSBUCH UND DEN COMIC. GUCKT EUCH EIN BISSCHEN UM...
YES!
SURE
DISKURSIVER KANAL I
DISKURSIVER KANAL II
DISKURSIVER KANAL III
KAPITAL LESEKREIS
GLOBALISIERUNGS MEER
KYLLÄ
EHKÄ
WE ARE ALL SOCIALISTS NOW!
!SI!
OUI!
TAK TAK
tha!
YES
Да
JARI

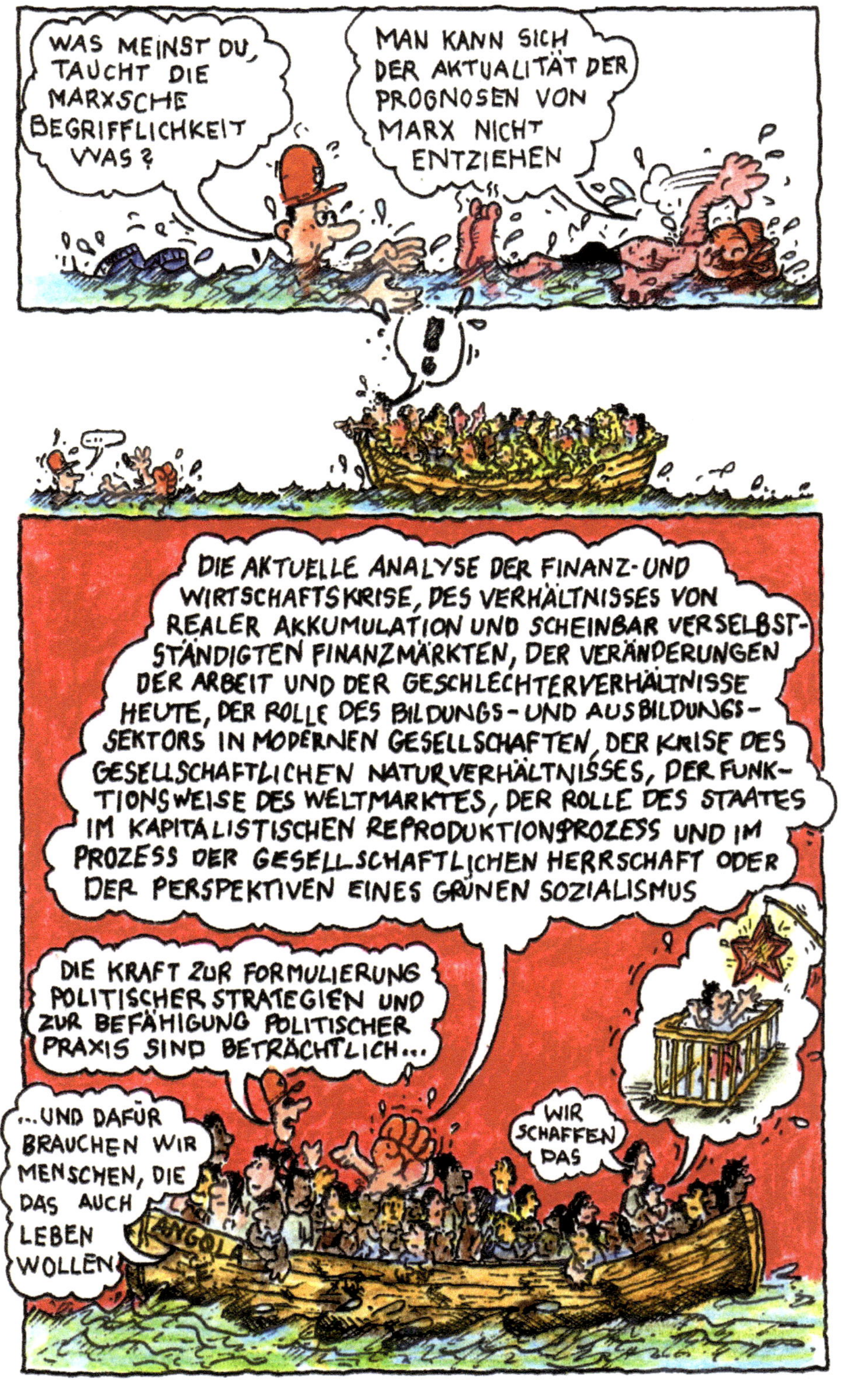
WAS MEINST DU, TAUCHT DIE MARXSCHE BEGRIFFLICHKEIT WAS?
MAN KANN SICH DER AKTUALITÄT DER PROGNOSEN VON MARX NICHT ENTZIEHEN
!
DIE AKTUELLE ANALYSE DER FINANZ- UND WIRTSCHAFTSKRISE, DES VERHÄLTNISSES VON REALER AKKUMULATION UND SCHEINBAR VERSELBSTSTÄNDIGTEN FINANZMÄRKTEN, DER VERÄNDERUNGEN DER ARBEIT UND DER GESCHLECHTERVERHÄLTNISSE HEUTE, DER ROLLE DES BILDUNGS- UND AUSBILDUNGSSEKTORS IN MODERNEN GESELLSCHAFTEN, DER KRISE DES GESELLSCHAFTLICHEN NATURVERHÄLTNISSES, DER FUNKTIONSWEISE DES WELTMARKTES, DER ROLLE DES STAATES IM KAPITALISTISCHEN REPRODUKTIONSPROZESS UND IM PROZESS DER GESELLSCHAFTLICHEN HERRSCHAFT ODER DER PERSPEKTIVEN EINES GRÜNEN SOZIALISMUS
DIE KRAFT ZUR FORMULIERUNG POLITISCHER STRATEGIEN UND ZUR BEFÄHIGUNG POLITISCHER PRAXIS SIND BETRÄCHTLICH...
...UND DAFÜR BRAUCHEN WIR MENSCHEN, DIE DAS AUCH LEBEN WOLLEN!
WIR SCHAFFEN DAS
ANGOLA

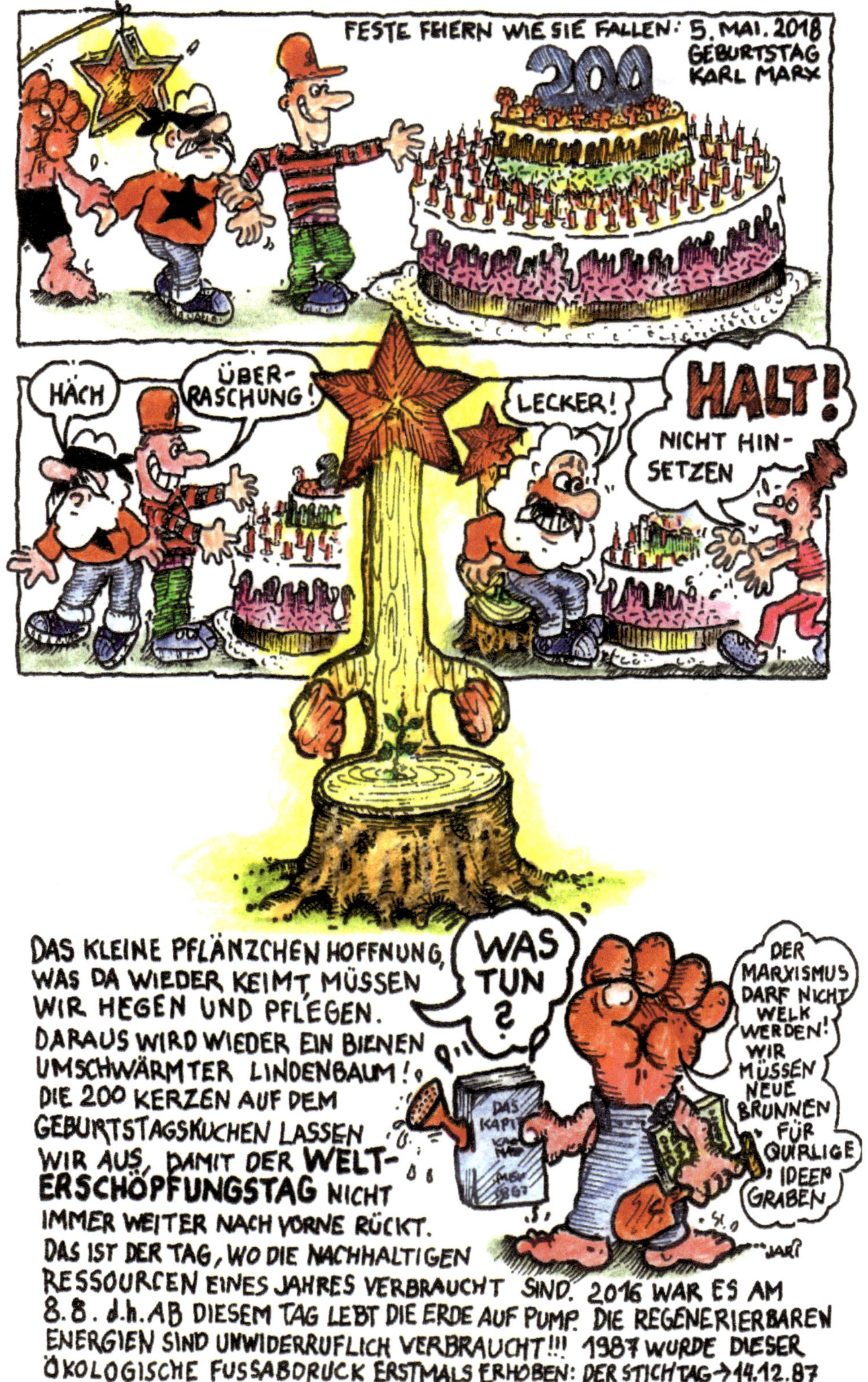
FESTE FEIERN WIE SIE FALLEN: 5. MAI. 2018 GEBURTSTAG KARL MARX
200
HÄCH
ÜBER-RASCHUNG!
LECKER!
HALT! NICHT HINSETZEN
DAS KLEINE PFLÄNZCHEN HOFFNUNG, WAS DA WIEDER KEIMT, MÜSSEN WIR HEGEN UND PFLEGEN.
DARAUS WIRD WIEDER EIN BIENEN UMSCHWÄRMTER LINDENBAUM!
DIE 200 KERZEN AUF DEM GEBURTSTAGSKUCHEN LASSEN WIR AUS, DAMIT DER WELT-ERSCHÖPFUNGSTAG NICHT IMMER WEITER NACH VORNE RÜCKT.
DAS IST DER TAG, WO DIE NACHHALTIGEN RESSOURCEN EINES JAHRES VERBRAUCHT SIND. 2016 WAR ES AM 8.8. d.h. AB DIESEM TAG LEBT DIE ERDE AUF PUMP. DIE REGENERIERBAREN ENERGIEN SIND UNWIDERRUFLICH VERBRAUCHT!!! 1987 WURDE DIESER ÖKOLOGISCHE FUSSABDRUCK ERSTMALS ERHOBEN: DER STICHTAG → 14.12.87
WAS TUN?
DER MARXISMUS DARF NICHT WELK WERDEN! WIR MÜSSEN NEUE BRUNNEN FÜR QUIRLIGE IDEEN GRABEN
JARI

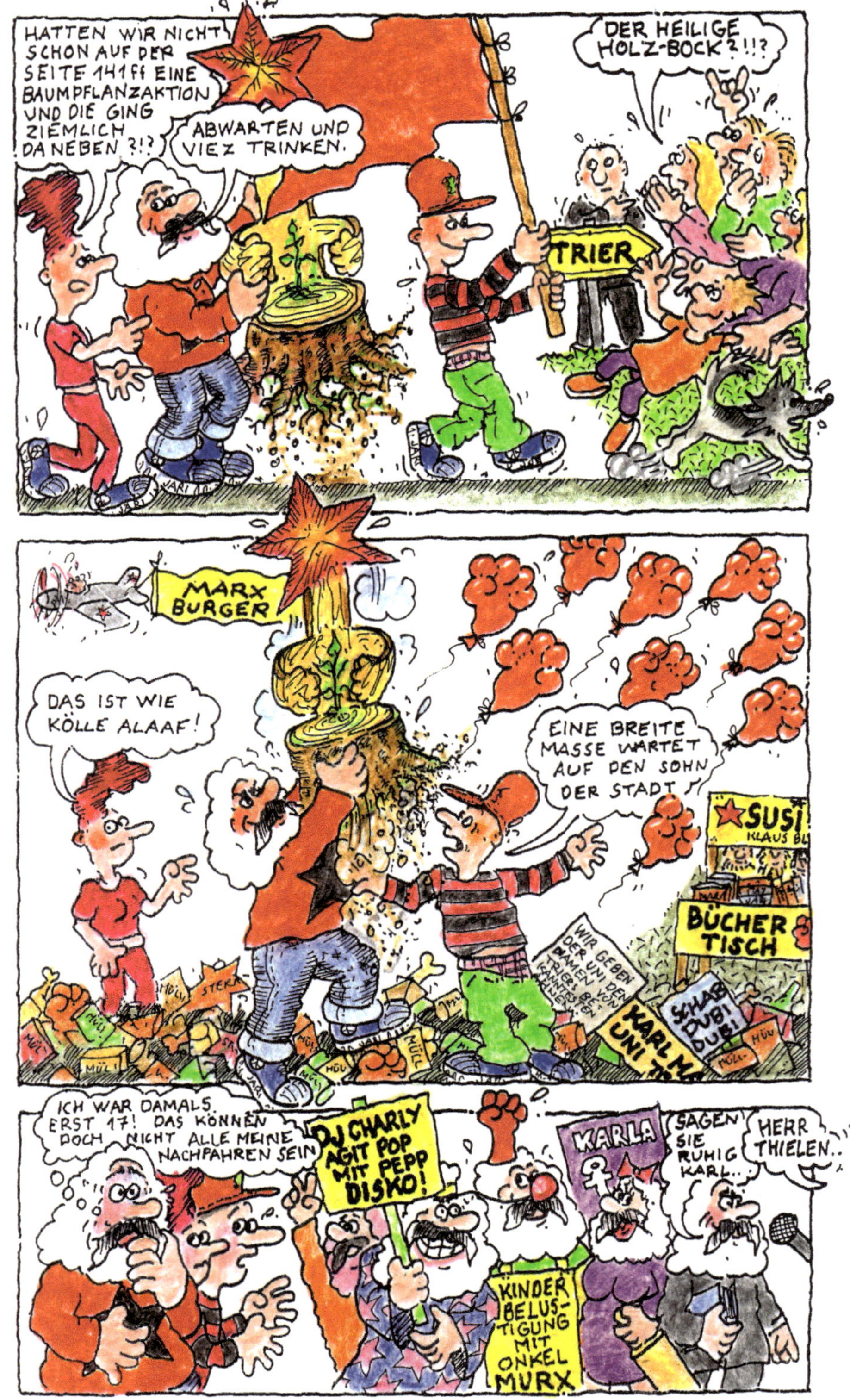
HATTEN WIR NICHT SCHON AUF DER SEITE 141ff EINE BAUMPFLANZAKTION UND DIE GING ZIEMLICH DANEBEN ?!?
ABWARTEN UND VIEZ TRINKEN.
DER HEILIGE HOLZ-BOCK ?!!?
TRIER
MARX BURGER
DAS IST WIE KÖLLE ALAAF!
EINE BREITE MASSE WARTET AUF DEN SOHN DER STADT
SUSI
BÜCHER TISCH
SCHABI DUBI DUBI
ICH WAR DAMALS ERST 17! DAS KÖNNEN DOCH NICHT ALLE MEINE NACHFAHREN SEIN
DJ CHARLY AGIT POP MIT PEPP DISKO!
KARLA
SAGEN SIE RUHIG KARL..
HERR THIELEN..
KINDER BELUSTIGUNG MIT ONKEL MURX

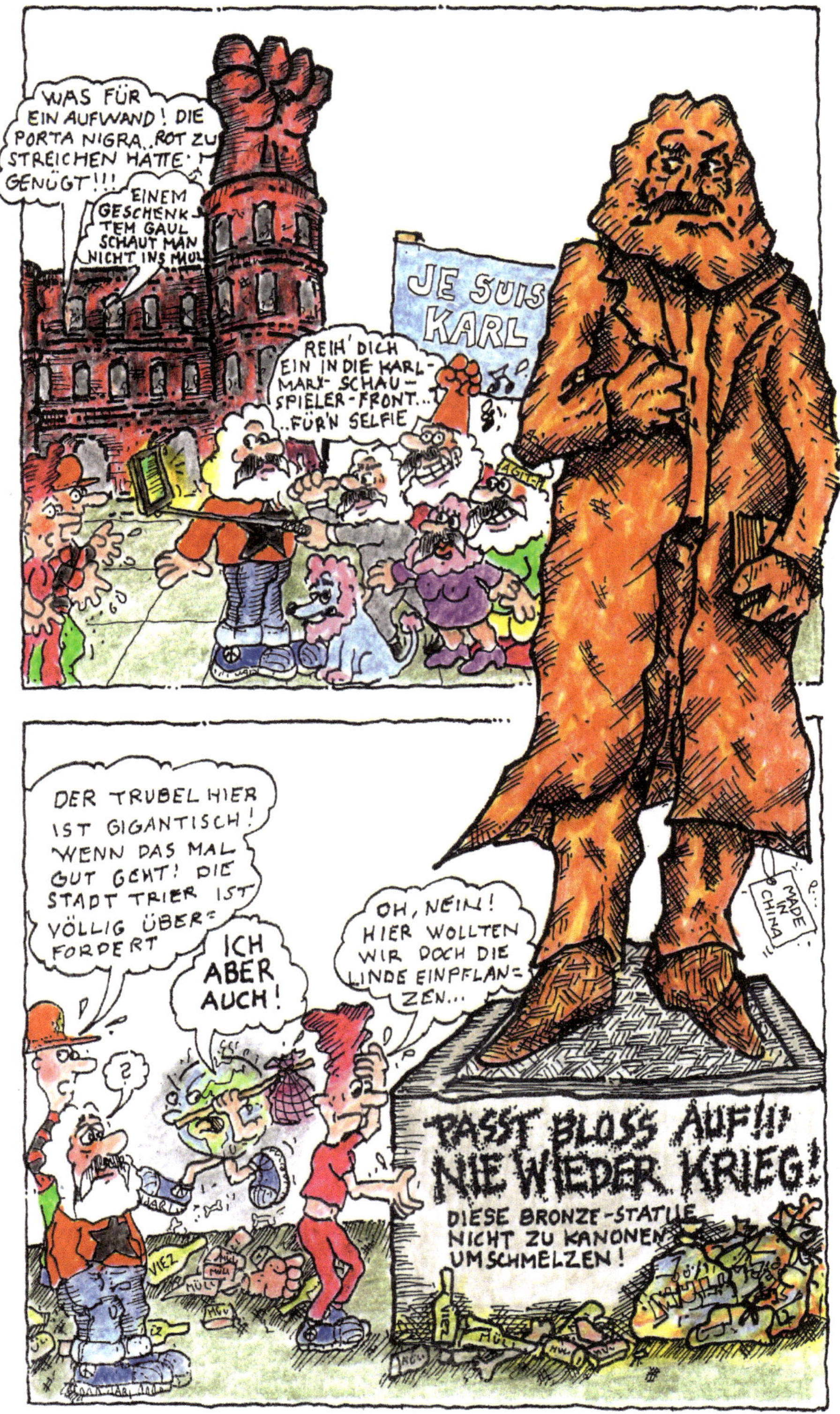

WAS FÜR EIN AUFWAND! DIE PORTA NIGRA ROT ZU STREICHEN HÄTTE GENÜGT!!!
EINEM GESCHENK-TEM GAUL SCHAUT MAN NICHT INS MAU
JE SUIS KARL
REIH' DICH EIN IN DIE KARL-MARX-SCHAU-SPIELER-FRONT... ..FÜR'N SELFIE
DER TRUBEL HIER IST GIGANTISCH! WENN DAS MAL GUT GEHT! DIE STADT TRIER IST VÖLLIG ÜBER-FORDERT
?
ICH ABER AUCH!
OH, NEIN! HIER WOLLTEN WIR DOCH DIE LINDE EINPFLAN-ZEN...
MADE IN CHINA
PASST BLOSS AUF!!! NIE WIEDER KRIEG!
DIESE BRONZE-STATUE NICHT ZU KANONEN UMSCHMELZEN!

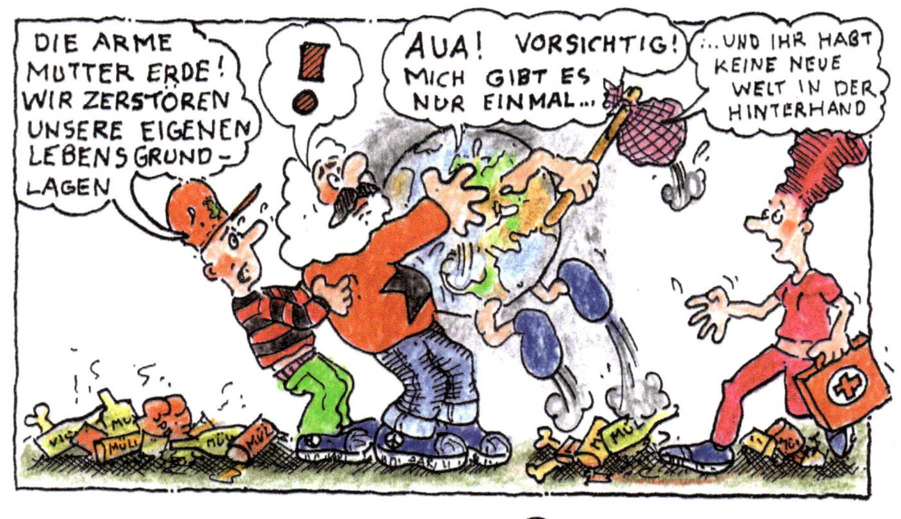
DIE ARME MUTTER ERDE! WIR ZERSTÖREN UNSERE EIGENEN LEBENSGRUND-LAGEN
!
AUA! VORSICHTIG! MICH GIBT ES NUR EINMAL...
...UND IHR HABT KEINE NEUE WELT IN DER HINTERHAND

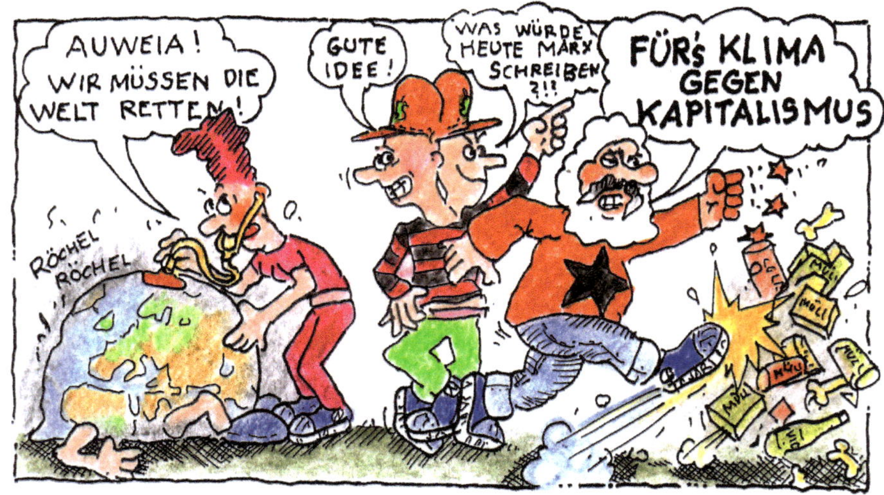
AUWEIA! WIR MÜSSEN DIE WELT RETTEN!
RÖCHEL RÖCHEL
GUTE IDEE!
WAS WÜRDE HEUTE MARX SCHREIBEN ?!!
FÜR'S KLIMA GEGEN KAPITALISMUS

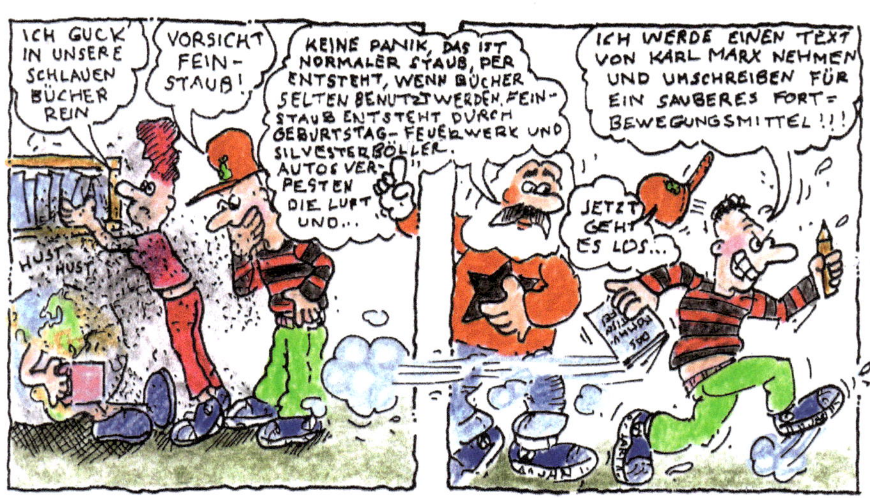
ICH GUCK IN UNSERE SCHLAUEN BÜCHER REIN
VORSICHT FEIN-STAUB!
HUST HUST
KEINE PANIK, DAS IST NORMALER STAUB, DER ENTSTEHT, WENN BÜCHER SELTEN BENUTZT WERDEN. FEIN-STAUB ENTSTEHT DURCH GEBURTSTAG-FEUERWERK UND SILVESTERBÖLLER. AUTOS VER-PESTEN DIE LUFT UND...
ICH WERDE EINEN TEXT VON KARL MARX NEHMEN UND UMSCHREIBEN FÜR EIN SAUBERES FORT-BEWEGUNGSMITTEL!!!
JETZT GEHT ES LOS...

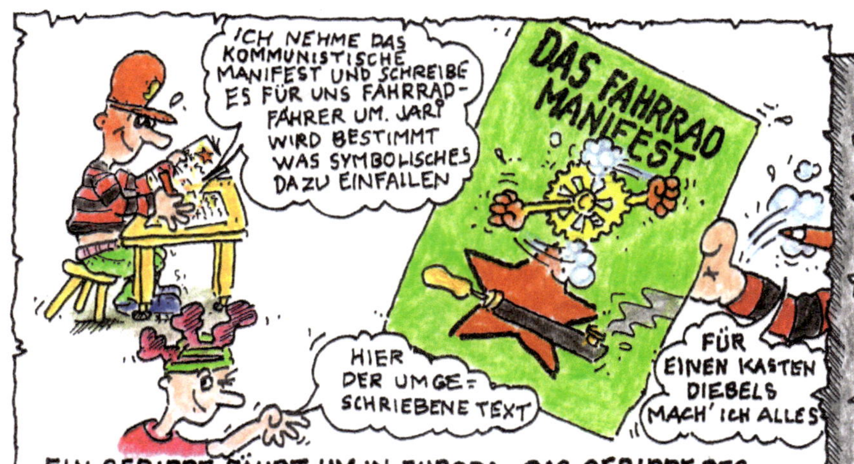

EIN GERIPPE FÄHRT UM IN EUROPA. DAS GERIPPE DES STAHLROSSES. ALLE VERBRENNUNGS MOTOREN HABEN SICH ZU EINER MOTORISIERTEN HETZJAGD GEGEN DIESES GERIPPE VERBÜNDET, DIE INDUSTRIE UND KANZLER(IN) FORSCHUNGSMINISTER UND VERKEHRSPLANER, AUTOBAHNBAUER UND POLIZISTEN. WO SIND DIE FAHRRÄDER, DIE NICHT VOM MOLOCH DES ERDÖLMONOPOLS GESCHLUCKT WORDEN SIND? WO SIND DIE FAHRRÄDER, DIE NICHT VON DER VERKEHRSPOLITIK ZERMAHLEN WORDEN SIND? WAS GEHT AUS DIESEN TÄTIGKEITEN HERVOR? – DAS STAHLROSS IST BEREITS VON ALLEN MOTORISIERTEN ALS LAST ANERKANNT. ES IST DIE HOHE ZEIT, DASS DIE STAHLRÖSSER IHRE DASEINSBERECHTIGUNG, DIE FAHRTÜCHTIGKEIT UND RADFAHRWEGFORDERUNGEN VOR DER GANZEN WELT DARLEGEN UND DER GESCHICHTE VOM GERIPPE DES STAHLROSSES DURCH EIN MANIFEST DES FAHRRADES SICH SELBST ENTGEGENSTELLEN!!!

FAHRRÄDER UND FAHRRÄDERINNEN ALLER LÄNDER VEREINIGT EUCH!!!

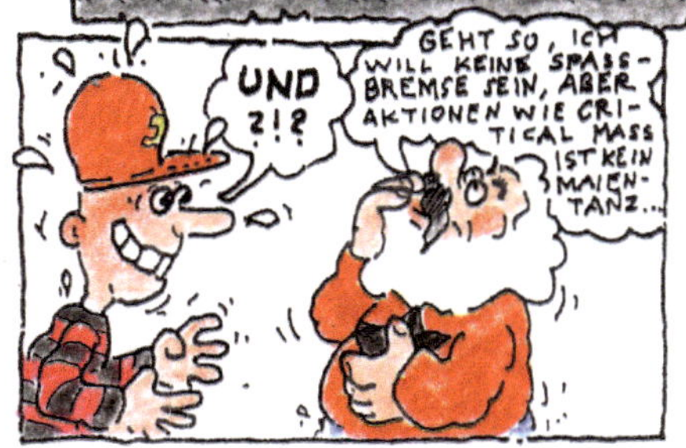

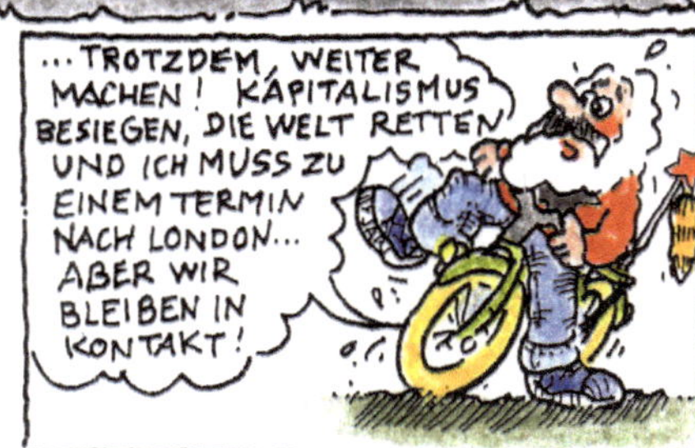

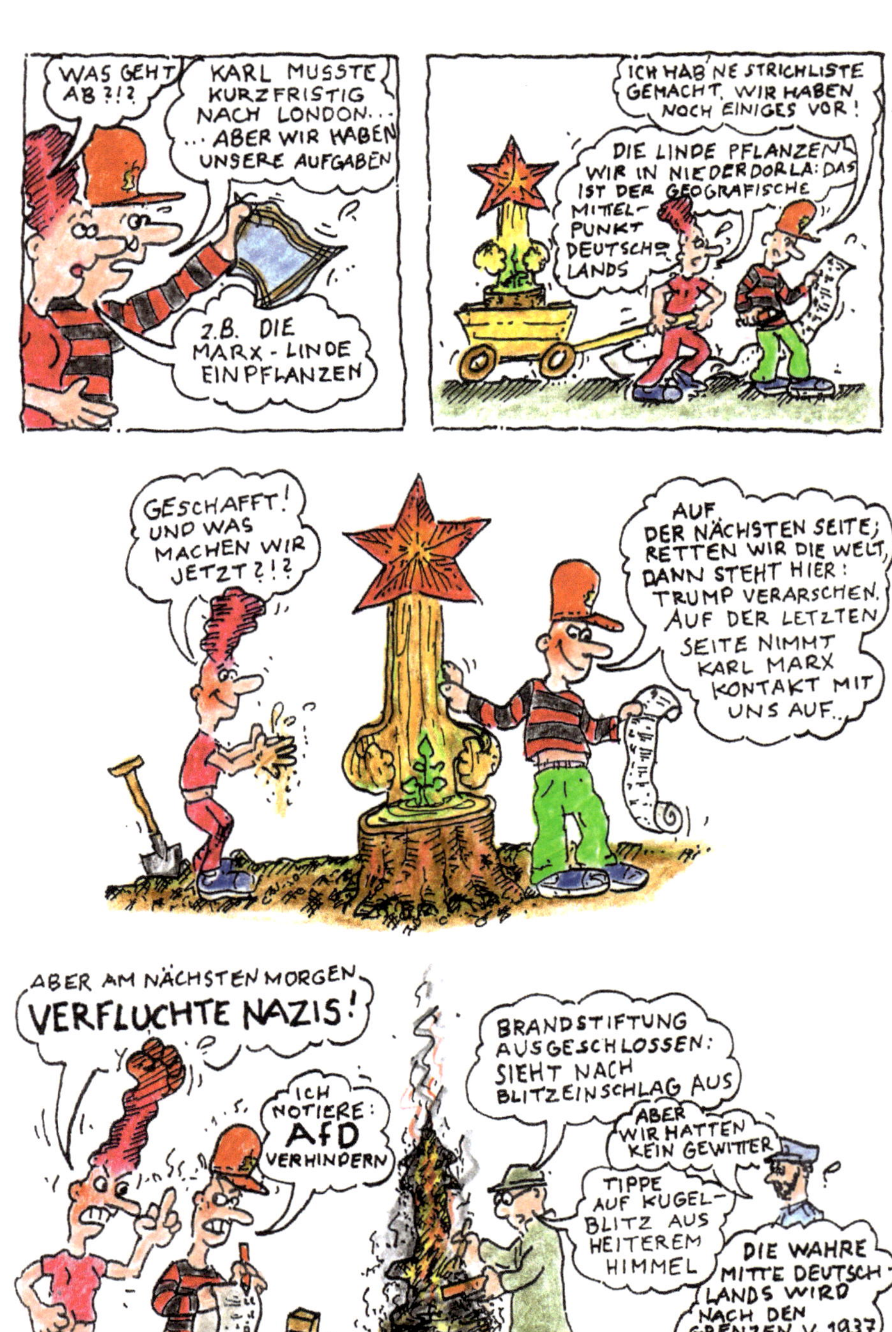
WAS GEHT AB?!?
KARL MUSSTE KURZFRISTIG NACH LONDON... ...ABER WIR HABEN UNSERE AUFGABEN
Z.B. DIE MARX-LINDE EINPFLANZEN
ICH HAB'NE STRICHLISTE GEMACHT, WIR HABEN NOCH EINIGES VOR!
DIE LINDE PFLANZEN WIR IN NIEDERDORLA: DAS IST DER GEOGRAFISCHE MITTELPUNKT DEUTSCHLANDS
GESCHAFFT! UND WAS MACHEN WIR JETZT?!?
AUF DER NÄCHSTEN SEITE; RETTEN WIR DIE WELT, DANN STEHT HIER: TRUMP VERARSCHEN. AUF DER LETZTEN SEITE NIMMT KARL MARX KONTAKT MIT UNS AUF..
ABER AM NÄCHSTEN MORGEN
VERFLUCHTE NAZIS!
ICH NOTIERE: AfD VERHINDERN
BRANDSTIFTUNG AUSGESCHLOSSEN: SIEHT NACH BLITZEINSCHLAG AUS
ABER WIR HATTEN KEIN GEWITTER
TIPPE AUF KUGELBLITZ AUS HEITEREM HIMMEL
DIE WAHRE MITTE DEUTSCHLANDS WIRD NACH DEN GRENZEN V. 1937 BESTIMMT!
HIER NICHT: PFLANZUNG DER SCHANDE
SPUREN SICHERUN
LKA
LASS UNS DIESEN BAUM DORT PFLANZEN

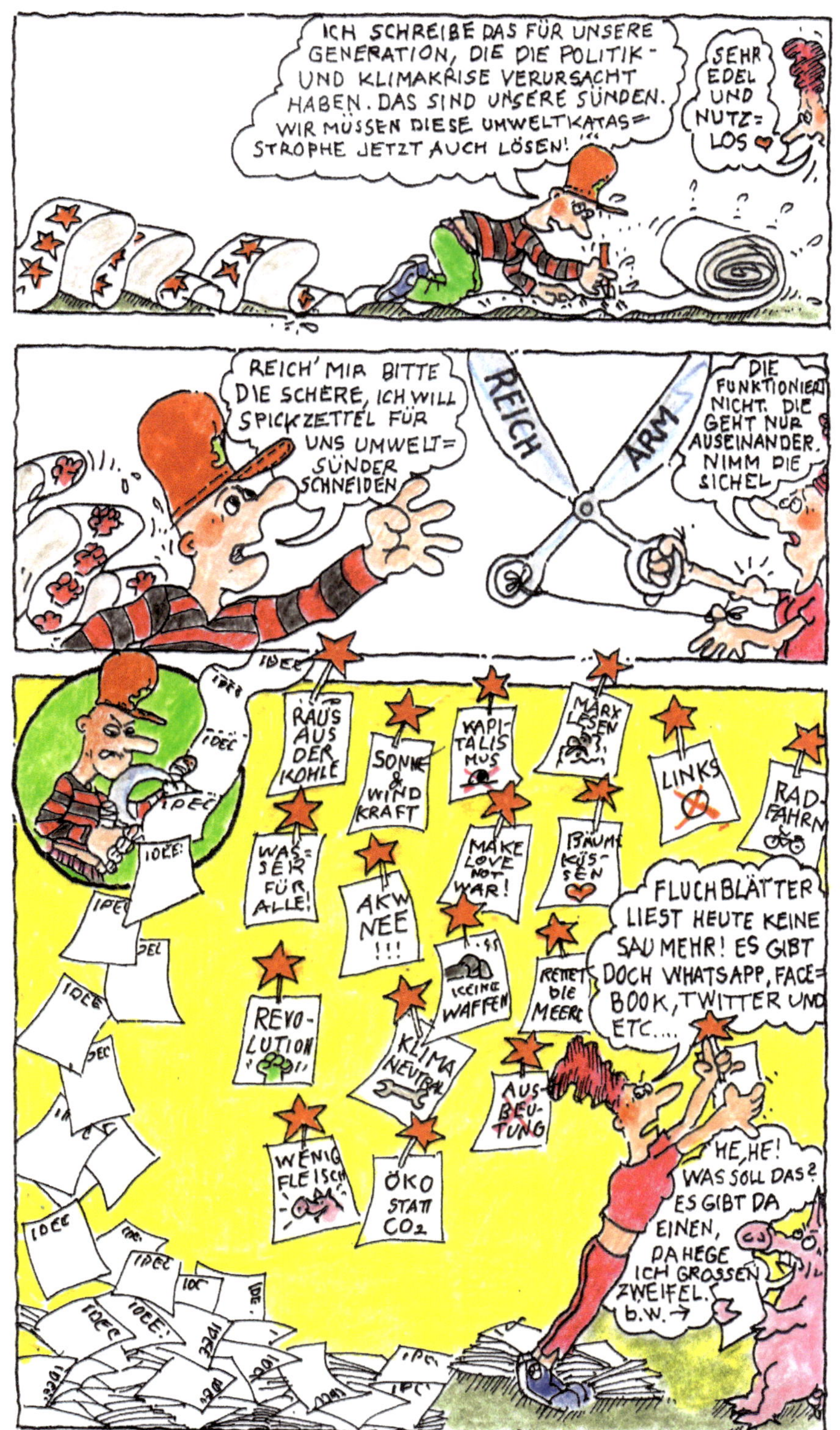
ICH SCHREIBE DAS FÜR UNSERE GENERATION, DIE DIE POLITIK- UND KLIMAKRISE VERURSACHT HABEN. DAS SIND UNSERE SÜNDEN. WIR MÜSSEN DIESE UMWELTKATAS= STROPHE JETZT AUCH LÖSEN!
SEHR EDEL UND NUTZ= LOS
REICH' MIR BITTE DIE SCHERE, ICH WILL SPICKZETTEL FÜR UNS UMWELT= SÜNDER SCHNEIDEN.
REICH
ARM
DIE FUNKTIONIERT NICHT. DIE GEHT NUR AUSEINANDER. NIMM DIE SICHEL
IDEE
RAUS AUS DER KOHLE
SONNE & WIND KRAFT
KAPI- TALIS MUS
MARX LESEN
LINKS
RAD- FAHREN
WAS- SER FÜR ALLE!
MAKE LOVE NOT WAR!
BÄUME KÜS- SEN
AKW NEE !!!
KEINE WAFFEN
RETTET DIE MEERE
REVO- LUTION
KLIMA NEUTRAL
AUS- BEU- TUNG
WENIG FLEISCH
ÖKO STATT CO2
FLUCHBLÄTTER LIEST HEUTE KEINE SAU MEHR! ES GIBT DOCH WHATSAPP, FACE= BOOK, TWITTER UND ETC....
HE, HE! WAS SOLL DAS? ES GIBT DA EINEN, DA HEGE ICH GROSSEN ZWEIFEL. b.w. →

TRUMP GEHT...

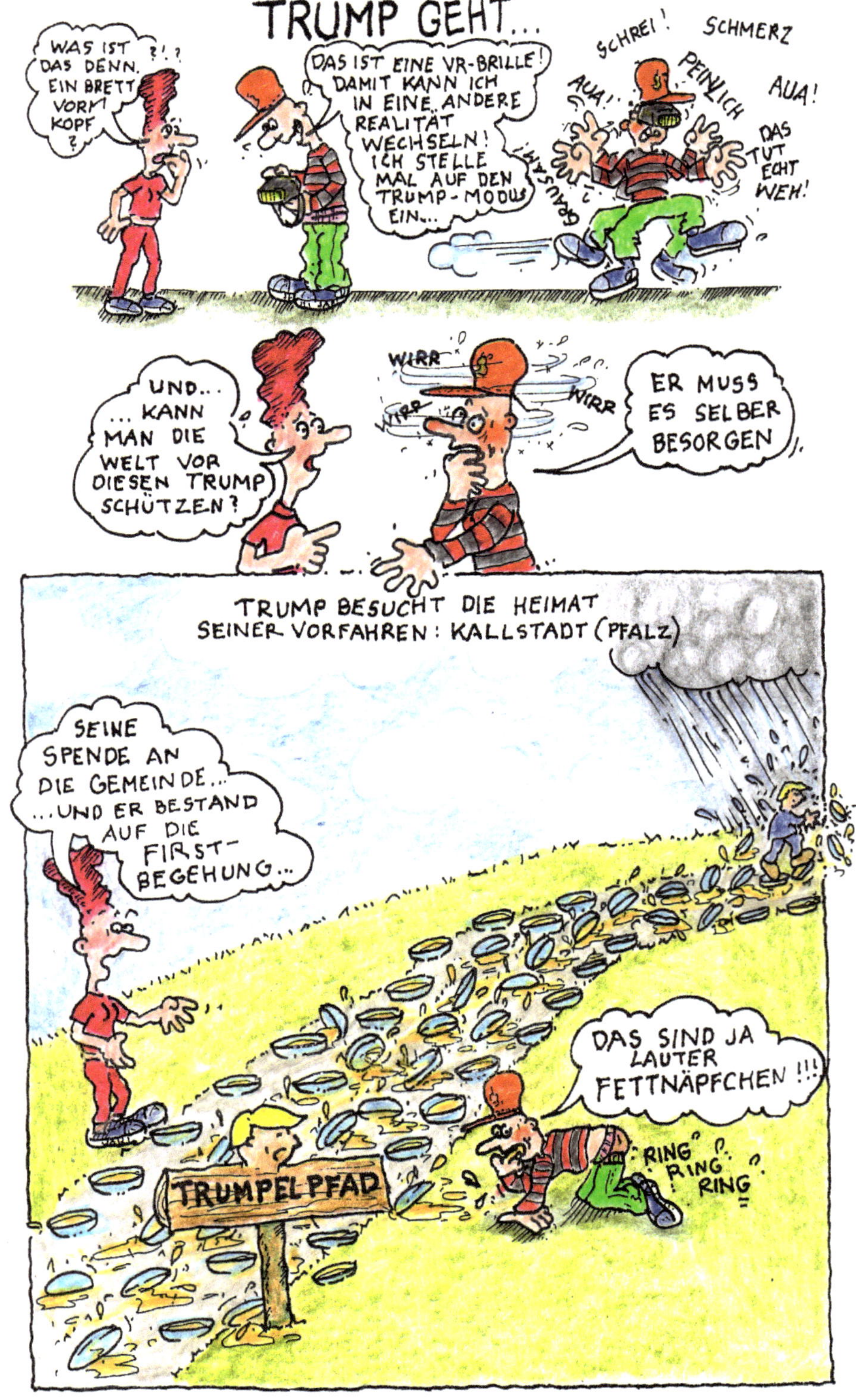
WAS IST DAS DENN. EIN BRETT VORM KOPF ? ! ? ?
DAS IST EINE VR-BRILLE! DAMIT KANN ICH IN EINE ANDERE REALITÄT WECHSELN! ICH STELLE MAL AUF DEN TRUMP-MODUS EIN...
SCHREI!
SCHMERZ
PEINLICH
AUA!
AUA!
GRAUSAM
DAS TUT ECHT WEH!
UND... ...KANN MAN DIE WELT VOR DIESEN TRUMP SCHÜTZEN?
WIRR
WIRR
WIRR
ER MUSS ES SELBER BESORGEN
TRUMP BESUCHT DIE HEIMAT SEINER VORFAHREN: KALLSTADT (PFALZ)
SEINE SPENDE AN DIE GEMEINDE... ...UND ER BESTAND AUF DIE FIRST-BEGEHUNG...
TRUMPELPFAD
DAS SIND JA LAUTER FETTNÄPFCHEN !!!
RING RING RING

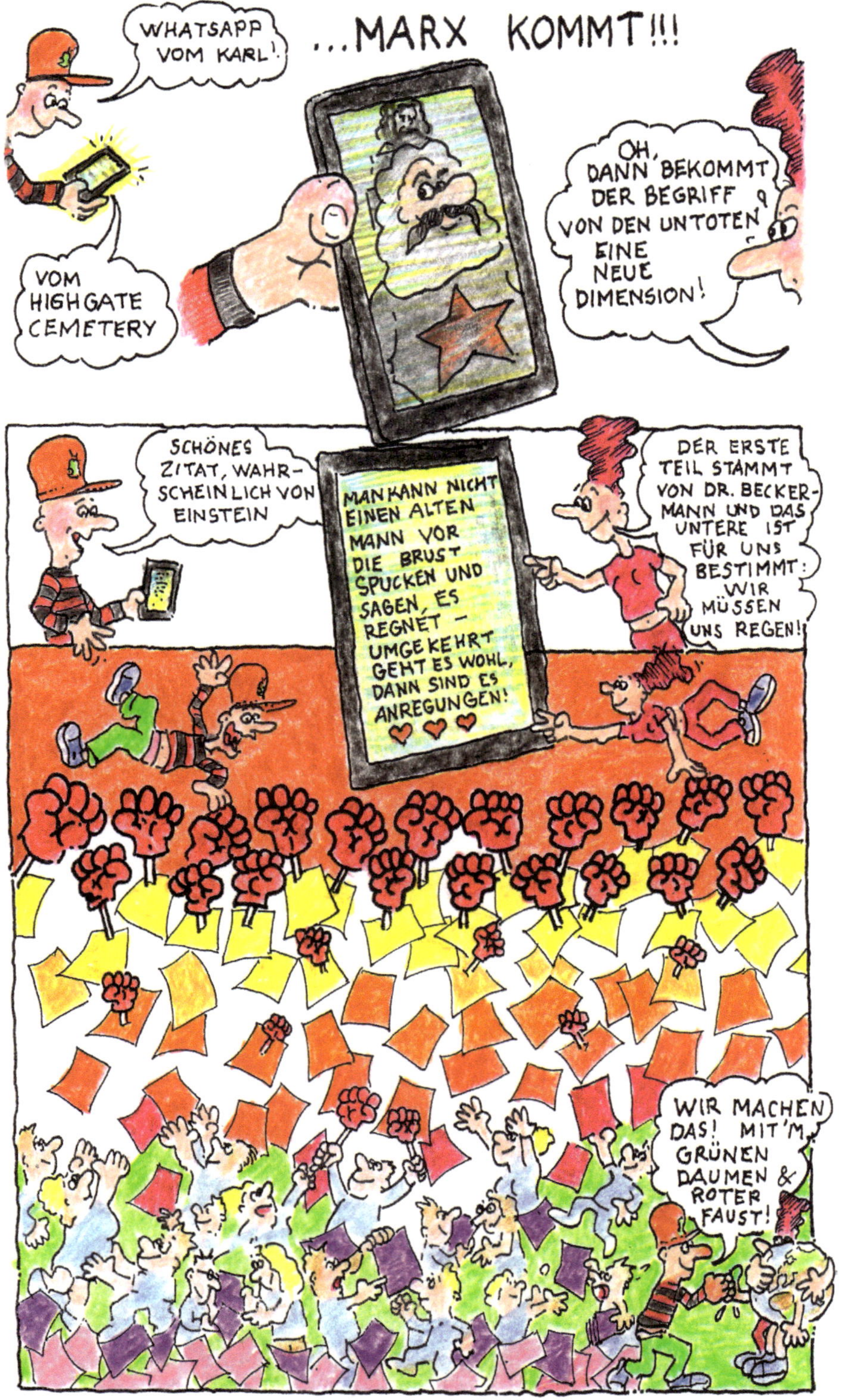

...MARX KOMMT!!!
WHATSAPP VOM KARL!
VOM HIGHGATE CEMETERY
OH, DANN BEKOMMT DER BEGRIFF VON DEN UNTOTEN EINE NEUE DIMENSION!
SCHÖNES ZITAT, WAHRSCHEINLICH VON EINSTEIN
MAN KANN NICHT EINEN ALTEN MANN VOR DIE BRUST SPUCKEN UND SAGEN, ES REGNET – UMGEKEHRT GEHT ES WOHL, DANN SIND ES ANREGUNGEN!
DER ERSTE TEIL STAMMT VON DR. BECKERMANN UND DAS UNTERE IST FÜR UNS BESTIMMT: WIR MÜSSEN UNS REGEN!
WIR MACHEN DAS! MIT'M GRÜNEN DAUMEN & ROTER FAUST!